Springer-Lehrbuch

Springer-Verlag Berlin Heidelberg GmbH

Freimut Bodendorf

Wirtschaftsinformatik im Dienstleistungsbereich

Mit 121 Abbildungen
und 16 Tabellen

Prof. Dr. Freimut Bodendorf
Universität Erlangen-Nürnberg
Betriebswirtschaftliches Institut
Lehrstuhl für Wirtschaftsinformatik II
Lange Gasse 20
D-90403 Nürnberg

ISBN 978-3-540-65857-3

Die Deutsche Bibliothek – CIP-Einheitsaufnahme
Bodendorf, Freimut: Wirtschaftsinformatik im Dienstleistungsbereich / Freimut Bodendorf. – Berlin; Heidelberg; New York; Barcelona; Hongkong; London; Mailand; Paris; Singapur; Tokio: Springer, 1999
(Springer-Lehrbuch)
ISBN 978-3-540-65857-3   ISBN 978-3-642-58532-6 (eBook)
DOI 10.1007/978-3-642-58532-6

Dieses Werk ist urheberrechtlich geschützt. Die dadurch begründeten Rechte, insbesondere die der Übersetzung, des Nachdrucks, des Vortrags, der Entnahme von Abbildungen und Tabellen, der Funksendung, der Mikroverfilmung oder der Vervielfältigung auf anderen Wegen und der Speicherung in Datenverarbeitungsanlagen, bleiben, auch bei nur auszugsweiser Verwertung, vorbehalten. Eine Vervielfältigung dieses Werkes oder von Teilen dieses Werkes ist auch im Einzelfall nur in den Grenzen der gesetzlichen Bestimmungen des Urheberrechtsgesetzes der Bundesrepublik Deutschland vom 9. September 1965 in der jeweils geltenden Fassung zulässig. Sie ist grundsätzlich vergütungspflichtig. Zuwiderhandlungen unterliegen den Strafbestimmungen des Urheberrechtsgesetzes.

© Springer-Verlag Berlin Heidelberg 1999

Die Wiedergabe von Gebrauchsnamen, Handelsnamen, Warenbezeichnungen usw. in diesem Werk berechtigt auch ohne besondere Kennzeichnung nicht zu der Annahme, daß solche Namen im Sinne der Warenzeichen- und Markenschutz-Gesetzgebung als frei zu betrachten wären und daher von jedermann benutzt werden dürften.

SPIN 10075358   43/2202-5 4 3 2 1 0 – Gedruckt auf säurefreiem Papier

Vorwort

Im Wirtschaftsgeschehen kommt der Erzeugung von Dienstleistungen neben der Produktion von Sachgütern eine immer größere Bedeutung zu. Man spricht von dem vorgezeichneten Weg aus dem Industriezeitalter in die Dienstleistungsgesellschaft. In hochentwickelten Ländern ist ein großer Teil dieses Weges schon zurückgelegt. Im Dienstleistungsbereich, oft auch als tertiärer Wirschaftssektor bezeichnet, sind heute in vielen Nationen bereits mehr als die Hälfte aller Erwerbstätigen beschäftigt, und sein Beitrag zum Sozialprodukt nimmt ständig zu.

In der betriebswirtschaftlichen Ausbildung dominiert jedoch nach wie vor der Industriebetrieb. Auch die Lehre im Fach Wirtschaftsinformatik orientiert sich im Anwendungsbereich an Informationssystemen, die typischerweise in Unternehmen vorkommen, die Sachgüter produzieren. Die Vielfalt der Dienstleistungswirtschaft wird eher selektiv und in einzelnen wenigen branchenspezifischen Lehrbüchern bzw. Lehrveranstaltungen aufgegriffen. Es ist schwer, eine zusammenhängende Betrachtung zu finden und einen größeren Überblick zu gewinnen. Das vorliegende Buch soll helfen, diese Lücke zu füllen.

Dem interdisziplinären Ansatz der Wirtschaftsinformatik folgend werden dabei die besonderen betriebswirtschaftlichen Aspekte der Dienstleistungserstellung sowie von Dienstleistungsunternehmen mit entsprechend ausgerichteten Anwendungen der Informations- und Kommunikationstechnologie verknüpft. Eine phasenorientierte Betrachtung des Dienstleistungsprozesses vom Marketing und der Leistungsbereitstellung über Information, Beratung, Vereinbarung, Durchführung und Abrechnung bis hin zur Bezahlung führt zu allgemeinen, branchenübergreifenden Konzepten für eine IV-Unterstützung. Es schließt sich ein Streifzug durch die abwechslungsreiche Landschaft der Dienstleistungsunternehmen an. Für eine Reihe von Unternehmenstypen erhält man jeweils sowohl einen Überblick als auch Einblicke zu branchenspezifischen Anwendungen.

Auf die parallele Aufführung der männlichen und weiblichen Form von bestimmten Substantiven, wie zum Beispiel Nachfrager/Nachfragerin, wurde aus Gründen der Übersichtlichkeit des Textes verzichtet. Natürlich sind bei derartigen Personenbezeichnungen auch ohne Doppelform immer beide Geschlechter gemeint.

Ganz besonderer Dank gilt Frau Dr. Susanne Robra-Bissantz und Herrn Dipl.-Kfm. Bernd Weiser, die bei der Erstellung des Buches wesentliche inhaltliche, organisatorische und technische Hilfe geleistet haben. Wichtige Unterstützung kam auch von Frau Dipl.-Hdl. Gabriele Saueressig und den Herren Dr. Stefan Reinheimer, Dipl.-Hdl. Manfred Schertler und Dipl.-Kfm. Andreas Schobert. Der Text wurde von den Sekretärinnen Heidelinde Bögl und Getraud Gruß erstellt, für deren Engagement ich mich ebenfalls herzlich bedanke.

Nürnberg, im März 1999 *Freimut Bodendorf*

Inhaltsverzeichnis

1 Der Dienstleistungsbereich 1
1.1 Der Begriff der Dienstleistung 1
    1.1.1 Merkmale der Dienstleistung 1
    1.1.2 Erscheinungsformen der Dienstleistung 5
1.2 Dienstleistungsbetriebe 7
    1.2.1 Merkmale von Dienstleistungsbetrieben 7
    1.2.2 Typologie von Dienstleistungsbetrieben 10
1.3 Entwicklung des Dienstleistungssektors 12

2 Der Prozeß der Dienstleistungserstellung 15
2.1 Phasenmodell 15
2.2 Anforderungen 17
    2.2.1 Qualität des Dienstleistungsprodukts 17
    2.2.2 Effizienz der Leistungserstellung 18

3 Allgemeine Unterstützungssysteme 21
3.1 Überblick 21
3.2 Zugangssysteme im Front-Office-Bereich 23
    3.2.1 Überblick 23
    3.2.2 Self-Service-Anwendungen 23
    3.2.3 Realisierung von Zugangssystemen 26
    3.2.4 Einsatz von Chipkarten 27
    3.2.5 Telekommunikationszugänge 30
    3.2.6 Sicherungskonzepte 31
3.3 Unterstützungssysteme im Front-Office-Bereich 40
    3.3.1 Transaktionssysteme 41
    3.3.2 Agentensysteme 41
    3.3.3 Informationsbereitstellung 44
    3.3.4 Präsentationssysteme 45
    3.3.5 Auskunftssysteme 46
    3.3.6 Beratungssysteme 49
3.4 Unterstützungssysteme im Back-Office-Bereich 50
    3.4.1 Dokumenten-Management-Systeme 50
    3.4.2 Knowledge-Management-Systeme 52
    3.4.3 Workflow-Management-Systeme 56
    3.4.4 Workgroup-Support-Systeme 58

4 Anwendungssysteme in den Phasen des Dienstleistungsprozesses 61

- 4.1 Marketing 61
  - 4.1.1 Aspekte des Dienstleistungsmarketings 61
  - 4.1.2 Mikrogeographische Systeme zur Marktbearbeitung 62
  - 4.1.3 Besonderheiten der Produktpolitik 63
  - 4.1.4 Kundenorientierte elektronische Produktgestaltung 64
  - 4.1.5 Besonderheiten der Distributionspolitik 65
  - 4.1.6 Dienstleistungsvertrieb über Telekommunikationsmedien 67
  - 4.1.7 Besonderheiten der Preispolitik 68
  - 4.1.8 Besonderheiten der Kommunikationspolitik 69
  - 4.1.9 Internetbasiertes Marketing eines Softwareherstellers 70
- 4.2 Leistungsbereitstellung 72
  - 4.2.1 Aspekte der Planung und Vorbereitung von Dienstleistungen ... 72
  - 4.2.2 Yield-Management-Systeme 73
  - 4.2.3 Yield-Management bei Fluggesellschaften 75
  - 4.2.4 Personal- und Betriebsmittelplanung in Verkehrsbetrieben 78
  - 4.2.5 Materialeinsatzplanung in der Gastronomie 79
- 4.3 Information und Beratung 79
  - 4.3.1 Aspekte der Einholung von Angebotsinformationen 79
  - 4.3.2 Auskunfts- und Präsentationssysteme für Kunden im Einzelhandel 80
  - 4.3.3 Unterstützung für den Anlageberater einer Bank 81
- 4.4 Vereinbarung 82
  - 4.4.1 Aspekte der Dienstleistungsvereinbarung 82
  - 4.4.2 Konfigurationssysteme zur individuellen Leistungsvereinbarung 84
  - 4.4.3 Vereinbarungsunterstützung in der Touristik 85
- 4.5 Durchführung 86
  - 4.5.1 Aspekte der Leistungserbringung 86
  - 4.5.2 Administrationssysteme zur Unterstützung der Durchführungsphase 88
  - 4.5.3 Operative Systeme zur Unterstützung der Durchführungsphase 90
  - 4.5.4 Produktionssysteme für informationsbasierte Dienstleistungen. 91
- 4.6 Abrechnung 92
  - 4.6.1 Aspekte der Vor- und Nachkalkulation 92
  - 4.6.2 Prozeßbezogene Abrechnungssysteme 93
- 4.7 Bezahlung 94
  - 4.7.1 Aspekte elektronischer Bezahlung 94
  - 4.7.2 Bezahlung mit Guthabenkarten 94
  - 4.7.3 Bezahlung mit Electronic Cash 96
  - 4.7.4 Bezahlung im Internet mit Kreditkarte 97
  - 4.7.5 Bezahlung im Internet mit elektronischem Geld 101

5 Ausgewählte branchenorientierte Anwendungssysteme 105

- 5.1 Bankdienstleistungen 105
  - 5.1.1 Überblick 105
  - 5.1.2 Zahlungsverkehrssysteme 107
  - 5.1.3 Kreditprüfungssysteme 112
  - 5.1.4 Selbstbedienung im Bankbereich 115
- 5.2 Versicherungsdienstleistungen 116
  - 5.2.1 Überblick 116
  - 5.2.2 Versicherungs-Anwendungs-Architektur 118
  - 5.2.3 Unterstützung des Außendienstes im Versicherungsvertrieb ... 123
  - 5.2.4 Schadensfallabwicklung 124
- 5.3 Personen- und Güterverkehrsdienstleistungen 126
  - 5.3.1 Überblick 126
  - 5.3.2 Auftrags- und Routenplanung im Güterverkehr 128
  - 5.3.3 Tracking und Tracing im Güterverkehr 129
  - 5.3.4 Betriebsleitsystem für den öffentlichen Personennahverkehr .. 130
- 5.4 Touristikdienstleistungen 132
  - 5.4.1 Überblick 132
  - 5.4.2 Leistungsvereinbarung über Reisevertriebssysteme 135
  - 5.4.3 Leistungserfassung in Gastronomie und Hotellerie 137
- 5.5 Medizinische Dienstleistungen 138
  - 5.5.1 Überblick 138
  - 5.5.2 Datenbasen im Klinik- und Krankenhausbetrieb 140
  - 5.5.3 Verteilte Anwendungen und Telemedizin 142
  - 5.5.4 Planung des Leistungspotentials von medizinischen Versorgungseinrichtungen 143
- 5.6 Informations- und Beratungsdienstleistungen 145
  - 5.6.1 Überblick 145
  - 5.6.2 Unternehmensübergreifende Umweltinformationssysteme 147
  - 5.6.3 Unterstützungssysteme in Unternehmensberatungen 149
  - 5.6.4 Rechnerverbund in der Steuerberatung 149
- 5.7 Telekommunikationsdienstleistungen 151
  - 5.7.1 Überblick 151
  - 5.7.2 Netzwerkmanagement und Dienstekonfiguration 152
- 5.8 Dienstleistungen in der öffentlichen Verwaltung 154
  - 5.8.1 Überblick 154
  - 5.8.2 Dokumenten- und Vorgangsbearbeitung 156
  - 5.8.3 Computerunterstütztes Bürgeramt 158
  - 5.8.4 Self-Service-Systeme für kommunale Verwaltungen 159
  - 5.8.5 Geographische Stadt-Informationssysteme 162
- 5.9 Handelsdienstleistungen 164
  - 5.9.1 Überblick 164
  - 5.9.2 Warenwirtschaftssysteme 165

5.9.3 Electronic Shopping Malls..168

6 Elektronische Märkte 171
6.1 Eigenschaften und Erscheinungsformen.................................171
6.2 Elektronische Unterstützung von Markttransaktionen..........175
6.2.1 Übersicht...175
6.2.2 Unterstützung der Anbahnungsphase...........................177
6.2.3 Unterstützung der Vereinbarungsphase 178
6.2.4 Unterstützung der Abwicklungsphase..........................181
6.3 Beispiele Elektronischer Märkte 183
6.3.1 Elektronische Wertpapierbörsen..................................183
6.3.2 Computergestützte Reisevertriebssysteme 185
6.3.3 Elektronischer Luftfrachtmarkt 188

Literaturhinweise 197

Stichwortverzeichnis 203

1 Der Dienstleistungsbereich

1.1 Der Begriff der Dienstleistung

Im Wirtschaftsgeschehen kommt der Erzeugung von Dienstleistungen neben der Produktion von Sachgütern eine immer bedeutendere Rolle zu. In hochentwickelten Ländern spricht man von dem vorgezeichneten Weg in eine Dienstleistungsgesellschaft. Eine präzise Definition dessen, was unter „Dienstleistungen" zu verstehen ist, konnte sich jedoch bislang nicht etablieren. Gängige Versuche sind, den Dienstleistungsbegriff durch eine Auflistung von Beispielen zu erfassen (enumerative Definitionen), wobei kaum auf konkrete Auswahlkriterien eingegangen wird, oder durch Gegenüberstellung zu Sachgüteraspekten darzulegen, was Dienstleistungen nicht sind (Negativdefinitionen). Nach derartigen Prinzipien wird auch der Begriff des Dienstleistungsbereichs, des *tertiären Sektors*, als sehr umfangreiches „Residuum" neben primärem und sekundärem Sektor abgegrenzt. Führt man sich die Heterogenität dieses Bereichs vor Augen, so verwundert es nicht, daß trennscharfe generelle Kriterien zur Kennzeichnung jeglicher Art von Dienstleistungen bzw. Dienstleistungsbetrieben nicht angebbar sind. Man denke z.B. an Banken, Versicherungen, Handels-, Transport-, Verkehrs-, Touristik- und Beratungsunternehmen, das Gaststätten- und Beherbergungsgewerbe, die freien Berufe, die Informations-, Unterhaltungs- und Freizeitbranchen, das Bildungs- und Gesundheitswesen, die öffentliche Verwaltung sowie an verschiedenste Formen des Handwerks, wie z.B. Wäschereien, Friseursalons oder Reparaturbetriebe.

Um in pragmatischer Weise den Begriff der Dienstleistung dennoch einigermaßen faßbar zu machen, kann man einige in der betriebswirtschaftlichen Literatur weithin anerkannte, spezifische Merkmale herausarbeiten. Diese Charakteristika mögen an die Stelle einer schlechthin nicht möglichen universellen Dienstleistungsdefinition treten.

1.1.1 Merkmale der Dienstleistung

Der im folgenden gewählte Ansatz zur Charakterisierung des Begriffes „Dienstleistung" ist dreistufig. In der ersten Stufe werden die am häufigsten genannten Basismerkmale vorgestellt, darauf aufbauend in einer zweiten Stufe weitere Merkmale abgeleitet, die Dienstleistungen von Sachgütern abheben, und schließlich aus diesen Eigenschaften Problemfelder entwickelt, die besonders dienstleistungsspezifisch sind (vgl. Abbildung 1-1).

1 Der Dienstleistungsbereich

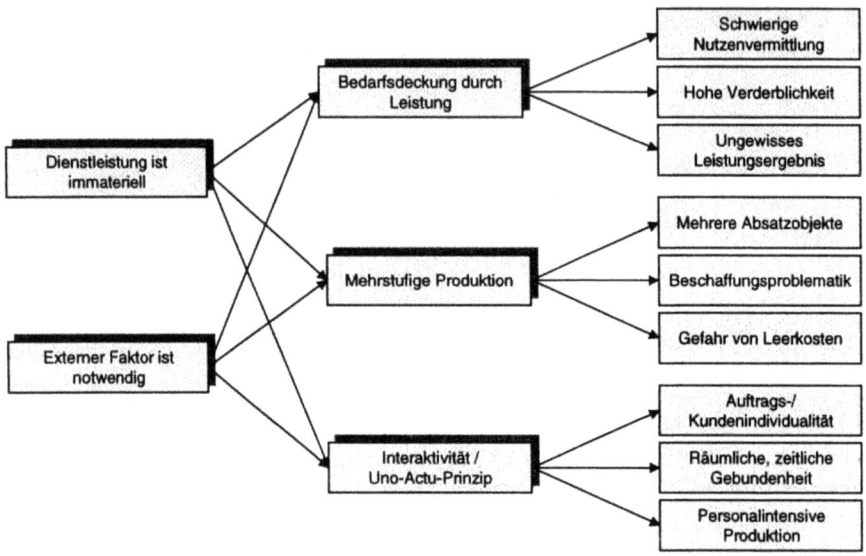

Abbildung 1-1: Wichtige Merkmale und Problemfelder der Dienstleistung

Basismerkmale

- *Die Dienstleistung hat immateriellen Charakter.*
  Diese Eigenschaft wird als die prägnanteste und wesensbestimmende angesehen. Man betrachtet dabei das Vordergründige an der Dienstleistung, d.h. ihr Ergebnis bzw. den Nutzen, den sie stiftet. Das Charakteristikum zielt auf die nicht unmittelbare Faßbarkeit, die nicht mögliche physische Meßbarkeit. Dieser Aspekt ist idealtypischer, theoretischer Natur und deshalb als generelles Abgrenzungskriterium oft nicht besonders tauglich. In der Praxis ist die Produktion von Sachgütern und Dienstleistungen oft so eng verbunden, daß eine Trennung nahezu unmöglich ist. So werden z.B. materielle Güter durch das Bündeln mit Dienstleistungen aufgewertet – es werden zunehmend anstelle von Produkten Problemlösungen verkauft. Die Überlassung eines Sachgutes auf Zeit ist eine Dienstleistung, wie z.B. bei Leasing-, Miet- und Pachtverträgen. Umgekehrt beinhaltet eine Dienstleistung oft auch den Absatz von Sachgütern, wie z.B. Speisen und Getränken bei einer Reiseveranstaltung. Weiterhin ist die Dienstleistungserbringung nicht selten mit dem Einsatz materieller Trägermedien verbunden. In vielen Fällen sind dies Dokumente, konventionell in Papierform, zukünftig verstärkt auf elektronischen, magnetischen und optischen Medien abgelegt. Man denke z.B. an Kredit- oder Geldanlagen betreffende Dokumente, an Versicherungsverträge, Reiseunterlagen oder Informations- und Beratungsleistungen in Form von Bauplänen und steuerlichen Gutachten. Autoren erbringen ihre Dienstleistung in Buchform, Künstler nutzen Bild- und Tonträger.

Auch wenn oft Dienstleistungen mit Sachgütern gebündelt werden oder an materielle Objekte gekoppelt sind, ist das Leistungsergebnis von überwiegend immateriellem Charakter. D.h., das „Produkt", das erzeugt und für das bezahlt wird, besteht überwiegend aus einer immateriellen Leistung.

- *Während des Dienstleistungsprozesses muß ein externer Faktor integriert werden.*
Am Dienstleistungsprozeß ist der Kunde oder ein Objekt aus seinem Besitz direkt beteiligt. Dieser sogenannte externe Faktor ist als weiteres zentrales Dienstleistungsmerkmal weitgehend unstrittig und führt zu einer gewissen, allerdings auch nicht in jedem Fall vorhandenen Auftragsindividualität. Der Kunde gestaltet dabei die Dienstleistung mit oder sie wird an seiner Person bzw. einem ihm zugeordneten Objekt vollzogen. So ist er z.B. bei einer Finanzberatung, einer ärztlichen Behandlung oder einer Ausbildungsmaßnahme selbst beteiligt. Bei einer Kraftfahrzeugreparatur, einer Wäschereinigung oder einem Paketversand ist ein Sachgut aus seinem Besitz das Leistungsobjekt. Dieser externe Faktor wird als Produktionsfaktor wie die internen Produktionsfaktoren betrachtet.

Diese konstituierenden Merkmale führen in ihrer Verknüpfung und Detaillierung zu weiteren charakterisierenden Aussagen, aus denen sich wiederum verschiedene dienstleistungsspezifische Problemfelder ableiten lassen.

Abgeleitete Merkmale

- *Die Bedarfsdeckung erfolgt durch Leistung.*
Der Bedarf des Nachfragers wird nicht durch den Erwerb eines Sachguts, sondern durch den Konsum einer Leistung gedeckt. Der Nutzen der Dienstleistung besteht darin, daß die Bedarfsdeckung vom Anbieter direkt in Verbindung mit dem externen Faktor erbracht wird. Erzeugung und auch Konsum der Leistung haben Prozeßcharakter. Der Nutzen eines erworbenen Sachguts hingegen muß nach dessen Erwerb durch entsprechenden Gebrauch realisiert werden.

- *Die Erstellung der Dienstleistung erfolgt mehrstufig.*
Die Beschaffung interner Produktionsfaktoren und die Produktionsprozesse finden teilweise vor und teilweise nach dem Absatz statt. Vor Absatz der Dienstleistung kann nur die sogenannte Vorkombination produziert werden. Der Dienstleister erzeugt dabei seine Leistungsbereitschaft und bietet ein Leistungspotential an. An dieser Vorkombination ist der externe Faktor in der Regel nicht beteiligt. Nach dem Absatz und der dabei getroffenen Leistungsvereinbarung erfolgt die eigentliche Produktion der sogenannten Endkombination, des Endergebnisses. Sowohl beim Absatz wie auch bei der Endkombination ist in der Regel der externe Faktor integriert (vgl. hierzu Abschnitt 1.2.1).

- *Die Erstellung und Verwertung erfolgen simultan (Uno-Actu-Prinzip).*
Durch die Notwendigkeit des externen Faktors muß zwischen Anbieter und Nachfrager eine enge Beziehung hergestellt werden. In der theoretischen Vorstellung sind die Erbringung der Dienstleistung und deren Konsum zeitlich und auch räumlich gekoppelt. Es müssen Produzent und Konsument bzw. ein Ob-

jekt des Konsumenten zur gleichen Zeit am gleichen Ort zusammentreffen. Diese Feststellung klingt zunächst selbstverständlich, wenn man z.B. an Transport-, Reparatur- und Reinigungsleistungen, an einen Haarschnitt oder eine ärztliche Behandlung denkt. Ist der Kunde als externer Faktor betroffen, führt dieser synchrone Kontakt oft zu einer hohen Interaktivität zwischen den Geschäftspartnern.

Basiert die Dienstleistung aber im wesentlichen auf der Verarbeitung und der Erzeugung von Informationen, ermöglicht es die heutige Informations- und Kommunikationstechnik, zwischen Anbieter und Nachfrager beliebig große Entfernungen zu überbrücken und Abstimmungsprozesse auch asynchron zu gestalten.

Aus der *Bedarfsdeckung durch Leistung* ergibt sich insbesondere eine schwierige Nutzenvermittlung. Die Dienstleistung kann meist nicht wie ein materielles Produkt veranschaulicht werden. Es ist ebenfalls sehr schwer, durch die bloße Existenz einer Leistungsbereitschaft einen „want appeal", d.h. ein Bedürfnis nach dem Gut, auszulösen. Um den Kunden davon zu überzeugen, daß die Dienstleistung dazu geeignet ist, seine Bedürfnisse zu decken, besteht deswegen oft ein hoher Erklärungsbedarf.

Bei der Erklärung der Dienstleistung tritt das Problem auf, daß die Qualität schwer zu vermitteln ist. Dies ist auf das vielfach ungewisse Leistungsergebnis zurückzuführen. Dieses wiederum resultiert zum einen aus der Kunden- und Auftragsindividualität, zum anderen darf z.B. bei Informationsdienstleistungen das Ergebnis nicht im vorhinein bekannt sein.

Aus der Bedarfsdeckung durch Leistung folgt weiterhin eine hohe „Verderblichkeit" der eigentlichen Dienstleistung. D.h., die Dienstleistung ist nicht lagerfähig.

Aus der *Mehrstufigkeit der Produktion* resultiert z.B., daß mehrere Absatzobjekte zu unterscheiden sind. Die Vorkombination bezieht sich auf die Leistungsbereitschaft, die Endkombination auf die Leistungsverrichtung bzw. das Leistungsergebnis. Ein besonderes Problem der Mehrstufigkeit der Produktion ist, daß die Beschaffung vor Absatz bei ungewisser Nachfrage und hoher „Verderblichkeit" des Zwischenergebnisses erfolgen muß. Sie erfordert somit besondere Planung und Kontrolle in der Leistungsbereitstellungsphase. Das Risiko von Leerkosten bei suboptimaler Vorkombination ist meist hoch.

Aus dem *Uno-Actu-Prinzip* folgt z.B., daß die Endkombination, d.h. die eigentliche Leistungserbringung, sehr kurzfristig und oft in Interaktion mit dem Kunden erfolgen muß. Die Probleme, welche die besondere Auftrags- und Kundenindividualität des Dienstleistungsprozesses mit sich bringen, führen nicht selten zu einem hohen Aufwand bei der Leistungserbringung. Die bei der Individualisierung notwendige Flexibilität und „Intelligenz" erfordern einen deutlich höheren Personaleinsatz als in der industriellen Serienfertigung. Die räumliche und zeitliche Abstimmung mit dem externen Faktor als Folge des Uno-Actu-Prinzips führt zu einer Standortgebundenheit des Dienstleistungsproduktes. Dieses Problem kann jedoch in vielen Fällen durch den Einsatz von Telekommunikationstechnik gemildert werden.

1.1.2 Erscheinungsformen der Dienstleistung

Da eine exakte Definition von „Dienstleistungen" und eine generelle trennscharfe Abgrenzung von der Sachgüterproduktion nicht möglich sind, wundert es nicht, daß auch die Entwicklung einer einheitlichen und aussagefähigen Dienstleistungstypologie Schwierigkeiten bereitet. In der Betriebswirtschaftslehre sind eine Reihe von Ansätzen zu finden, von denen jedoch jeder spezifische Schwächen aufweist. Ausgangspunkt ist meist das Verständnis von Dienstleistungen als immaterielle Güter, die in Institutionen für den Absatz produziert und gegen Entgelt auf dem Markt angeboten werden.

Eine häufige Unterteilung von Dienstleistungen erfolgt nach der Art des Objektes, an dem diese erbracht werden. D.h., es wird unterschieden, ob eine *Person oder eine Sache* als externer Faktor einbezogen wird. Personenbezogene Dienstleistungen sind z.B. ärztliche Behandlungen, Unterrichtstätigkeiten, Beratungen, Reisen, Finanzdienstleistungen usw. bis zum Haarschnitt. Sachbezogene Dienstleistungen sind z.B. die schon erwähnte Ausführung von Reparatur- oder Reinigungsaufträgen oder der Transport von Gütern.

Die sogenannten *indirekten Dienstleistungen* dienen der Erzeugung von Dienstleistungen oder Sachgütern und sind somit den Produktionsfaktoren zuzuordnen. Sie unterstützen den Leistungserstellungsprozeß einer Unternehmung. Beispiele sind die Unternehmensverwaltung, sämtliche kaufmännische Funktionen, die Anlageninstandhaltung oder das innerbetriebliche Transportwesen. Dienstleistungen in einer Zubringerfunktion für den Produktionsprozeß können natürlich auch von außen bezogen werden, z.B. Transportdienste für die Materialbeschaffung, EDV- und Finanzdienste sowie verschiedenste Arten von Beratungsleistungen.

Die sogenannten *direkten Dienstleistungen* stellen das Endprodukt, die abzusetzende „Ware", eines Unternehmens dar und werden unmittelbar durch den Endverbraucher genutzt. Die Unterscheidung von indirekten und direkten Dienstleistungen entspricht weitgehend der im englischsprachigen Bereich üblichen Differenzierung in „consumer services" und „producer services". Sehr trennscharf ist diese Unterscheidung jedoch nicht. Der ökonomisch gleichartige Output eines Unternehmens kann sowohl direkte als auch indirekte Dienstleistung sein. Man denke z.B. an Finanzdienstleistungen, wobei einerseits Firmenkredite für die Leistungserstellung eines anderen Unternehmens benötigt werden und somit mittelbar Produktionsprozessen dienen, andererseits Kredite an Privatpersonen als „Endverbraucher" als unmittelbare, direkte Dienstleistung zu bezeichnen sind. Daneben ist es nicht unüblich, auch Unternehmen als „consumer" von Leistungen zu sehen. Eine Unterscheidung ist jedoch für viele Betrachtungen, z.B. bei statistischen Untersuchungen, ein wichtiges Anliegen.

Bei dem Versuch, das weite Feld der Dienstleistungen grob zu klassifizieren, gibt es noch eine Vielzahl weiterer Vorschläge für taugliche Kriterien. Eine kleine Auswahl ist in Tabelle 1-1 zu finden.

Tabelle 1-1: Ausgewählte Vorschläge zur Klassifizierung von Dienstleistungen

Merkmal	Mögliche Erscheinungsform
Leistungsverwertung	direkte Dienstleistungen indirekte Dienstleistungen
Abnehmerbeziehung	Individualdienstleistungen Kollektivdienstleistungen
Individualität	individuelle Dienstleistungen standardisierte Dienstleistungen
Rechtsstellung des Dienstleisters	private Dienstleistungen öffentliche Dienstleistungen
Zeitlicher Rahmen	zeitpunktbezogene Dienstleistungen zeitraumbezogene Dienstleistungen
Räumliche Gebundenheit	mittelbare Dienstleistungen unmittelbare Dienstleistungen
Leistungsobjekt	materielle Objekte immaterielle Objekte Personen
Ausprägung des Faktors Arbeit	geistige Dienstleistungen körperliche Dienstleistungen
Einsatzfaktoren	persönlich erbrachte Dienstleistungen automatisierte Dienstleistungen
Integrationsgrad des externen Faktors	Dienstleistungen in direkter Abhängigkeit Dienstleistungen in indirekter Abhängigkeit

Eine eher grundsätzliche Differenzierung besteht darin, ob man die Dienstleistung als Aktivität oder als Endprodukt betrachtet. Die dynamische, aktivitätsorientierte Sichtweise stellt den zeitlichen Verlauf und die Kombination der notwendigen Handlungen in den Vordergrund. Das ergebnisorientierte Bild des „Dienstleistungsproduktes" vermittelt hingegen die Vorstellung eines marktfähigen (immateriellen) Gutes, dem man verschiedene Produkteigenschaften zuordnen und das man mit anderen Dienstleistungen zu Dienstleistungsbündeln verknüpfen kann. Allerdings ist nicht immer ein konkretes „Ergebnis" bei der Dienstleistungserstellung auszumachen. Beispielsweise sind die Unterrichtung von Studierenden oder die Behandlung von Patienten Dienstleistungen, definierte Ergebnisse im Sinne von Lern- oder Behandlungserfolgen aber nicht garantiert. Hier ist die zielgerichtete Aktivität als Produkt zu begreifen.

Im folgenden wird der Begriff der Dienstleistung rein ergebnisorientiert verwendet. Das heißt, unter „Dienstleistung" soll das absatzfähige Endprodukt eines Leistungsprozesses verstanden werden, das in seinen wesentlichen Bestandteilen immateriellen Charakter aufweist.

1.2 Dienstleistungsbetriebe

1.2.1 Merkmale von Dienstleistungsbetrieben

Bei der Betrachtung von Dienstleistungsbetrieben wird der Vorstellung gefolgt, daß diese Betriebe im Kern immaterielle Wirtschaftsgüter für den Absatz produzieren. Das heißt, die Wertschöpfung wird überwiegend durch immaterielle Produktionsergebnisse bestimmt.

Tabelle 1-2: Ausgewählte Unterscheidungsmerkmale der Industrie- und Dienstleistungsproduktion

Industriebetriebe	Dienstleistungsbetriebe
Das Produkt besteht im allgemeinen aus be- und verarbeitetem Material.	Das Produkt besteht im Kern aus immateriellen Leistungen.
Der Verkäufer stellt das Produkt autonom her.	Der Kunde bzw. ein ihm zugeordnetes Objekt ist direkt an der Produktion beteiligt.
Das Produkt kann vor dem Kauf gezeigt werden.	Das Produkt existiert vor dem Kauf häufig nicht.
Beim Kauf erfolgt ein Eigentumsübergang.	Beim Kauf erfolgt nicht immer ein Eigentumsübergang.
Das Produkt kann vom Verkäufer sowie auch vom Käufer gelagert werden.	Die eigentliche Dienstleistung kann nicht gelagert werden.
Das Produkt kann wiederverkauft werden.	Die eigentliche Dienstleistung kann nicht wiederverkauft werden.
Produktion, Verkauf und Konsum fallen zeitlich und räumlich auseinander.	Produktion, Verkauf und Konsum fallen bei der eigentlichen Dienstleistungserstellung meist zeitlich, oft auch räumlich zusammen.
Das Produkt kann transportiert werden.	Die Dienstleistung selbst kann nicht transportiert werden, oft aber ein materielles Trägermedium.
Die primär wertschöpfenden Prozesse finden im Fertigungsbereich statt.	Die primär wertschöpfenden Prozesse finden im Bürobereich oder am externen Faktor statt.
Die Automatisierung von Fertigungsprozessen ist weitgehend möglich.	Die Automatisierung der Dienstleistungsproduktion ist nur zum Teil möglich.
Zur Produktion werden komplexe computergesteuerte Maschinen und Anlagen eingesetzt.	Wesentliche Hilfsmittel für die Dienstleistungsproduktion sind Bürocomputer und Selbstbedienungsautomaten.
Bei der Produktion steht die Bedienung bzw. Überwachung von maschinellen Prozessen im Vordergrund.	Die personelle Bearbeitung und Kooperation sowie die Interaktion mit dem Kunden stehen im Vordergrund.
Es ist ein Materialfluß zu steuern und zu überwachen (Materiallogistik).	Von zentraler Bedeutung ist die Steuerung von Informations- bzw. Dokumentenflüssen (Informationslogistik).

In dieser Weise versucht auch die Statistik die Unternehmen des Dienstleistungssektors abzugrenzen. Ein Problem besteht dabei darin, daß sich bei Unternehmen die Anteile des kombinierten Sachgüter- und Dienstleistungsabsatzes über die Zeit verändern können. Ansätze einer Typologie von Dienstleistungsbetrieben werden im nächsten Abschnitt vorgestellt.

Die skizzierten Charakteristika des Dienstleistungsbegriffs führen bei der Betrachtung einer speziellen Betriebswirtschaftslehre für Dienstleistungsunternehmen zur Ableitung einer Reihe von konkretisierten betrieblichen Merkmalen. Eine Auswahl von häufig genannten Besonderheiten gegenüber dem Industriebereich ist in der Tabelle 1-2 aufgeführt.

Typisch für die Dienstleistungserstellung ist die geringe Bedeutung des Produktionsfaktors Material (Werkstoffe). Aus der Gruppe der Werkstoffe werden hauptsächlich Betriebs- und Hilfsstoffe eingesetzt. Rohstoffe sind nur dann integriert, wenn ein Leistungsbündel aus Dienst- und Sachleistungen besteht, wie z.B. Transport, Unterbringung, Speisen und Getränke bei einer Reiseveranstaltung. Die wesentliche Rolle spielen jedoch die Produktionsfaktoren menschliche Arbeitskraft und Betriebsmittel.

Der externe Faktor wird sowohl als Inputfaktor als auch als Faktor zur Beeinflussung der Leistungsvereinbarung und Leistungserbringung betrachtet (vgl. Abbildung 1-2).

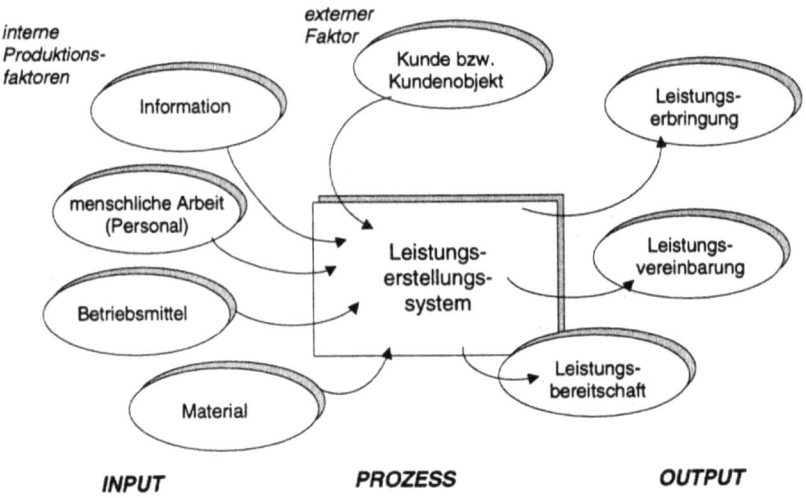

Abbildung 1-2: Dienstleistungserstellung als Input-Output-Modell

Standardbetriebsmittel sind im wesentlichen Grundstücke und Gebäude mit einer Büroinfrastruktur, die insbesondere auch IV- und Kommunikationseinrichtungen umfaßt. Für bestimmte Dienstleistungsbetriebe sind daneben andere Betriebsmittel wichtig, wie z.B. der Fuhrpark bei Transportunternehmen. Besonders her-

1.2 Dienstleistungsbetriebe

vorzuheben ist der Produktionsfaktor Information. Diese geht häufig – in veredelter Form – in das Dienstleistungsprodukt selbst ein.

Bei der Erstellung von Finanzdienstleistungen z.B. in Banken und Versicherungen tritt ein weiterer Produktionsfaktor auf, der als monetärer Faktor bezeichnet wird. Geld hat in diesen Dienstleistungsunternehmen nicht zum Ziel, in andere Güter umgewandelt oder zur Beschaffung von Produktionsfaktoren verwendet zu werden, sondern es wird in seiner ursprünglichen Eigenschaft als Nominalgut für die Produktion genutzt.

Wie in der Industrie besteht auch im Dienstleistungssektor die Tendenz, den Produktionsfaktor Arbeit durch Betriebsmittel zu substituieren. Dies führt z.B. dazu, daß der Kunde als externer Faktor nicht mehr mit Mitarbeitern, sondern mit Maschinen, nämlich IV-Systemen, interagiert.

Betrachtet man den Leistungserstellungsprozeß in der Form einer groben Wertschöpfungskette, so gelangt man zu einem Modell, das drei Hauptphasen umfaßt (vgl. Abbildung 1-3):

- Realisierung der *Leistungsbereitschaft* durch Kombination interner Produktionsfaktoren, z.B. Bereitstellung von Transportmitteln, Hotelbetten oder einer Infrastruktur für Finanztransaktionen,
- *Leistungsvereinbarung* mit dem Kunden, z.B. die Ausfertigung von Kredit- und Versicherungsverträgen oder die Buchung einer Reise,
- *Leistungserbringung*, z.B. die Auszahlung eines Kredits, die Versicherungsleistung im Schadensfall oder der Flug zu einem Reiseziel.

Alle drei Komponenten gehören zur angebotenen Dienstleistung, wobei Leistungsvereinbarung und -durchführung in der Regel im direkten Kundenkontakt bzw. in direkter Verbindung mit einem Objekt des Kunden stattfinden.

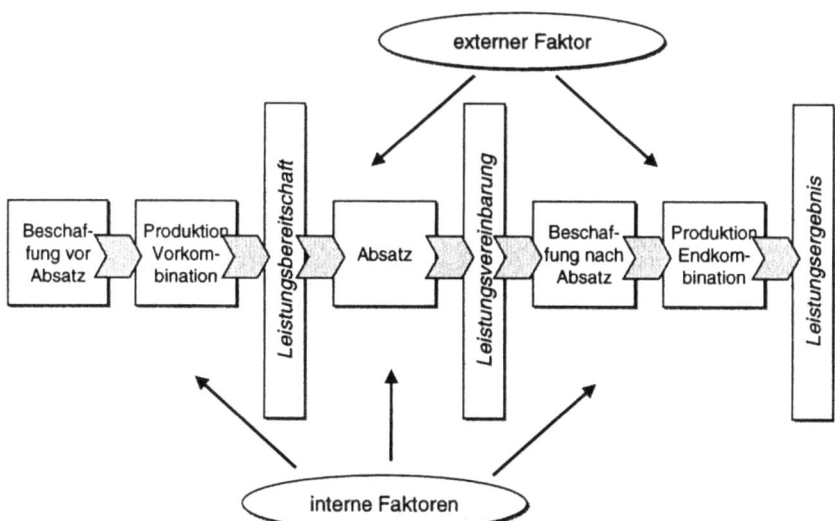

Abbildung 1-3: Wertschöpfungsprozeß der Dienstleistung

Die vor dem Absatz liegenden Aktivitäten erzeugen zunächst eine Leistungsbereitschaft. Sie soll eine schnelle Reaktion beim Eintreffen eines Kundenwunsches bzw. -auftrages gewährleisten. Das Problem dabei ist, daß die Nachfrage oft nur schwer abgeschätzt werden kann. Verlagert man wesentliche Teile der Beschaffung jedoch nach den Absatz, so kann die eigentliche Leistungserstellung eventuell nicht rasch genug erfolgen. Entsprechend ist die Aufteilung der Beschaffung sowie Produktion auf die Vor- und die Nach-Absatz-Phase eine betriebswirtschaftliche Optimierungsaufgabe. Wegen der „Verderblichkeit" der Dienstleistungsprodukte führt eine hohe Leistungsbereitschaft zunächst zu nicht unbeträchtlichen Leerkosten, die bei Nichtinanspruchnahme des Angebots unmittelbar zu Buche schlagen. Auf der anderen Seite ist die Leistungsbereitschaft in der Regel auch ein zentrales Qualitätsmerkmal im Wettbewerb. Man denke z.B. an die Verfügbarkeit von Hotelbetten oder Sitzplätzen im Flugzeug zu einem bestimmten Zeitpunkt.

Bei Absatz und Produktion nach Absatz ist eine grundsätzliche Frage, inwieweit der Kunde als externer Faktor in den Prozeß einbezogen werden kann, d.h., welche Aktivitäten ihm vom Anbieter übertragen werden können. Beispiele hierfür sind die zahlreichen Ansätze, Selbstbedienungsautomaten bzw. -terminals für Dienstleistungen einzurichten.

Unter der Bezeichnung Dienstleistungsprozeß soll im folgenden die gesamte Wertschöpfungskette verstanden werden, d.h., die Phasen Leistungsbereitschaft, Leistungsvereinbarung und Leistungserbringung sind Bestandteil dieses Prozesses.

1.2.2 Typologie von Dienstleistungsbetrieben

Bei der Gesamtbetrachtung des Produktionssystems in Volkswirtschaften hat sich seit längerem eine Einteilung in drei Sektoren eingebürgert (vgl. Abbildung 1-4).

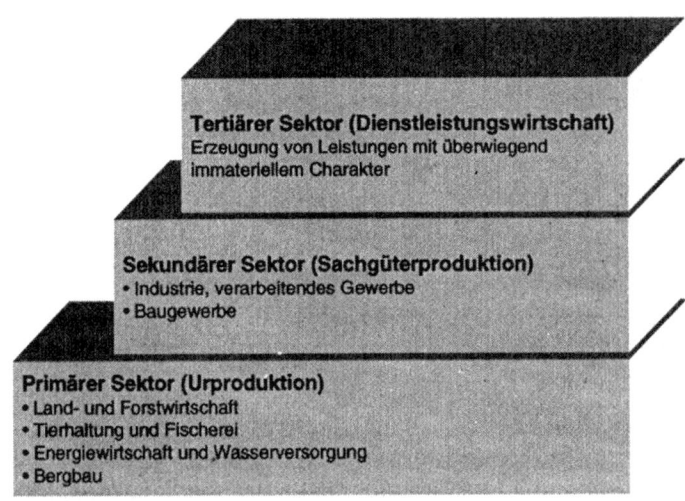

Abbildung 1-4: Drei-Sektoren-Einteilung der Volkswirtschaft

1.2 Dienstleistungsbetriebe

Im Zusammenhang mit der primären und sekundären Produktion treten nur vereinzelt Definitions- und Zuordnungsprobleme auf. Zum Beispiel sind gelegentlich Ansätze zu finden, die die Energie- und Wasserversorgung wie auch den Bergbau zumindest in Teilen dem sekundären Sektor zuweisen. Größere Probleme bereitet die Zuordnung vieler Unternehmen zum sekundären oder zum tertiären Sektor. Da sehr häufig von den gleichen Unternehmen sowohl Sachgüter wie auch Dienstleistungen verkauft werden und ein konkretes Produkt sowohl aus materiellen wie aus immateriellen Leistungen besteht, wird es auch für die Unternehmen selbst immer schwieriger, sich einem der beiden Sektoren definitiv zuzuordnen. In der amtlichen Statistik wird bei Erhebungen auf den Schwerpunkt der Leistungserstellung abgestellt, d.h., es soll abgeschätzt werden, ob der überwiegende Teil der Wertschöpfung in den Dienstleistungen oder in den Sachgütern liegt. Dies ist nicht einfach und hinzu kommt, daß sich dieses Verhältnis im Zeitablauf mitunter recht dynamisch ändert. Man sagt, daß heute aufgrund der Verstärkung des Dienstleistungsanteils viele traditionelle Industrieunternehmen eigentlich in den tertiären Sektor „umgebucht" werden müßten.

In volkswirtschaftlichen Gesamtrechnungen und anderen amtlichen Statistiken erfolgt die Typisierung von Dienstleistungsunternehmen hauptsächlich institutionell nach Wirtschaftsbereichen. Wesentliche Institutionen sind Unternehmen, Gebietskörperschaften und Sozialversicherung, private Haushalte und Organisationen ohne Erwerbszweck. Innerhalb dieser groben Einteilung wird funktional nach Diensten klassifiziert. So können gleiche oder ähnliche Dienstleistungen in unterschiedlichen Bereichen vorkommen. Insbesondere Leistungen im Gesundheits- und Bildungsbereich verteilen sich auf Dienstleistungsunternehmen, Organisationen ohne Erwerbszweck und Staat.

In der amtlichen Statistik steht man bei der Typisierung vor einem Dilemma. Zum einen sollen die erfaßten Daten über viele Jahre hinweg vergleichbar sein, um z.B. Trends und Verschiebungen aufzeigen zu können. Zum anderen müßte aufgrund der Entwicklung und des Bedeutungswandels vieler Bereiche die Typologie immer wieder angepaßt und neu strukturiert werden. In gewissem Maße ist dies sicher auch geschehen. Jedoch kann man heute z.B. bemängeln, daß in ihrer Bedeutung und ihrem Umfang drastisch gestiegene Dienstleistungen in der amtlichen Systematik nicht deutlich genug berücksichtigt werden. Man denke z.B. an die Informations- und Kommunikationsdienstleistungen über neue, computergestützte Medien, an umweltorientierte Dienstleistungen oder an die „Freizeitbranche" mit hohen Wachstumsraten in Reise und Touristik.

Ein eher pragmatischer und exemplarischer Einblick in die „Landschaft" von Dienstleistungsbetrieben ist in Abbildung 1-5 skizziert.

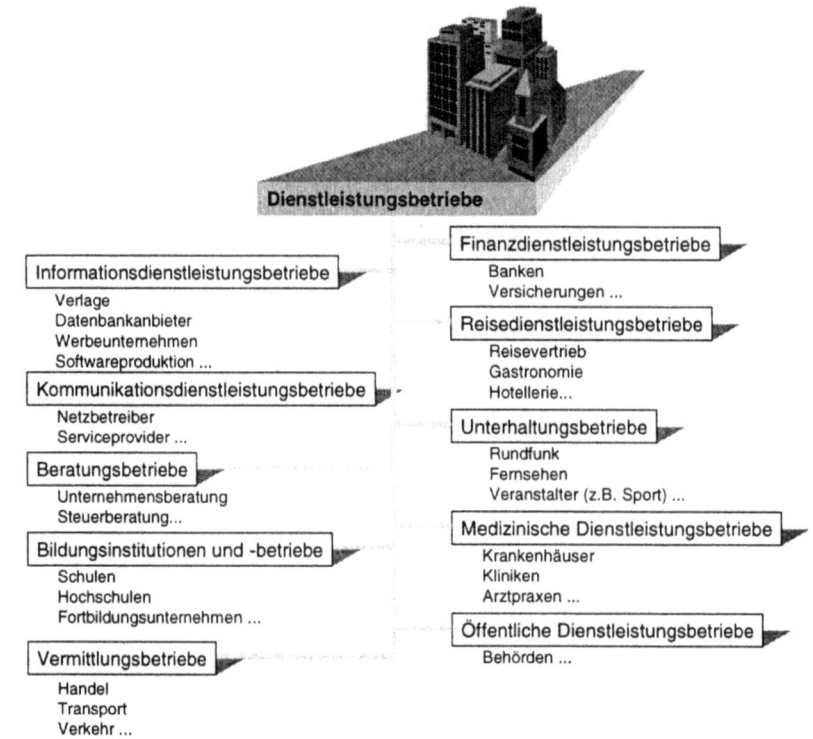

Abbildung 1-5: Arten von Dienstleistungsbetrieben

1.3 Entwicklung des Dienstleistungssektors

Bis in die zweite Hälfte dieses Jahrhunderts wurde dem Dienstleistungssektor weder aus wissenschaftlicher noch aus wirtschaftlicher Sicht große Bedeutung zugemessen. Ganz wenige, wie z.B. der französische Nationalökonom Fourastier, erkannten frühzeitig die Bedeutung der Dienstleistungswirtschaft und prognostizierten den Übergang von Industrie- zu Dienstleistungsgesellschaften für die zweite Hälfte dieses Jahrhunderts – eine Vorhersage, die sich voll bestätigt hat. Viele Nationen sind heute bei diesem Wandel mit weit mehr als der Hälfte der Beschäftigten im tertiären Sektor schon sehr weit fortgeschritten. Nach der amtlichen Statistik waren beispielsweise im Jahre 1996 in den USA 73%, in Großbritannien, Schweden, Frankreich ca. 70% (71%, 71% und 69%) und in Deutschland 62% der Beschäftigten dem Dienstleistungssektor zuzuordnen[1]. Seit den 50er Jah-

---

[1] Der Anteil der im tertiären Sektor Beschäftigten in Deutschland ist 1997 auf 63% gestiegen. Vgl. Statistisches Bundesamt: Statistisches Jahrbuch 1998 und Statistisches Jahrbuch für das Ausland 1998, Wiesbaden 1998.

ren nimmt der Anteil der in der Industrie Beschäftigten ab, der in der Dienstleistung Beschäftigten jedoch rasant zu (vgl. Abbildung 1-6). Dies gilt in ähnlicher Weise auch für die Anteile des sekundären und tertiären Sektors am Bruttoinlandsprodukt.

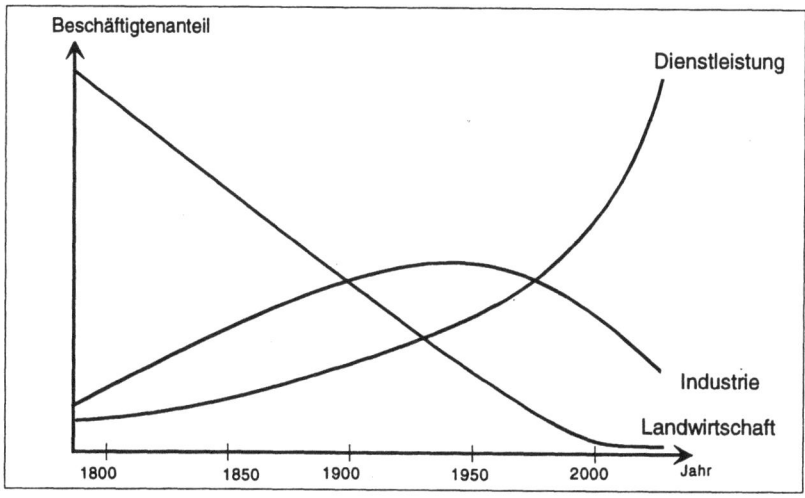

Abbildung 1-6: Veränderung der Beschäftigtenanteile – Drei-Sektoren-Modell

Die Gründe für den oft zitierten Übergang zur Dienstleistungsgesellschaft sind vielschichtig. Bei anspruchsvollen Produkten werden immer weniger nur die „nackten Sachgüter" verkauft, sondern mehr und mehr „Problemlösungen" mit einem dominierenden Dienstleistungsanteil. Durch Outsourcing von innerbetrieblichen Dienstleistungen in der Industrie entstehen neue Dienstleistungsunternehmen, deren Beschäftigte dann auch in der Statistik in Erscheinung treten. Parallel dazu ist die Anzahl der in der Sachgüterproduktion Beschäftigten gesunken. Einerseits ist dies durch Rationalisierungsmaßnahmen, bei denen Informationsverarbeitung eine große Rolle spielt, andererseits durch das Abwandern von Arbeitsstätten und Arbeitsplätzen ins Ausland mit bedingt. Sättigungstendenzen bei Konsumgütern sowie geänderte Lebensweisen und mehr freie Zeit fördern massiv die private Nachfrage nach Dienstleistungen.

Insbesondere durch den rasanten Fortschritt auf dem Gebiet der Informationstechnik entstanden völlig neue und attraktive Dienstleistungsprodukte und -märkte. Informations- und Kommunikationsdienste sind die treibende Kraft der dynamischen Entwicklung des tertiären Sektors. Information ist neben menschlicher Arbeitskraft noch mehr als in der Industrie ein entscheidender Produktionsfaktor. Die Endprodukte bestehen vielfach wesentlich aus Information und Informationsdiensten. Wegen der entsprechenden immateriellen Eigenschaften ist Angebot und Absatz der Produkte zudem durch Kommunikationsnetze und -dienste massiv unterstützbar.

1 Der Dienstleistungsbereich

Versucht man, alle wirtschaftlichen Aktivitäten mit einem engen Bezug zur Informationserzeugung, -speicherung, -verarbeitung, und -verteilung einem neuen Wirtschaftssektor zuzuordnen, so gelangt man zu einem Vier-„Sektoren"-Modell der Volkswirtschaft (vgl. Abbildung 1-7). Man spricht auch schon von einem quartären Sektor der Informations- und Kommunikationswirtschaft.

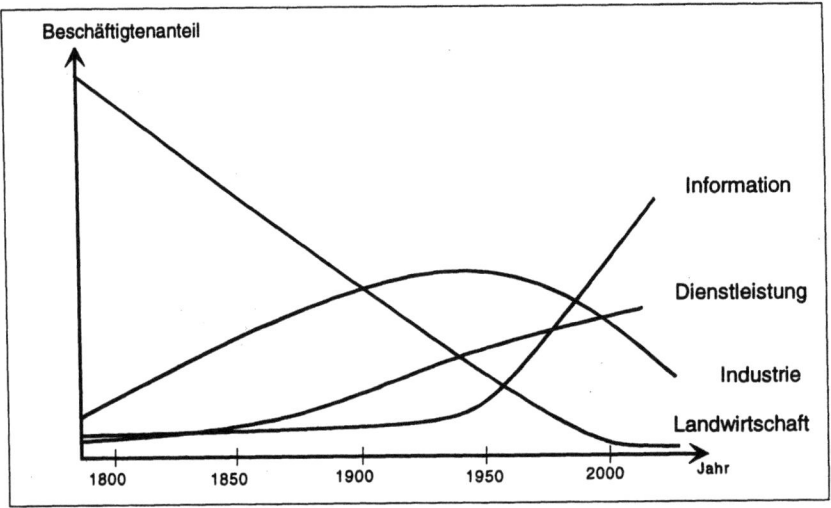

Abbildung 1-7: Veränderung der Beschäftigtenanteile – Vier-„Sektoren"-Modell

2 Der Prozeß der Dienstleistungserstellung

2.1 Phasenmodell

Aus der Sicht des Dienstleistungsunternehmens wurde in Abschnitt 1.2.1 die Dienstleistungserstellung in die Phasen

- Leistungsbereitstellung,
- Leistungsvereinbarung,
- Leistungserbringung

unterteilt. Aus der Sicht des Nachfragers steht die Inanspruchnahme von Dienstleistungen mit den Abschnitten

- Produkt-/Partnersuche,
- Auftragserteilung,
- Dienstleistungskonsum

im Vordergrund. Bei einer marktorientierten Betrachtung für Anbieter und Nachfrager gemeinsam lassen sich nach dem Transaktionsschema die Phasen

- Anbahnung,
- Vereinbarung,
- Abwicklung

unterscheiden. Dabei umfaßt die *Anbahnungsphase* alle Aktivitäten, die auf Informationen über Produkte, Anbieter bzw. Nachfrager und den Markt insgesamt ausgerichtet sind. In der *Vereinbarungsphase* finden Verhandlungen zwischen wenigen Marktpartnern statt, z.B. zwischen einem Kunden und einigen Anbietern oder zwischen einer Gruppe von kooperierenden Anbietern und einem Kunden, und es kommt zum Vertragsabschluß. Die *Abwicklungsphase* umfaßt die Leistungserbringung sowie zugehörige Sekundärprozesse, wie z.B. Abrechnungs- und Bezahlungsvorgänge.

Bezieht man dieses Transaktionsschema speziell auf den Dienstleistungsprozeß und nimmt dabei stärker die Sicht des Dienstleistungsunternehmens ein, so ergibt sich eine Phasenstruktur, die man als sogenanntes Wasserfallmodell darstellen kann (vgl. Abbildung 2-1).

2 Der Prozeß der Dienstleistungserstellung

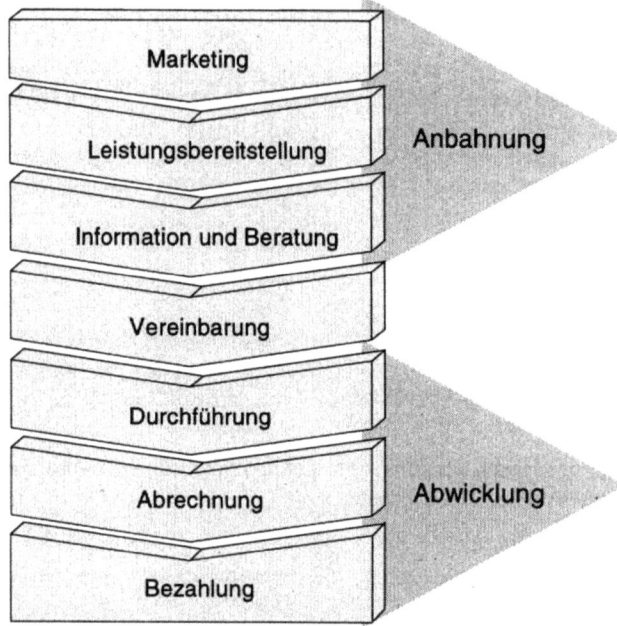

Abbildung 2-1: Phasenstruktur des Dienstleistungsprozesses

Die *Anbahnungsphase* beinhaltet z.B. Marketingaktivitäten des Anbieters sowie Suchaktivitäten des Nachfragers. Diese Aktivitäten laufen vielfach auch synchron ab, d.h., es entwickelt sich ein Dialog zwischen Nachfrager und Anbieter, in dessen Rahmen die beiderseitigen Informationsbedürfnisse spezifiziert und befriedigt werden. Beispielsweise wird sich der Kunde gegebenenfalls beraten lassen oder der Anbieter Informationen über die zukünftige Bedarfsstruktur des Kunden einholen. Schon vor dieser Phase oder zumindest zeitgleich ist es erforderlich, daß der Dienstleister seine Leistungsbereitschaft aufbaut.

Auf die Anbahnung folgt eine *Vereinbarungsphase*, die durch starke Interaktivität zwischen Nachfrager und Anbieter geprägt sein kann, z.B. wenn über Preise, Konditionen und Termine verhandelt wird. Am Schluß stehen das spezifische Leistungsversprechen des Unternehmens sowie die Abnahme- und Bezahlungszusage des Kunden.

Die in der *Abwicklungsphase* stattfindende Leistungserbringung führt ebenfalls vielfach interaktiv mit dem Kunden zu einem Leistungsergebnis. Das Unternehmen hat anschließend, bedingt durch die Integration des externen Faktors und die Kunden- bzw. Leistungsindividualität, seine Leistungen sehr spezifisch abzurechnen. Abschließend findet auf der Kundenseite die Bezahlung statt.

Viele informationsintensive Dienstleistungen werden in einer Büroumgebung erzeugt. Bei anderen Leistungen sind unterschiedlichste Orte der Erbringung vorstellbar, z.B. ein Hotel in der Karibik, ein Operationsraum oder ein Hörsaal. Der größte Teil der Aufgaben, die nicht allein die Durchführung der Dienstleistung betreffen, sind jedoch auch hier in einer Büroumgebung abzuwickeln. Einen detaillierteren Einblick in die dort eingesetzten IV-Systeme gibt Abschnitt 3.4.

2.2 Anforderungen

Anforderungen an den Dienstleistungsprozeß können aus zwei unterschiedlichen Blickwinkeln betrachtet werden. Aus der Sicht des Kunden steht das Dienstleistungs-„Produkt" im Vordergrund. Für das Unternehmen spielt neben der Produkt- bzw. Prozeßqualität insbesondere die Effizienz der Leistungserstellung eine besondere Rolle. Es ist eine Herausforderung an das Organisations- und Informationsmanagement, beides durch die geschickte Gestaltung von Abläufen und den Einsatz von Informations- und Kommunikationssystemen komplementär zu optimieren (vgl. Abbildung 2-2).

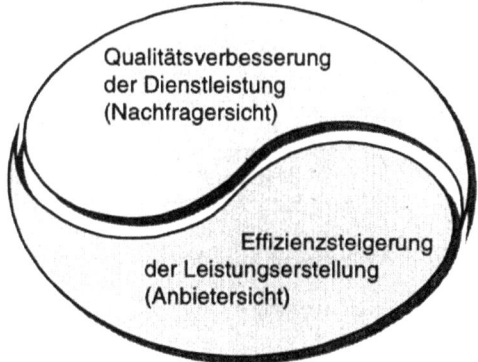

Abbildung 2-2: Anforderungen an den Dienstleistungsprozeß

2.2.1 Qualität des Dienstleistungsprodukts

Die objektive Qualitätserfassung der Dienstleistung ist oft sehr schwierig. So führt z.B. der Charakter der Immaterialität dazu, daß keine physikalisch meßbaren Produkteigenschaften vorliegen. Qualitätsmodelle orientieren sich deshalb z.B. an abgeleiteten Qualitätsdimensionen wie Potential-, Verrichtungs- und Ergebnisqualität (vgl. Abbildung 2-3).

Die Potentialqualität bezieht sich auf die Leistungsbereitschaft und umfaßt die personellen, organisatorischen und materiellen Voraussetzungen auf der Seite des Anbieterunternehmens, z.B. die Qualifikation der Mitarbeiter oder die aktuelle Verfügbarkeit des Angebots. Die Verrichtungsqualität ist weiter zu fassen als im industriellen Bereich. Der Dienstleistungsprozeß dient nicht nur der Erzeugung eines hochwertigen Ergebnisses, sondern ist ein eigenständiges Qualitätsmerkmal, da der Kunde in der Regel viel stärker in den Prozeß eingebunden ist. Das Ergebnis ist der Nutzen, den der Kunde aus der Dienstleistung zieht. Weil die Vermittlung der Ergebnisqualität im Dienstleistungssektor oft schwierig ist, kann die wahrgenommene stark von der tatsächlichen Qualität abweichen. In die Qualitätsabschätzung durch den Kunden geht deshalb das Erscheinungsbild der Dienstleistungsunternehmung wesentlich ein. Dies wird durch einen Imagefilter berücksichtigt, der die starke Verbindung zwischen dem Image des Unternehmens und der Beurteilung der von ihm angebotenen Leistungen modelliert.

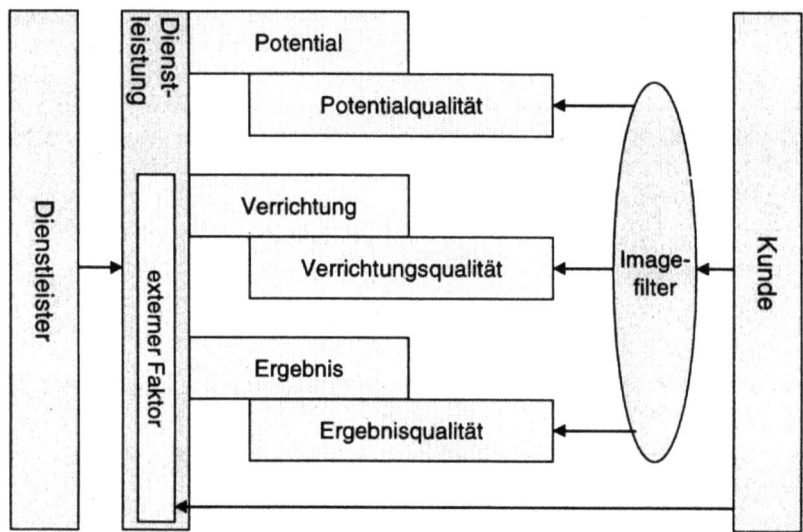

Abbildung 2-3: Die Qualität der Dienstleistung

Zur Imageverbesserung lassen sich unterschiedlichste Möglichkeiten der IV-Unterstützung vorstellen, die z.B. an der Kommunikationspolitik des Unternehmens nach außen oder an der Mitarbeiterführung anknüpfen. Die bei der Ergebnisqualität wichtige Anpassung an die individuellen Vorstellungen kann beispielsweise durch Beratungs- oder Konfigurationssysteme verbessert werden (vgl. Abschnitte 4.3 und 4.4). Im Bereich der Potential- und Verrichtungsqualität sind verschiedenste Anwendungssysteme vorstellbar, die helfen, die Planung und Durchführung von Prozessen zu optimieren (vgl. Abschnitte 4.2 und 4.5).

2.2.2 Effizienz der Leistungserstellung

Im Vergleich zur Industrie wird im Dienstleistungsbereich von einer gewissen Produktivitätsschwäche gesprochen. Ein Grund hierfür liegt darin, daß durch die oft notwendige intensive Interaktion mit dem Kunden bzw. die Einbindung des externen Faktors eine durchgreifende Automatisierung wie in der maschinellen Güterfertigung relativ schwierig ist. Ein weiterer Grund ist, daß oft die Leistungserbringung am externen Faktor erfolgt, wie z.B. bei einem Haarschnitt, einer ärztlichen Behandlung oder einer Flugreise. Dennoch besteht auch im Dienstleistungssektor die starke Tendenz, den Produktionsfaktor Arbeit durch Betriebsmittel zu substituieren. Dies kann in mehreren Stufen bis hin zum vollständigen Verzicht auf Mitarbeitereinsatz seitens des Unternehmens geschehen. Beispiele sind computergesteuerte Informations-, Auskunfts- und Kommunikationsdienste. An vielen Stellen entstehen Selbstbedienungslösungen, die auch eine intensive Interaktion mit dem Kunden computergesteuert abwickeln. Diese können zusätzlich bewirken, daß durch Aufgabenverlagerung vom Mitarbeiter auf den Kunden die Prozesse nicht nur schlanker gestaltet, sondern auch Kosten eingespart werden können. Der Kunde empfindet dabei dennoch nicht selten eine Verbesserung der Dienstleistungsqualität, z.B. in Form einer erhöhten Orts- und Zeitflexibilität.

In den Teilprozessen, in denen der Kunde bzw. externe Faktor nicht involviert ist, wird insbesondere versucht, das Effizienzkriterium Durchlaufzeit zu optimieren. Der Einsatz der Informationsverarbeitung konzentriert sich dort auf die Verwaltung und Bereitstellung benötigter Informationen und die Abwicklung von Vorgängen. Wichtige Hilfsmittel sind Dokumenten-Management-Systeme und Workflow-Management-Systeme (vgl. Abschnitte 3.4.1 und 3.4.3). Ziel ist, neben den Bearbeitungszeiten insbesondere die Warte- und Übergangszeiten zu reduzieren.

3 Allgemeine Unterstützungssysteme

3.1 Überblick

Aus der Sicht des Dienstleistungsunternehmens werden alle Prozeßaktivitäten, die im Kontakt mit dem Kunden durchzuführen sind, dem sogenannten Front-Office-Bereich, alle Tätigkeiten, die ohne direkten Kundenkontakt abzuwickeln sind, dem Back-Office-Bereich zugeordnet. Bei der Anbahnung, Vereinbarung und Inanspruchnahme einer Dienstleistung befindet sich der Kunde in einer Umgebung, die ihm die Integration in den Dienstleistungsprozeß ermöglicht. Dies kann z.B. der Kundenbereich des Unternehmens oder auch ein Telekommunikationszugang zur Dienstleistung im Privatbereich sein. Der Dienstleister führt die Prozesse im Back Office, aber auch im Front Office, sehr häufig in einer Büroumgebung durch. Dies betrifft nicht nur planende und steuernde Aktivitäten, sondern oft auch die direkte Leistungserbringung, z.B., wenn es sich um informationsintensive Dienstleistungen handelt.

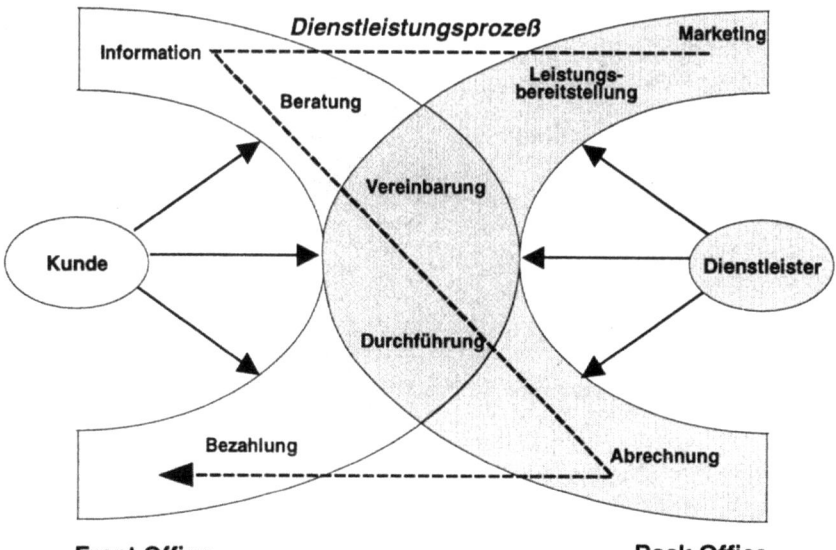

Abbildung 3-1: Prozeßphasen zwischen Front Office und Back Office

3 Allgemeine Unterstützungssysteme

Positioniert man die Phasen des Dienstleistungsprozesses danach, ob die Teilprozesse stärker in der Kundenumgebung oder der Büroumgebung des Dienstleisters stattfinden, so erhält man eine Zuordnung, wie sie in Abbildung 3-1 skizziert ist.

Der Kontakt zwischen Anbieter und Nachfrager ist in der Vereinbarungs- und Abwicklungsphase am intensivsten. Hier wirkt der externe Faktor oft besonders stark mit dem Leistungsersteller zusammen. Natürlich sind auch bei Leistungsbereitstellung und Beratung sowie bei Abrechnung und Bezahlung wechselseitige Kontakte notwendig, jedoch in geringerer Intensität.

Im Front Office wird der Kunde z.B. durch Auskunfts-, Präsentations- oder computerbasierte Beratungssysteme unterstützt (vgl. Abbildung 3-2). Es stehen ihm eventuell Transaktionssysteme zur Verfügung, mit denen er konkrete Leistungen abrufen bzw. diese beeinflussen kann. Zugangssysteme erleichtern ihm den Zugriff auf die Informations- und Kommunikationsdienstleistungen der Anbieterrechner. Ein Zugang in Selbstbedienung ist dabei über Self-Service-Terminals oder Telekommunikationsdienste möglich. Ist im Front Office der direkte Kontakt zwischen einem Mitarbeiter des Unternehmens und dem Kunden notwendig oder erwünscht, stehen dem Mitarbeiter entsprechende Unterstützungssysteme zur Verfügung.

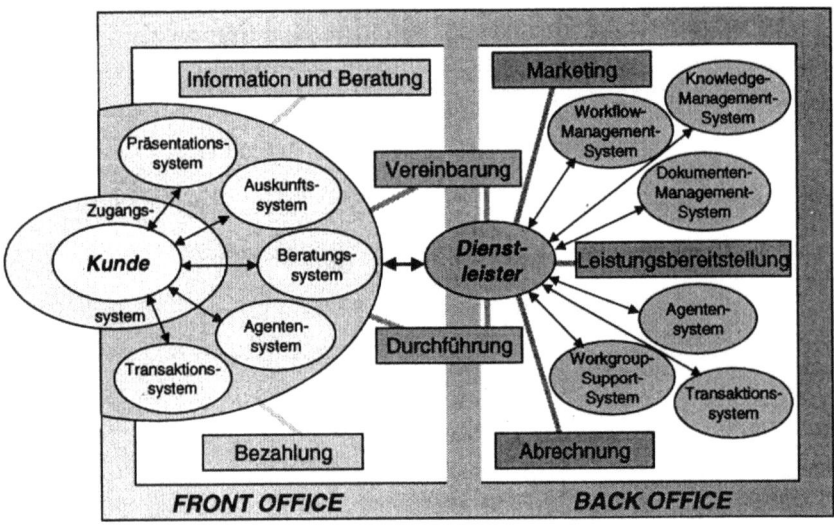

Abbildung 3-2: Unterstützungssysteme im Front Office und Back Office

Im Back-Office-Bereich finden sich viele Anwendungssysteme, die auch im Industriebetrieb für Planungs- und Verwaltungsaufgaben eingesetzt werden. Beispiele sind Programme zur Angebotsbearbeitung und Auftragserfassung, Buchhaltung und Kostenrechnung, Lohn- und Gehaltsabrechnung, Fakturierung und Finanzdisposition, Personalverwaltung und Managementinformation. Konzentriert man sich auf die Abwicklung von Dienstleistungsprozessen, so werden die Tätigkeiten im Büro durch Transaktions-, Dokumenten-Management-, Workflow-Management-, Knowledge-Management-, Workgroup-Support- und Agentensysteme unterstützt.

3.2 Zugangssysteme im Front-Office-Bereich

3.2.1 Überblick

Unter Zugangssystem soll jedes computergestützte System verstanden werden, das Nachfragern einen unmittelbaren Zugang zu Dienstleistungen eröffnet. Zugangssysteme stellen somit die Schnittstelle zwischen dem Leistungsangebot und der Leistungsnachfrage dar. Der Kunde ist dabei an einer einfachen, schnellen und zielgerichteten Bedienung interessiert. Daher sollte möglichst wenig technisches Knowhow notwendig und das System weitgehend orts- und zeitflexibel zugänglich sein. Insbesondere aus der Sicht des Leistungsanbieters spielen Sicherheitsgesichtspunkte im Sinne einer Zugangskontrolle, Autorisierung des Zugriffs, Sicherheit der Datenübertragung, des Datenschutzes usw. eine wichtige Rolle.

Bei Zugangssystemen kann man zwischen Hardwarekomponenten und Softwarekomponenten unterscheiden. Zwischen dem eigentlichen Zugangssystem und den „dahinter" liegenden Anwendungssystemen existiert häufig keine trennscharfe inhaltliche Grenzlinie, wie am Beispiel des Begriffs „Kiosksystem" ersichtlich ist. Der anwendungsorientierte Teil der Zugangssoftware ist entsprechend spezifisch gestaltet. Einheitliche Hardwarekomponenten, wie z.B. Chipkarten, können im Rahmen des Zugangssystems jedoch häufig für verschiedenste Anwendungen verwendet werden.

Bei der technischen Gestaltung des Zugangssystems an der Benutzerschnittstelle kann man zwei Ansätze unterscheiden:

- Terminals, die in einem öffentlich zugänglichen Bereich aufgestellt sind, z.B. Selbstbedienungsautomaten,
- Personal Computer oder Workstations, die an ein Kommunikationsnetz angeschlossen und mit einer Zugangssoftware versehen sind und vom Einzelnen von zu Hause aus oder im Unternehmen als „eigenes" Terminal genutzt werden.

3.2.2 Self-Service-Anwendungen

Ziel von Self-Service-Konzepten ist, durch Öffnung der IV-Unterstützung gegenüber dem Kunden diesem größere Handlungs- und Steuerungsmöglichkeiten im Dienstleistungsprozeß einzuräumen. Die Entscheidung, welche Prozesse aus Unternehmenssicht wie stark vom Kunden beeinflußbar sein sollen, hat u.a. die strategische Unternehmensplanung zu treffen. Vorteile für den Kunden können durch einen erleichterten Zugang mittels zeit- und ortsflexibler Abrufmöglichkeiten der Dienstleistung oder durch eine Erhöhung des Nutzens durch ein stärker individualisiertes Leistungsangebot gegeben sein. Folgende Merkmale erleichtern die Realisierung von Self-Service-Anwendungen:

- der Dienstleistungsprozeß kann weitgehend standardisiert oder die Individualisierung vorher geplant werden,
- der Kunde ist nicht direktes Objekt der Leistungserstellung,
- es ist kein kundenspezifisches Know-how von seiten des Dienstleisters einzubringen,
- ein direkter persönlicher Kontakt zu einem Unternehmensmitarbeiter ist nicht notwendig und vom Kunden nicht ausdrücklich gewünscht.

Self-Service-Konzepte erfordern in der Regel IV-Systeme, die mit dem Kunden interagieren und Dienstleistungsvorgänge automatisieren oder zumindest automatisch anstoßen. Betrachtet man den möglichen Self-Service-Grad in den verschiedenen Phasen des Dienstleistungsprozesses, so kann man zwei generelle Unterstützungsmuster identifizieren (vgl. Abbildung 3-3).

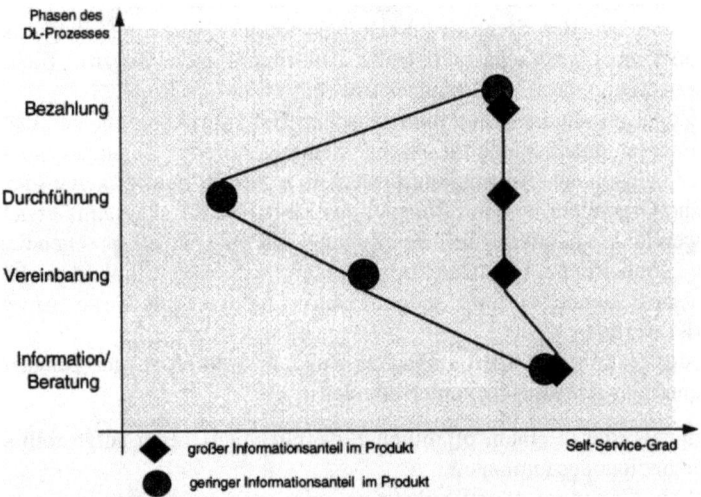

Abbildung 3-3: Einschätzung von Self-Service-Potentialen

Self-Service-Fähigkeit ist insbesondere dann gegeben, wenn das Dienstleistungsprodukt zu einem wesentlichen Teil auf Informationen beruht. In diesem Fall kann auch die Durchführungsphase weitgehend automatisiert bzw. vom Kunden gesteuert werden. Bei weniger informationsbezogenen Dienstleistungen ist Self Service stärker auf die Informations-, Beratungs-, Vereinbarungs- und Bezahlungsphase fokussiert.

Self-Service-Systeme können im Rahmen des Dienstleistungsprozesses von der Unterstützung einzelner Aufgaben bis zur integrierten Abwicklung mehrerer Phasen eingesetzt werden. Abbildung 3-4 führt einige Beispielanwendungen auf.

3.2 Zugangssysteme im Front-Office-Bereich

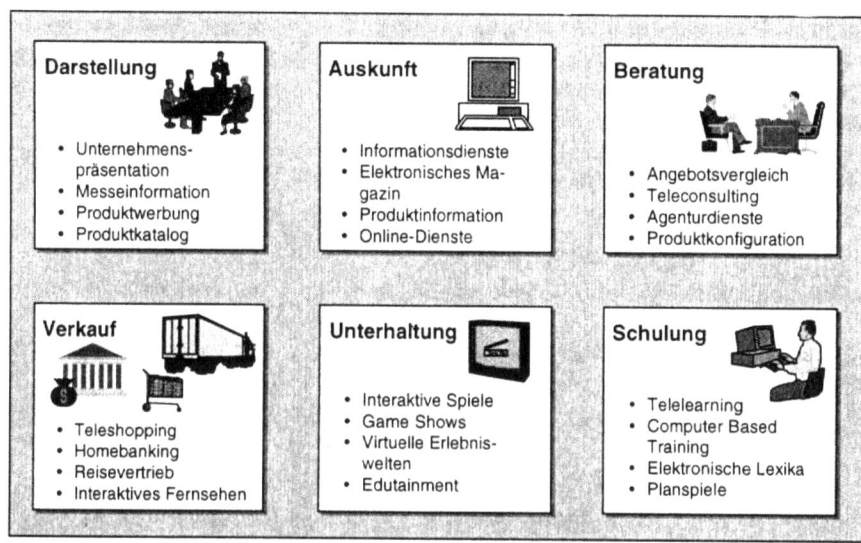

Abbildung 3-4: Ausgewählte Anwendungsbereiche von Self-Service

Bei Self-Service-Systemen zur Veranschaulichung von Produkten und Dienstleistungen sowie zur Selbstdarstellung des Dienstleistungsanbieters handelt es sich vorwiegend um Programme ohne weitgehende Interaktionsmöglichkeiten. Sie helfen in der Marketingphase, das Interesse des Kunden für die angebotenen Produkte bzw. Dienstleistungen zu wecken.

Auskunftssysteme dienen der Befriedigung spezifischer Informationsbedürfnisse und ermöglichen es, durch multimediale und interaktive Funktionalität auch komplizierte oder komplexe Sachverhalte anschaulich zu vermitteln. Beratungssysteme sollen dabei unterstützen, das Problem des Kunden zu analysieren und Handlungs- oder Verhaltensempfehlungen zu geben. Für diese anspruchsvolle Aufgabe werden zunehmend „intelligente" Werkzeuge eingesetzt, wie z.B. Experten- oder Expertisesysteme. In der Vereinbarungsphase sind Self-Service-Systeme dort denkbar, wo es um den Verkauf von Dienstleistungen und Produkten geht und der Kaufvertrag wenig komplex ist bzw. durch eine „elektronische Willenserklärung" geschlossen werden kann. Beispiele sind Teleshopping oder die Buchung von Flügen, Hotels usw. Bei Finanzdienstleistungen kann im Homebanking darüber hinaus auch vielfach die gesamte Abwicklungsphase in Selbstbedienung ablaufen.

Vor allem im Schulungsbereich ist das Anwendungsspektrum breit und bietet vor dem Hintergrund der Forderung nach bedarfsorientiertem lebenslangem Lernen große Potentiale für Self-Service. Lernsoftware und Selbstlernmaterial sind über Computernetze abrufbar. Von Kunden gesteuertes Telelearning, sowohl synchron z.B. in Form von interaktiven Videoübertragungen wie auch asynchron z.B. in Form von Electronic-Mail-Austausch mit einem Tutor, erhöht die Orts- und Zeitflexibilität, ohne zwangsweise auf den Kontakt mit einem Ausbilder verzichten zu müssen. Bildungs- und Unterhaltungsanwendungen gehen zunehmend ineinander über. Man denke an Planspiele und virtuelle Erlebniswelten. Im reinen Unterhaltungsbereich zeichnet sich eine stärkere selektive Nutzung des riesigen Angebots über Computernetze ab, wie z.B. der Abruf „on demand" von Filmen, Musik und Computerspielen.

Bei der technischen Realisierung von Self-Service-Konzepten sind folgende wichtige Komponenten zu unterscheiden (vgl. Abbildung 3-5):

- das Zugangssystem, das einen einfachen, sicheren und autorisierten Zugriff auf Softwarefunktionen und Daten regelt,
- ein Auftragserfassungs- und Prüfungsbaustein, der zu den gewünschten Dienstleistungen verzweigt,
- Systeme zur automatisierten Vorgangsabwicklung,
- Systeme zur personell unterstützten Vorgangsabwicklung,
- ein Modul zur Präsentation von Vorgangsinformationen bzw. -bestätigungen und Aktionsanforderungen, das auch in die entsprechenden Abwicklungssysteme integriert sein kann.

Dort, wo eine völlige Automatisierung der Serviceleistung nicht möglich oder nicht sinnvoll ist und Personen in den Dienstleistungsprozeß involviert sind, ist es vorstellbar, den Kunden in die elektronische Vorgangsbearbeitung über ein Workflow-Management-System (WMS) einzubinden. Dies bedeutet z.B., daß dieser während der Bearbeitung Rückfragen elektronisch zugestellt bekommt oder sich über das Workflow-Management-System jederzeit über den Bearbeitungsstand des Vorgangs informieren kann.

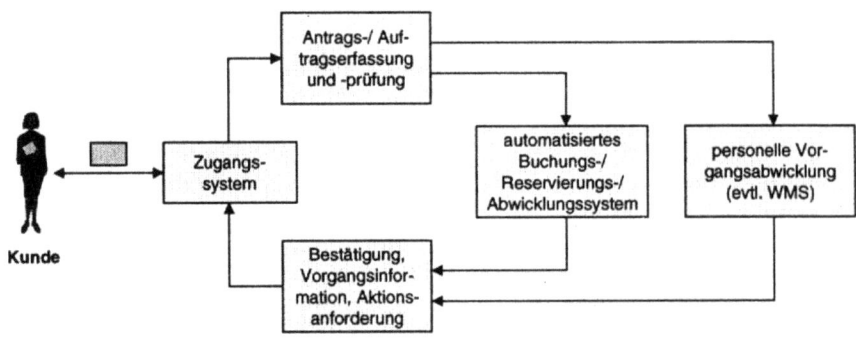

Abbildung 3-5: Grobstruktur von Self-Service-Systemen

3.2.3 Realisierung von Zugangssystemen

Für den Zugriff auf Self-Service-Systeme und darüber hinaus für den Zugang zu Programmen und Daten ausgehend vom Front-Office-Bereich bestehen verschiedenste Anforderungen. Aus der Sicht des Benutzers, der Kunde oder ein im Front Office tätiger Mitarbeiter sein kann, ist ein einfacher Zugang von zentraler Bedeutung. Das Adjektiv „einfach" kann dabei in vielfacher Hinsicht interpretiert

3.2 Zugangssysteme im Front-Office-Bereich

werden. Der Zugang soll z.B. kein technisches Know-how voraussetzen, möglichst orts- und zeitunabhängig sowie trotz einer Vielzahl von möglichen Anwendungen überschaubar sein.

Aus der Sicht des Leistungsanbieters muß das Zugangssystem vor allem Sicherheit gewährleisten. D.h., Aufgaben der Zugangskontrolle, der Autorisierung des Zugriffs auf Service-Systeme, die Sicherheit der Datenübertragung, der Datenschutz und alle sonstigen Vorkehrungen gegen mißbräuchliche oder unbefugte Nutzung der Anwendungssysteme stehen im Vordergrund.

Abbildung 3-6 zeigt den Grobaufbau eines Zugangssystems, das als automatischer Vermittler zwischen Dienstleistungsangeboten und Kunden begreifbar ist. Sowohl auf der Seite des Leistungsempfängers als auch auf der Seite der Service-Systeme existieren rechnergestützte Zugangskomponenten, die „Intelligenz" in Form von Informationsverarbeitungsfunktionen besitzen. Beide Komponenten tauschen Informationen über Kommunikationsnetze aus. Dieses Prinzip entspricht dem Client-Server- bzw. dem Front-End-Konzept der verteilten Informationsverarbeitung.

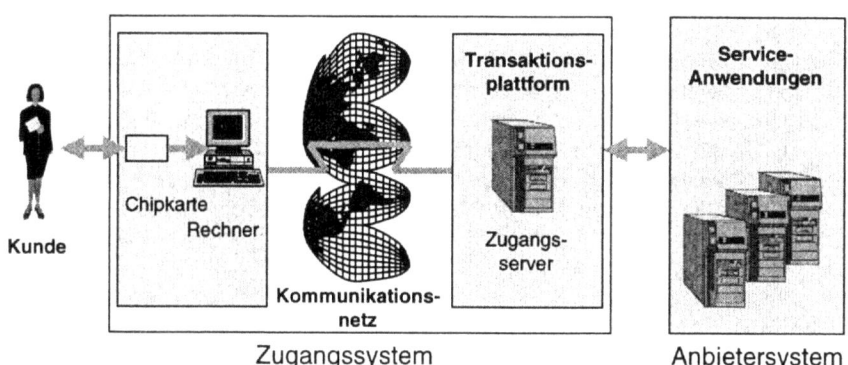

Abbildung 3-6: Schema eines Zugangssystems

Der Benutzer hat sich zu einem Rechner als Zugangsmedium zu begeben, der gleichzeitig als Kommunikationswerkzeug dient. Dieser Rechner kann z.B. in einem Self-Service-Terminal integriert sein. Daneben ist jeder Rechner, der über ein Kommunikationsnetz Kontakt mit dem „Back-End-System", z.B. in der Form eines Zugangsservers, aufnehmen kann, als Zugangsinstrument nutzbar. Für die Identifikation mit anschließender Autorisierung sind Paßwortmechanismen und/oder die Verwendung von Ausweiskarten gebräuchlich.

3.2.4 Einsatz von Chipkarten

Magnetstreifenkarten sind schon seit Anfang der 70er Jahre in England, Frankreich, Japan und den USA als Bank- und Kreditkarten im Einsatz. In Deutschland gibt es seit 1980 die genormte EC-Karte mit Magnetstreifen. Die auf den in der Regel drei Magnetspuren gespeicherten Informationen können allerdings von jedem, der sich eine Schreib-/Lesevorrichtung für Magnetkarten verschafft, gelesen, gelöscht oder überschrieben werden. Zur Sicherstellung der Vertraulichkeit sowie zur Erkennung von Manipulationen sind zusätzliche Verfahren notwendig. Aus diesem Grund wird häufig bei derartigen Systemen eine Online-Verbindung zu Prüfsystemen aufgebaut. Bei Chipkarten sind im Gegensatz zu Magnetstreifenkarten integrierte elektronische Schaltkreise (IC: Integrated Circuit) mit Speicher-, Logik- und/oder Rechenfunktionen in die Plastikkarte eingeschweißt. Damit läßt sich „Intelligenz" auf der Karte implementieren. Daneben ist die Speicherkapazität deutlich höher als bei Magnetstreifen.

Man unterscheidet Speicher- und Prozessorchipkarten. Bei der einfachen Speicherkarte („memory card") existiert kein Zugriffsschutz und keine Benutzeridentifizierung. Die einfache Speicherkarte wird meist als Wertkarte, z.B. als Telefonkarte, eingesetzt. Speicherkarten mit Zugriffsschutz werden auch intelligente Speicherkarten genannt. Eine im Chip integrierte Sicherheitslogik verhindert eine unerlaubte Veränderung der gespeicherten Daten und erlaubt evtl. auch einfache Verschlüsselungen.

Die Prozessorchipkarte („smart card") wird durch Verbindung von ROM- und RAM-Speichern mit einem Prozessor (CPU: Central Processing Unit) zum vollständigen Rechner (vgl. Abbildung 3-7). Im Read Only Memory (ROM) sind Daten und Prozeduren des Betriebssystems sowie sonstige unveränderliche Informationen abgelegt, wie z.B. Codetabellen. Der Arbeitsspeicher (RAM: Random Access Memory) dient als Zwischenablage bei Berechnungen. Parameter und einfache Programmroutinen für spezielle Chipkartenanwendungen werden in einem EEPROM abgelegt (Electrically Erasable and Programmable Read Only Memory). Diese Anwendungen, wie z.B. spezielle Verschlüsselungs- und Autorisierungsverfahren (vgl. Abschnitt 3.2.6), werden über spezielle Geräte „in den Chip" geschrieben und sind auf dem gleichen Weg auch wieder lösch- und überschreibbar.

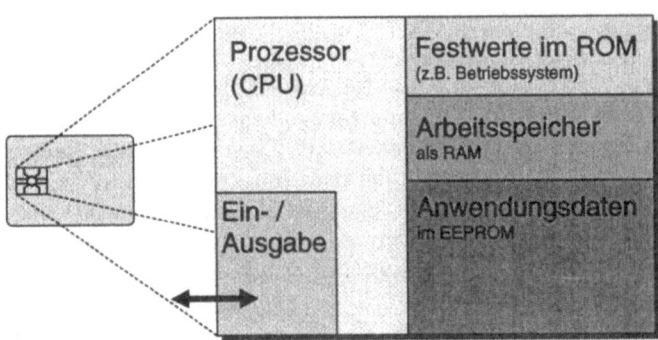

Abbildung 3-7: Aufbau einer Prozessorchipkarte

Moderne Chipkartenbetriebssysteme ermöglichen es, verschiedene Anwendungen in einer einzigen Karte zu integrieren. Aus diesem Grund werden Prozessor-

3.2 Zugangssysteme im Front-Office-Bereich

chipkarten auch als „multifunktionale Chipkarten" bezeichnet. Die sogenannte Supersmartcard besitzt zusätzlich eine eingebaute Tastatur und eine kleine LCD-Anzeige. So ist es möglich, über die Karte gespeicherte Daten abzufragen, Transaktionen vorab einzugeben oder eine eingebaute Taschenrechnerfunktionalität zu benutzen. Bei einer kontaktlosen Karte werden die Energieversorgung des Chips und die Datenübertragung nicht über Anschlüsse auf der Kartenoberfläche, sondern über eine kurze Distanz „drahtlos" z.B. durch induktive Kopplung realisiert.

Abbildung 3-8 gibt eine Übersicht über grundlegende Funktionalitäten einer „intelligenten" Chipkarte mit Prozessor.

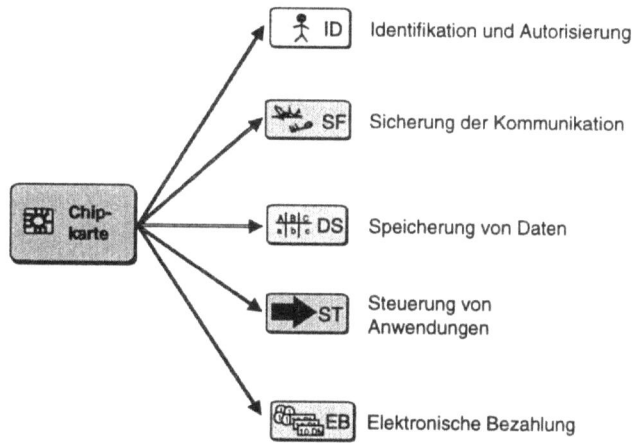

Abbildung 3-8: Basisfunktionalität einer multifunktionalen Chipkarte

Identifikation und Autorisierung stellen die elementaren Basisfunktionen im Rahmen einer Zugangskontrolle zu Anwendungssystemen, Datenbeständen, Netzen, Räumen usw. dar. Die Identifikation erfolgt einerseits durch Übermittlung von auf dem Chip gespeicherten Daten, andererseits meist auch durch die Eingabe einer persönlichen Identifikationsnummer (PIN: Personal Identification Number). Die PIN kann verschlüsselt auf dem Chip gespeichert werden. Durch einen auf der Chipkarte integrierten Prozessor ist darüber hinaus ein gegenseitiges Erkennungs- und Prüfverfahren zwischen Chipkarte und dem Rechner möglich, der als Zugangsmedium verwendet wird. In einem automatischen symmetrischen oder asymmetrischen Challenge-and-Response-Dialog (vgl. Abschnitt 3.2.6) prüft dabei die Chipkarte das Terminal und umgekehrt das Terminal die Chipkarte auf „Echtheit" (Authentifizierung). Neben den Identifikationsdaten können auch Berechtigungsschlüssel auf dem Chip gespeichert sein, über welche die Zugriffsberechtigung für einzelne Anwendungen kontrolliert wird (Autorisierung).

Durch die Möglichkeit, auf dem Prozessorchip Programme auszuführen, sind sehr umfangreiche und anspruchsvolle Sicherheitsfunktionen realisierbar. Mechanismen zur Verwaltung und Ausführung kryptographischer Algorithmen sind meist standardmäßig integriert. Bei der Verschlüsselung steht ein breites Spektrum von Verfahren zur Verfügung, das von einfacher Prüfsummenbildung über symmetrische Mechanismen bis hin zu asymmetrischen Verschlüsselungen mit langen „private" und „public keys" reicht. Mit Hilfe asymmetrischer Verschlüsselungsalgorithmen sind elektronische Unterschriften (digitale Signaturen) technisch darstellbar (vgl. Abschnitt 3.2.6).

Auf dem Chip sind Datenstrukturen in Form von Dateibäumen mit differenzierten Zugriffsrechten abbildbar. Man kann freie Daten (unbeschränktes Lesen und Schreiben durch Anwendungssysteme), frei lesbare Daten (Überschreiben nicht möglich), geschützte Daten (Zugriff nur mit PIN) und geheime Daten (externer Zugriff nicht möglich, nur interne Verwendung durch Prozessor) unterscheiden. Damit kann die Chipkarte prinzipiell auch als Informations-Trägermedium verwendet werden, mit dem besitzerspezifische oder anwendungsbezogene Daten verschlüsselt abgelegt und zwischen verschiedenen Orten und Systemen transportiert werden. Bei der Speicherung von personenbezogenen Daten ist Datenschutzaspekten besondere Beachtung zu schenken.

Im Rahmen dialoggesteuerter Vorgänge und Prozesse kann bei dem Aufruf eines Anwendungssystems durch die Chipkarte ein Identifikations- und Autorisierungsdatensatz übertragen werden, der die konventionelle Login-Prozedur ersetzt bzw. ein automatisches Navigieren zu einer spezifischen Funktion unter Berücksichtigung der Zugriffsberechtigungen bewirkt. Über derartige Triggermechanismen kann die Chipkarte bestimmte Transaktionen weitgehend automatisch steuern. Der Benutzer erhält dabei den Eindruck, es würde für ihn persönlich eine individualisierte Anwendungsumgebung, wie z.B. auf seine Berechtigungen zugeschnittene Angebote am Bildschirm, generiert.

Eine besondere Art von auf Chipkarten speicherbaren Daten stellen Geldbeträge dar. Entwicklung und Einsatz dieser elektronischen Geldbörsen oder GeldKarten werden von Banken und Handel vorangetrieben. Damit ist es möglich, am POS (Point Of Sale, Point Of Service) bzw. POA (Point Of Access) im Front-Office-Bereich unmittelbar für abgerufene oder initiierte Dienstleistungen elektronisch zu bezahlen (vgl. auch Abschnitt 4.7).

3.2.5 Telekommunikationszugänge

Der Daten- bzw. Nachrichtentransport, der über die Grenze eines Gebäudes oder Grundstückes hinausgeht und dazu Wide Area Networks (WAN) nutzt, wird als Telekommunikation bezeichnet. Die Kommunikationsmöglichkeiten werden durch definierte Kommunikationsdienste bereitgestellt. Zugangssysteme nutzen sehr häufig derartige Dienste. Beispielsweise muß die Kommunikation zwischen einem Selbstbedienungsautomaten, der nicht auf dem Grundstück bzw. im Gebäude des Dienstleisters aufgestellt ist, und dem Rechner, auf dem das Anwendungssystem läuft, auf der Basis dieser Dienste erfolgen. Das gleiche gilt für den entfernten („remote") Zugang über Personal Computer, Workstations oder andere Geräte mit Terminalfunktionalität vom Arbeitsplatz oder von zuhause aus.

Über analoge Telefonleitungen oder das digitale ISDN-Netz (Integrated Services Digital Network) können Datenübertragungsfunktionen, wie z.B. Filetransferdienste, genutzt werden. Als Basis-Infrastruktur für Zugangssysteme werden zunehmend sog. Online-Dienste genutzt, die auch komfortable Benutzeroberflächen bieten.

Das World Wide Web (WWW) ermöglicht mit Hilfe des Hypertext Transport Protocol (HTTP) und eines sog. Browsers den Zugriff auf Informationen, die von beliebigen Rechnern im Internet verwaltet werden. Das Common Gateway Interface (CGI) definiert einen Standard zum Aufruf von Programmen und zur Parameterübergabe an Programme. Das CGI dient insbesondere zur formularorientierten Kommunikation im Internet. Durch die problemlose weltweite Kopplung von Rechnern und Integration verschiedenster Dienste unter einer einheitlichen, intuitiv bedienbaren WWW-Oberfläche ist das Internet das dominierende Telekommunikationsmedium für Zugangssysteme.

3.2.6 Sicherungskonzepte

Der direkte Informationsaustausch zwischen einem Rechner an der Kundenschnittstelle und der Informationsverarbeitung des Dienstleistungsanbieters über das Zugangssystem macht besondere Sicherheitsvorkehrungen erforderlich. Im Rahmen der Identifizierung und Authentifikation werden z.B. personenbezogene Daten übertragen. Die gesamte Kommunikation in der Anbahnungs-, Vereinbarungs- und Abwicklungsphase wird meist als sehr vertraulich angesehen. Bei der Durchführung von elektronischen Finanztransaktionen ist die Notwendigkeit besonderer Schutzvorkehrungen offensichtlich.

Die International Standardization Organization (ISO) bietet ein sogenanntes Sicherheitsarchitekturmodell an, das einen strukturierten Rahmen sowie verschiedenste Normierungen beinhaltet. Dabei werden fünf Schichten unterschieden:

1. *Bedrohungen* („Was kann passieren?"),
2. *Strategien* („Welche Anforderungen werden an die Sicherheit gestellt?"),
3. *Dienste* („Welche Maßnahmen sind zur Realisierung der unter 2 spezifizierten Sicherheitspolitik zu treffen?"),
4. *Mechanismen* („Welche technischen Mittel stehen zur Durchführung der unter 3 definierten Maßnahmen zur Verfügung?"),
5. *Algorithmen* („Welche mathematischen bzw. softwaretechnischen Verfahren können zur Umsetzung der Mechanismen verwendet werden?").

Nachdem man sich lange Zeit hauptsächlich auf passive Bedrohungen (z.B. Abhören der Datenübertragung) und die Fehlerfreiheit der Datenübertragung konzentriert hatte, ist heute die Absicherung gegen aktive Angriffe stärker in den Vordergrund gerückt. Beispiele für aktive Bedrohungen sind

- unberechtigter Zugang zum System,
- unautorisierte Inanspruchnahme einer Leistung,
- Veränderung einer Nachricht,
- Fälschung einer gesamten Nachricht,
- Fälschung des Absenders.

3 Allgemeine Unterstützungssysteme

Das Sicherheitsarchitekturmodell ist inhaltlich sehr breit angelegt. Abbildung 3-9 gibt einen ausgewählten Einblick in die Zusammenhänge zwischen den verschiedenen Schichten.

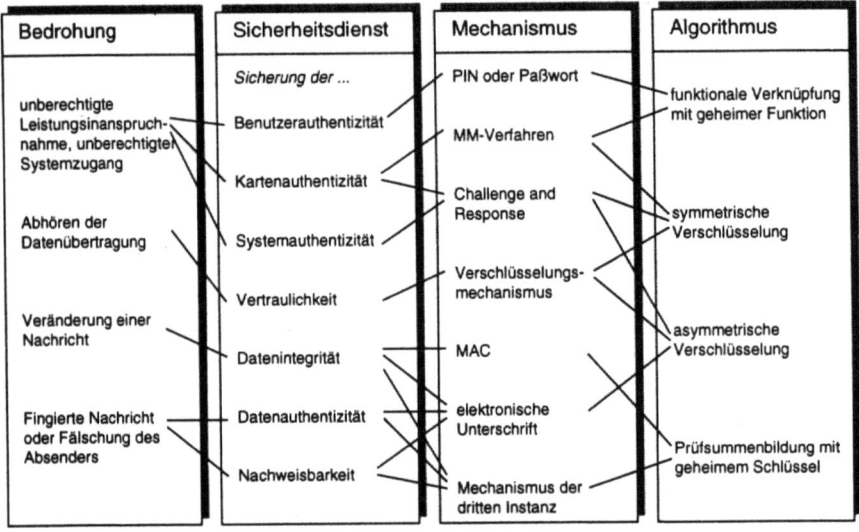

Abbildung 3-9: Gestaltung einer Sicherheitsarchitektur

Die Sicherheitsdienste umfassen die Sicherung der

- *Authentizität*
  Die „Echtheit" des Benutzers, des Kommunikations- und Anwendungssystems, evtl. einer Ausweiskarte/Chipkarte sowie der übermittelten Daten muß nachweisbar sein (Benutzerauthentizität, Systemauthentizität, Kartenauthentizität, Datenauthentizität).
- *Datenintegrität*
  Es ist sicherzustellen, daß die Daten während der Übertragung nicht verändert werden.
- *Vertraulichkeit*
  Die Datenübertragung ist vor unbefugtem Abhören zu schützen.
- *Nachweisbarkeit*
  Für den Empfänger sowie auch für berechtigte Dritte muß eindeutig feststellbar sein, wer welche Daten gesandt hat (Nichtabstreitbarkeit des Versands), daneben ist zu gewährleisten, daß der Sender nachweisen kann, daß von ihm eine Nachricht an den Empfänger gelangt ist (Nichtabstreitbarkeit des Zugangs).

Im folgenden wird ein Überblick über gebräuchliche Sicherheitsmechanismen zur Realisierung der genannten Dienste gegeben.

3.2 Zugangssysteme im Front-Office-Bereich

Vertraulichkeit

Zur Sicherung der Vertraulichkeit werden üblicherweise kryptographische Mechanismen eingesetzt. Bei *symmetrischen Algorithmen* existiert nur ein einziger geheimer Schlüssel. Mit Hilfe dieses Schlüssels wird einem Klartext durch eine Transformationsfunktion ein Geheimtext zugeordnet. Eine Umkehrtransformation erzeugt mit demselben Schlüssel aus dem Geheimtext wiederum den Klartext. Die Sicherheit dieser Algorithmen beruht darauf, daß der Schlüssel geheim ist. Man kann bei den symmetrischen Algorithmen Block- und Stromalgorithmen unterscheiden. Bei Blockalgorithmen werden die Daten in Blöcke gleicher Länge aufgeteilt und jeder Block wird unabhängig von den anderen Blöcken mit demselben Schlüssel verschlüsselt. Ein Beispiel ist der Data Encryption Standard (DES, vgl. Abbildung 3-10). Der DES wurde in den 70er Jahren entwickelt und hat sich mittlerweile als Standard in vielen Bereichen durchgesetzt. Insbesondere wird das DES-Verfahren bei Finanztransaktionen angewendet. Der ursprüngliche DES-Algorithmus operiert mit Blocklängen von 64 Bit und einer Schlüssellänge von 56 Bit. In neueren Versionen werden Schlüssel doppelter (112 Bit) oder 3-facher (168 Bit) Länge verwendet. Ein sehr ähnliches Verfahren ist IDEA (International Data Encryption Algorithm). IDEA verarbeitet analog zum DES Blocklängen von 64 Bit und besitzt eine Schlüssellänge von 128 Bit.

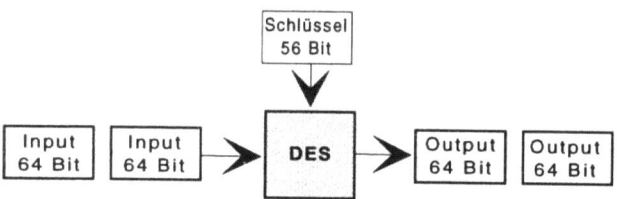

Abbildung 3-10: DES-Blockverschlüsselung

Auch bei der Stromverschlüsselung wird der Klartext in Blöcke gleicher Länge aufgeteilt. Dabei kann die Blocklänge auch im Grenzfall ein Bit sein. Diese Blöcke werden jedoch nicht unabhängig voneinander verschlüsselt, sondern der Strom der Klartext-Bits wird mit einem zufälligen Strom von Schlüssel-Bits verknüpft. Ein verbreiteter Algorithmus ist hier der VERNAM-Algorithmus, bei welchem eine XOR-Verknüpfung der Klartext-Bits mit den Schlüssel-Bits erfolgt (vgl. Abbildung 3-11). Der Strom der Schlüssel-Bits kann beispielsweise mit Hilfe eines Zufallszahlengenerators ausgehend von einer kleinen Datenmenge (Ur-Schlüssel) erzeugt werden.

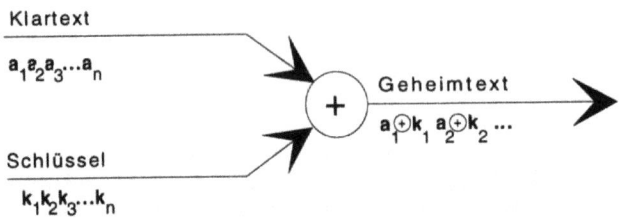

Abbildung 3-11: Stromverschlüsselung mit Hilfe des VERNAM-Algorithmus

Bei *asymmetrischen Verschlüsselungsalgorithmen* werden zwei unterschiedliche Schlüssel verwendet (vgl. Abbildung 3-12). Der Empfänger stellt einen öffentlichen Schlüssel (PK_E) bereit, mit dem ein Sender die Nachricht M mit Hilfe eines Algorithmus f zu verschlüsseln hat (C = f (M, PK_E)). Die Entschlüsselung der chiffrierten Mitteilung C ist jedoch auch bei bekanntem Algorithmus f nur über einen zweiten, geheimen Schlüssel des Empfängers (SK_E) möglich (M = f^{-1}(C, SK_E)). So ist es möglich, eine Nachricht mit dem öffentlichen Schlüssel zu verschlüsseln und mit dem geheimen Schlüssel zu entschlüsseln. Wichtigster Vorteil der asymmetrischen Verfahren ist die Verwendung unterschiedlicher Schlüssel für Verschlüsselung und Entschlüsselung, wobei aus der Kenntnis des einen Schlüssels der jeweils andere nicht errechnet werden kann. Das bekannteste und am häufigsten verwendete Verfahren basiert auf dem RSA-Algorithmus, der nach seinen Erfindern Rivest, Shamir und Adleman benannt ist. Die Asymmetrie funktioniert auch umgekehrt, d.h., es ist auch möglich, eine Nachricht mit dem geheimen Schlüssel zu chiffrieren und mit dem öffentlichen Schlüssel zu dechiffrieren.

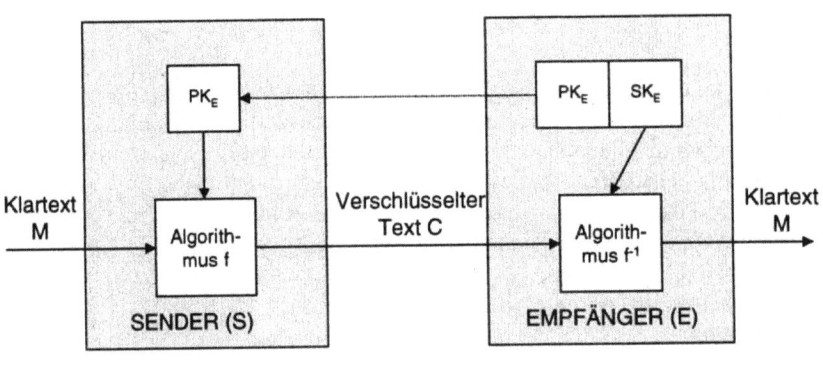

Abbildung 3-12: Asymmetrische Verschlüsselung

Die Abarbeitung asymmetrischer Algorithmen benötigt wesentlich mehr Rechenzeit als die Umsetzung symmetrischer Verfahren. Bei der Ver- und Entschlüsselung von sehr umfangreichen Nachrichten greift man deshalb oft auf Hybridverfahren zurück. Hierbei werden zur Ver- und Entschlüsselung symmetrische Algorithmen eingesetzt. Zur Sicherung des Schlüsselaustauschs und für elektronische Unterschriften (siehe Abschnitt Datenauthentizität und Nachweisbarkeit) setzt man jedoch asymmetrische Algorithmen ein. Ein Beispiel ist das Hybridverfahren PGP (Pretty Good Privacy). PGP wird insbesondere für die Übertragung von Electronic Mails im Internet eingesetzt. Es stellt eine Kombination aus dem asymmetrischen RSA-Algorithmus und dem symmetrischen IDEA-Algorithmus dar. Der Absender verschlüsselt dabei mit dem öffentlichen Schlüssel des Empfängers einen zufällig gewählten temporären Transferschlüssel nach RSA. Dieser Transferschlüssel wird anschließend verwendet, um den zu versendenden Klartext nach dem IDEA-Algorithmus zu chiffrieren. Beim Empfänger entschlüsselt PGP zunächst mit dem geheimen Schlüssel den Transferschlüssel. Dieser wird dann für die Wiederherstellung des Klartextes mit Hilfe des schnellen symmetrischen Verfahrens benutzt.

Benutzerauthentizität
Zur Authentifizierung einer zuvor eingegebenen Benutzeridentifikation werden meist Paßwörter oder PINs verwendet. Es werden kryptographische Verfahren angewandt, um diese Paßwörter und PINs vor der notwendigen Speicherung im System zu verschlüsseln. Die Prüfung der PIN kann einerseits durch das angefragte Anbietersystem erfolgen. Hierzu ist dann eine Online-Verbindung sowie Sicherung der Datenübertragung notwendig. Bei der Verwendung von Chipkarten bietet sich eine Offline-Prüfung „vor Ort" durch die Chipkarte selbst an.
Bei der Verwendung einer „intelligenten" Benutzerschnittstelle, wie z.B. einer Chipkarte oder eines Rechners, ist es möglich, anstelle einer einseitigen Authentifizierung, bei der sich lediglich der Nutzer beim System ausweisen muß, ein gegenseitiges Authentifizierungsverfahren anzuwenden. In diesem Fall wird auch vom System ein Authentizitätsbeweis gegenüber dem Benutzer verlangt.
Seit längerem arbeitet man in Forschung und Entwicklung daran, die Benutzerauthentifizierung auf physiologische Merkmale zu beziehen, wie z.B. Fingerabdruck, Augenhintergrund, Finger- und Augengröße bzw. -abstand, Sprechweise usw. Verläßliche und nicht zu aufwendige Verfahren für den breiten praktischen Einsatz stehen jedoch noch nicht zur Verfügung.

Kartenauthentizität
Bei *Magnetstreifenkarten* ist jede Blanko-Karte mit einer eindeutigen, elektronisch lesbaren, aber nicht änder- oder löschbaren Identifikation versehen (MM-Schlüssel, MM: Moduliertes Merkmal). Bei der Personalisierung der Karte wird aus den individuellen Daten und diesem MM-Schlüssel ein personenbezogener MM-Code mit einem geheimen Verfahren errechnet und auf dem Magnetstreifen abgespeichert. In einem Automaten, der mit einer sog. MM-Box ausgestattet ist, wird aus dem Benutzerdatensatz und dem MM-Schlüssel ebenfalls der MM-Code errechnet und mit dem auf der Karte gespeicherten verglichen. Durch dieses Verfahren kann z.B. verhindert werden, daß von einer gestohlenen Magnetstreifen-

karte durch Kopieren der Informationen auf dem Magnetstreifen Dubletten angefertigt und genutzt werden.

Systemauthentizität
Bei der Verwendung von *Chipkarten* findet in der Regel gleichzeitig eine Authentifizierung von Chipkarte und Zugangssystem statt.

Die Grundidee bei dem *symmetrischen Challenge-and-Response-Verfahren* ist, daß sowohl Chipkarte wie auch das System über einen gleichen geheimen Authentifizierungsschlüssel K verfügen. Das System erzeugt eine Zufallszahl und sendet diese an die Chipkarte. Diese verschlüsselt die Zufallszahl mit dem Schlüssel K und sendet das Ergebnis als Anerkennungsparameter zurück. Das System entschlüsselt die Nachricht mit dem Schlüssel K und prüft, ob sich dabei die ursprünglich gesendete Zufallszahl ergibt. Zur Authentifizierung des Systems wird diese Prozedur in umgekehrter Richtung wiederholt. D.h., die Chipkarte sendet eine Zufallszahl, die das System verschlüsselt und das Resultat als Anerkennungsparameter an die Karte zurückgibt. Durch Entschlüsselung und Vergleich mit der vorher selbst erzeugten Zufallszahl authentifiziert dann die Karte das System.

Das symmetrische Challenge-and-Response-Verfahren trägt seinen Namen wegen des verwendeten symmetrischen Verschlüsselungsalgorithmus. Um bei der gegenseitigen Authentifizierung den Kommunikationsaufwand möglichst gering zu halten und eine größere Sicherheit zu gewährleisten, verwendet man meist ein kompakteres Verfahren mit der Bezeichnung „mutual authentification". Der Ablauf ist in Abbildung 3-13 skizziert.

Nach der Eingabe der Chipkarte fordert das System die Kartenidentifikationsnummer an, um daraus den kartenspezifischen Authentifizierungsschlüssel berechnen zu können. Anschließend erhält es eine von der Chipkarte generierte Zufallszahl R_c und erzeugt gleichzeitig selbst eine Zufallszahl R_s. Beide Zufallszahlen hintereinandergestellt werden mit dem Schlüssel K verschlüsselt und an die Karte gesendet. Diese entschlüsselt den erhaltenen Block und prüft, ob die vorher an das System gesendete Zufallszahl mit der zurückerhaltenen übereinstimmt. Ist dies der Fall, ist das System gegenüber der Chipkarte authentifiziert. Anschließend vertauscht die Chipkarte die beiden Zufallszahlen, verschlüsselt sie mit dem geheimen Schlüssel K und sendet das Ergebnis zum System. Dieses prüft nach Entschlüsselung des Blocks mit K, ob sich die ursprüngliche Zufallszahl R_S ergibt. Damit ist auch die Chipkarte gegenüber dem Terminal ausgewiesen und damit die gegenseitige Authentifizierung abgeschlossen.

Die Vorteile dieses symmetrischen Challenge-and-Response-Verfahrens gegenüber einer reinen PIN-Authentifizierung sind:

- es werden keine Benutzerdaten oder geheime Schlüssel ausgetauscht,
- die übertragenen verschlüsselten Daten sind bei jeder Authentifizierungsprozedur unterschiedlich,
- Chipkarte und System führen einen „gleichberechtigten" Dialog.

3.2 Zugangssysteme im Front-Office-Bereich

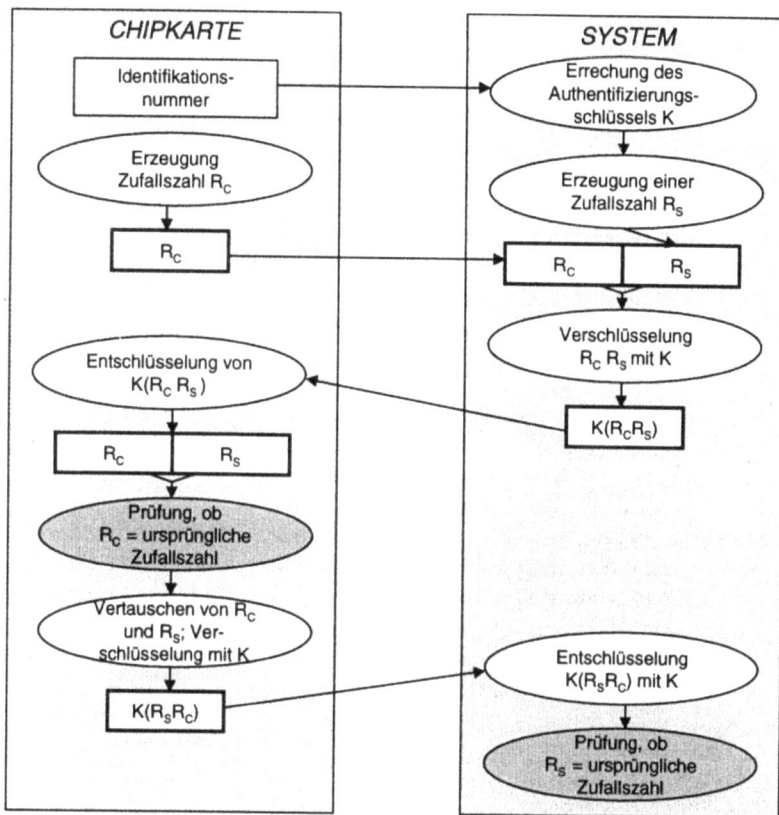

Abbildung 3-13: Mutual Authentification mit symmetrischem Challenge-and-Response-Verfahren

Ein gewisser Schwachpunkt ist die Tatsache, daß Chipkarte und System den gleichen Schlüssel K verwenden, der aus der Kartenidentifikationsnummer mit einem Verfahren zu errechnen ist, das zwar geheim gehalten wird, aber in jedem adressierten System implementiert sein muß.

Beim *asymmetrischen Challenge-and-Response-Verfahren* besitzen sowohl die Chipkarte als auch das System geheime und öffentliche Schlüssel. Der öffentliche Schlüssel der Karte ist vom System z.B. über die Kartenidentifizierungnummer zu errechnen, kann aber auch übertragen werden. Die Karte verschlüsselt dann die vom Rechner gesendete Zufallszahl R_s mit ihrem geheimen Schlüssel SK_c und schickt diesen Anerkennungsparameter an den Rechner. Das Terminal verifiziert den Anerkennungsparameter mit dem öffentlichen Schlüssel PK_c der Karte, d.h., die Entschlüsselung muß wieder die Zufallszahl ergeben. Das gleiche Verfahren findet danach spiegelbildlich statt (vgl. Abbildung 3-14).

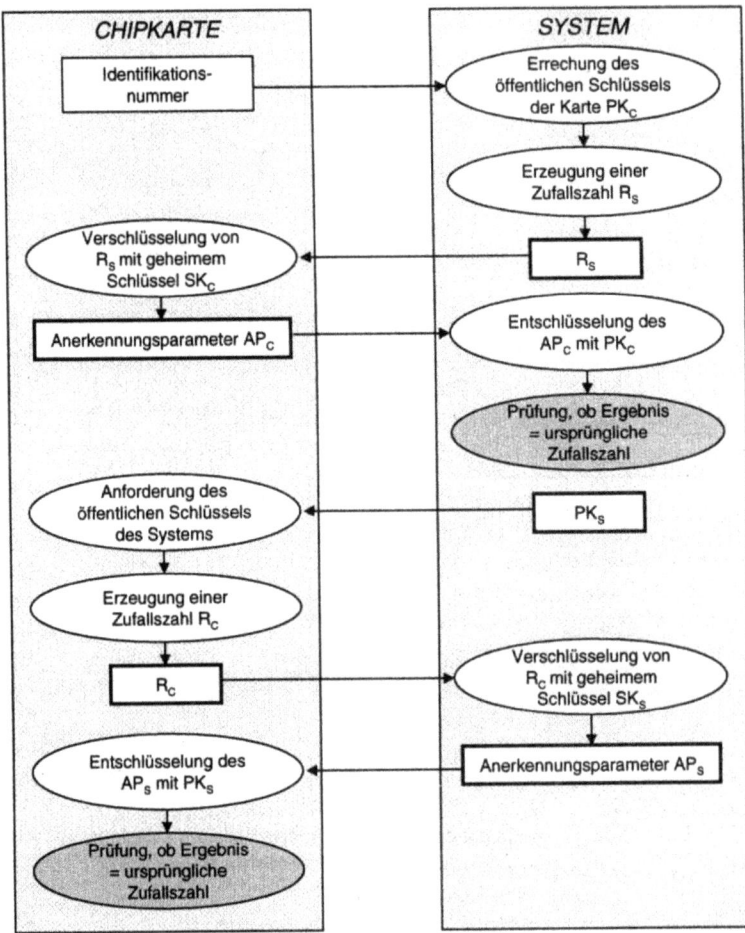

Abbildung 3-14: Asymmetrisches Challenge-and-Response-Verfahren zur gegenseitigen Authentifizierung

Datenintegrität
Um sicherzustellen, daß Daten während der Übertragung nicht verändert werden bzw. eine eventuelle Veränderung bekannt wird, erzeugt man häufig einen sog. Message Authentication Code (MAC). Die Idee entspricht der klassischen Prüfsummenbildung. Der Sender berechnet zunächst aus seiner Nachricht mit Hilfe einer Hashfunktion den MAC. Dieser Wert hat eine über die Parameter der Hashfunktion vorgebbare feste Länge. In die Berechnung gehen alle Bits der Nachricht ein. Die Funktion hat die Eigenschaft, daß sich bei einer Modifikation der Nachricht der MAC mit sehr hoher Wahrscheinlichkeit ändert. Es handelt sich um eine Einweg-Funktion, d.h., aus dem Hashwert ist die ursprüngliche Nachricht nicht rekonstruierbar.

Der Empfänger berechnet aus der erhaltenen Nachricht mit dem gleichen Verfahren ebenfalls den MAC. Stimmt dieser mit dem vom Empfänger gesendeten überein, so ist die Nachricht unverfälscht.

Neben dem MAC-Verfahren können zur Sicherung der Datenintegrität verschiedenste allerdings auch rechenaufwendigere Verschlüsselungsverfahren verwendet werden. Zur Änderung bzw. Ergänzung der Nachricht müßte diese zunächst dechiffriert und nach Modifikation wieder chiffriert werden. Daß Nachrichtenteile gelöscht wurden, ist allerdings mit dem MAC deutlich sicherer als mit Verschlüsselungsverfahren zu erkennen.

Datenauthentizität und Nachweisbarkeit
Im täglichen Geschäftsverkehr ist es üblich, daß die eindeutige und rechtsverbindliche Zuordnung eines Dokumentes zu dessen Ersteller durch Unterschrift erfolgt. Dieser Nachweis der Urheberschaft ist auch computerbasiert möglich. Man spricht dann von einer *elektronischen Unterschrift* oder *digitalen Signatur*. Der rechtliche Rahmen wurde 1997 mit dem Gesetz zur digitalen Signatur (SigG) geschaffen. Hier werden Bedingungen für elektronische Unterschriften vorgegeben, „unter denen diese als sicher gelten und Fälschungen digitaler Signaturen oder Verfälschungen signierter Daten zuverlässig festgestellt werden können" (§ 1 I SigG). Die digitale Signatur beruht auf einer asymmetrischen Verschlüsselung nach dem RSA-Verfahren, wobei die Schlüsselpaare (öffentlicher Schlüssel, geheimer Schlüssel) von staatlich lizensierten Zertifizierungsstellen, sogenannten Trust-Centern, erzeugt und vergeben werden. Zur Erzeugung einer digitalen Signatur berechnet der Sender zunächst aus der Nachricht mit Hilfe einer Hashfunktion den MAC und verschlüsselt diesen mit seinem geheimen Schlüssel SK_S (vgl. Abbildung 3-15).

Dieses Ergebnis wird als digitale Signatur zusammen mit der Nachricht an den Empfänger übermittelt. Der Empfänger dechiffriert die elektronische Unterschrift mit dem öffentlichen Schlüssel PK_s des Senders. Ist das Ergebnis identisch mit dem MAC, den der Empfänger selbst aus der Nachricht errechnet, kann der Autor der Nachricht nur der Sender A sein, da nur dieser über SK_s verfügt. Theoretisch wäre auch eine Verschlüsselung der gesamten Nachricht mit SK_s möglich. Aufgrund der rechenintensiven asymmetrischen Verschlüsselung wird aber meist nur ein MAC gebildet.

Um eine vertrauliche Übertragung zu garantieren, können Nachricht und digitale Signatur zusätzlich mit dem öffentlichen Schlüssel des Empfängers verschlüsselt werden. Sie sind dann nur vom Empfänger wieder dechiffrierbar.

Eine Sicherheitslücke bei der Nachweisbarkeit ist noch, daß der Sender eine falsche Identität vorspiegeln kann. Hierzu würde er z.B. unter Nennung eines falschen Namens ein Schlüsselpaar erzeugen, den öffentlichen Schlüssel an den Empfänger weitergeben und mit dem privaten Schlüssel seine digitale Signatur erstellen. Dem kann dadurch begegnet werden, daß die Schlüsselpaare nicht vom Sender selbst, sondern von einem vertrauenswürdigen Dritten, dem Trust-Center, ausgegeben werden. Vor der Generierung und Aushändigung der Schlüssel prüft das Trust-Center die Identität des zukünftigen Schlüsselinhabers. Anschließend hält es dessen Namen und weitere identifizierende Merkmale zusammen mit dem erzeugten öffentlichen Schlüssel auf einem Zertifikat fest. Dieses Zertifikat wird vom

Trust-Center digital signiert und kann so von jedem mit Hilfe des öffentlichen Schlüssels des Trust-Centers auf Echtheit geprüft werden. Um dem Empfänger eine einfache Überprüfung zu ermöglichen, kann der Sender z.B. zusammen mit der signierten Nachricht dieses Zertifikat übermitteln. Auf diese Weise ist die Vorspiegelung einer falschen Identität auch bei einem unbekannten Sender unmöglich.

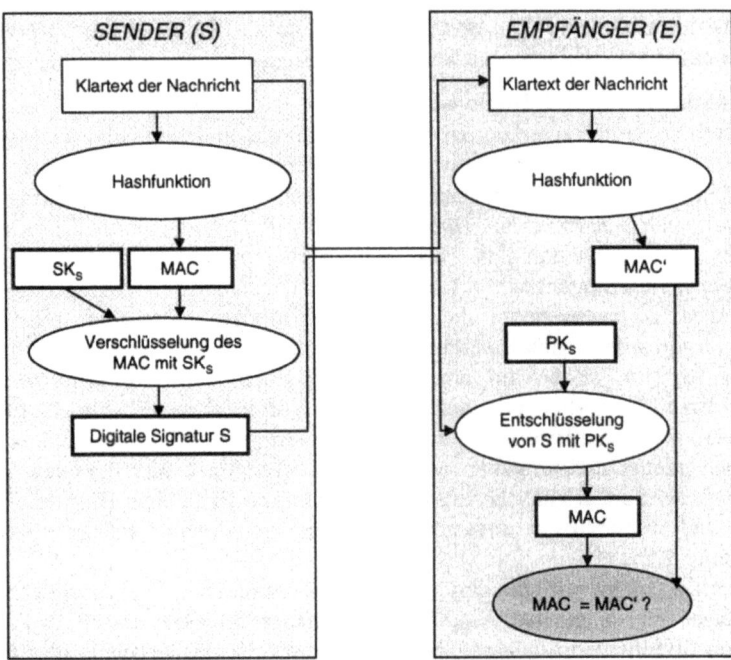

Abbildung 3-15: Digitale Signatur

Während der Empfänger einer digital signierten Nachricht aufgrund der Verwendung des privaten Schlüssels dem Sender die Urheberschaft nachweisen kann (Nichtabstreitbarkeit des Versands), erhält der Sender nicht automatisch einen Nachweis des Zugangs der Sendung beim Empfänger. Zu diesem Zweck bietet das Trust-Center eine Zeitstempel-Dienstleistung an. Der Empfänger leitet dazu die von ihm empfangene und anschließend auch von ihm signierte Nachricht an das Trust-Center weiter. Dieses versieht die Sendung mit einem Zeitstempel, signiert beides und übermittelt das Resultat an Sender und Empfänger. Beide verfügen jetzt über einen Nachweis über den korrekten Eingang der Nachricht.

3.3 Unterstützungssysteme im Front-Office-Bereich

Nach der Betrachtung der für die Einbeziehung des Kunden in den Dienstleistungsprozeß besonders wichtigen Zugangssysteme und Self-Service-Anwendungen werden im folgenden weitere Formen von Unterstützungssystemen sowohl im Front-Office-Bereich wie auch im Back-Office-Bereich (vgl. Abschnitt 3.4) grob skizziert. Der Einsatz der meisten Unterstützungssysteme ist sowohl im Front Office als auch im Back Office vorstellbar. Dennoch ist eine Zuordnung in Abhängigkeit vom Anwendungsschwerpunkt möglich (vgl. Abbildung 3-2). Der Benutzer kann in vielen Fällen sowohl der Mitarbeiter im Unternehmen wie auch der Kunde selbst sein. Insbesondere gilt dies für die allgemeinen Formen der in vielen Zusammenhängen einsetzbaren Transaktions- und Agentensysteme. Die Skizzierung dieser beiden Systeme in den folgenden Abschnitten bezieht sich somit auf den Einsatz in beiden Bereichen.

3.3.1 Transaktionssysteme

Bei Transaktionssystemen geht es um die Abwicklung von formalisierten und meist kurzen Verarbeitungsvorgängen im Dialog. Diese Vorgänge laufen somit nach einem bestimmten Schema ab und werden im Routinebetrieb oft wiederholt, wobei sich meist nur die Eingabeparameter ändern. Beispiele sind das Buchen eines Fluges, die Bestellung eines Artikels, die Ummeldung des Wohnsitzes, das Überweisen eines Geldbetrages oder die Dokumentation einer ärztlichen Standarduntersuchung. Während einer Transaktion wird ein vorgeplanter Dialog zur Realisierung eines derartigen Bearbeitungsvorgangs abgewickelt. Eine Transaktion kann aus einem einzigen, aber auch aus sehr vielen Dialogschritten bestehen.

Der Aufruf einer Transaktion geschieht über einen sog. Transaktionscode (TAC). Dieser TAC identifiziert aus der Sicht des Benutzers eine Funktion des Systems. Die Eingabe stößt einen Vorgang an, wobei in der Regel eine nähere Spezifikation durch Parameter erfolgt. Zum Beispiel wäre bei einer Barabhebung am Bankautomaten die Transaktion „Auszahlung" zu spezifizieren und als Parameter der gewünschte Betrag einzugeben. TACs können durch Drücken von entsprechend „verdrahteten" Funktionstasten abgesetzt werden. Bei komplexeren Unterstützungssystemen findet die Interaktion mit dem Benutzer über aufwendigere Schnittstellen, z.B. grafisch aufbereitete Bildschirmformulare, statt. Das entsprechende Dialogprogramm kann dann seinerseits wieder TACs entsprechend der Benutzerauswahl über Menüs oder Piktogramme absetzen.

Mehrere Benutzer können gleichzeitig gleichartige Transaktionen durchführen. Die Transaktionsprogramme (TAPs) werden von einem sog. TAP-Monitor gesteuert. Wenn mehrere Benutzer auf die gleichen Anwendungsfunktionen zugreifen, spricht man von Teilhaberbetrieb. Meist greifen die TAPs auf eine gemeinsame Datenbasis bzw. ein zentrales Datenbanksystem zu. Der dort ebenfalls verwendete Begriff der Transaktion bezeichnet einen elementaren Übergang von einem konsistenten Zustand der Datenbasis in einen anderen konsistenten Zustand und ist mit dem dialog- bzw. vorgangsorientierten Transaktionsbegriff nicht identisch.

3.3.2 Agentensysteme

Softwareagenten sind Programme, die selbständig abgegrenzte Aufgaben übernehmen, die ansonsten von einem menschlichen Bearbeiter ausgeführt werden müßten. Bei der Durchführung der Aufgabe wickeln sie alle notwendigen Schritte autonom ab, delegieren eventuell Teilaufgaben an andere Softwareagenten und kommunizieren mit diesen. Im Front-Office-Bereich ist es denkbar, neben Transaktionssystemen für relativ einfache, vorplanbare Routinevorgänge auch Softwareagenten-Systeme für anspruchsvollere Aufgaben im Dienstleistungsprozeß einzusetzen. In beiden Fällen wird der Dialog des Kunden mit einem Mitarbeiter durch eine Interaktion mit dem Computersystem bzw. mit entsprechender Software ersetzt.

Je nach Aufgabenschwerpunkt lassen sich Softwareagenten in die Kategorien Informationsagenten, Kooperationsagenten und Transaktionsagenten einteilen. Überschneidungen oder Kombinationen von Aufgaben verschiedener Kategorien sind möglich. Informationsagenten helfen bei der Suche nach Informationen in verteilten Systemen bzw. Netzwerken. Kooperationsagenten versuchen, komplexe Problemstellungen durch Kommunikation und Kooperation mit Menschen, anderen Softwareagenten oder anderen Unterstützungssystemen zu lösen. Transaktionsagenten initiieren, steuern und überwachen Dialogtransaktionen mit Kunden oder Mitarbeitern als Kommunikationspartner oder spezielle Aktivitäten im Back-Office-Bereich, wie z.B. Finanztransaktionen oder Auktionen im Electronic Commerce. Der Übergang zwischen anspruchsvolleren Transaktionssystemen und einfacheren Transaktionsagenten ist fließend.

Softwareagenten werden verschiedene Eigenschaften zugeordnet, wobei in der Regel bei einer konkreten Anwendung nur eine Teilmenge realisiert ist:

- *Autonomie*
  Der Agent handelt selbständig und besitzt Kontrolle über seine Aktionen und seinen internen Zustand.
- *Kommunikation*
  Der Agent interagiert mit anderen Agenten, d.h. Softwareagenten oder auch Menschen, über eine spezielle Kommunikationssprache. Diese basieren oft auf der Sprechakttheorie. Ein Sprechakt bezeichnet dabei eine Nachricht, die direkten Einfluß auf ihre Umwelt ausübt. Beispiele derartiger Sprachen sind KQML (Knowledge and Query Manipulation Language) oder ACL (Agent Communication Language).
- *Kooperation*
  Der Agent besitzt die Möglichkeit, die Bereitschaft und einen „Gemeinschaftssinn", mit anderen Agenten zusammenzuarbeiten, um komplexe Aufgaben kooperativ zu lösen.
- *Intelligenz*
  Der Agent hat die Fähigkeit, sich flexibel an Situatonen der Umwelt anzupassen („adaptive behaviour") und mit Hilfe einer Wissensbasis Schlußfolgerungen zu ziehen („reasoning"). Neben reaktiven Verhaltensmustern, die als „instinktive" Aktionsformen in der Wissensbasis vorgehalten und durch externe Reize ausgelöst werden, kann durch maschinelles Planen proaktives, d.h. zielgerichtetes Verhalten, generiert werden. Der Agent verhält sich damit in gewisser Weise rational.
- *Mobilität*
  Der Agent hat die Möglichkeit, sich in einem Rechnernetz von Rechner zu

Rechner zu bewegen. Er entscheidet anhand der aktuellen Situation, wohin er weiterzieht und wann er seine Ausführung endgültig beendet. Ein Vorteil der Mobilität ist die Möglichkeit, den Ausführungsort des Agenten so zu wählen, daß kurze Zugriffswege zu externen Ressourcen, z.B. zu Datenbanken, eine aufwendige Kommunikation über das Netzwerk ersetzen.

Auf dem Gebiet der verteilten künstlichen Intelligenz arbeitet man an Mehragentensystemen bzw. Multiagentensystemen zur arbeitsteiligen Lösung komplexer Probleme. Es werden verschiedene, spezialisierte Agententypen Intelligenz unterschieden:

- der *Planer* entwickelt ein Vorgehensmodell zur Problemlösung und unterrichtet andere Agenten über Pläne und Ziele,
- der *Ausführer* führt die notwendigen Aktionen durch, ohne Einfluß auf einen Plan zu nehmen,
- der *Koordinator* stimmt die Intentionen und Handlungen verschiedener Agenten ab und löst dabei multilaterale Koordinationsbeziehungen in viele bilaterale Beziehungen auf.

Diese Trennung der Aufgaben muß nicht streng aufrecht erhalten werden. Ein Agent kann beispielsweise seine Aktion selbst planen und anschließend ausführen. Auch eine Kombination von Planer und Koordinator ist vorstellbar. Ausschließlich auf die Koordination ausgerichtete Agenten werden auch Mediatoren genannt.

Ein gebräuchlicher Aufbau eines Softwareagenten erinnert stark an ein Objekt einer objektorientierten Sprache. Es enthält Daten und Methoden zur Bearbeitung ankommender Nachrichten und ist gegenüber seiner Umwelt abgegrenzt. Der Agent enthält einen Nachrichteninterpreter, der in der Lage ist, die Inhalte von an den Agenten gerichteten Botschaften zu analysieren und selbständig daraus Aktivitäten abzuleiten und durchzuführen. Diese Aktivitäten werden durch Methodenaufrufe ausgeführt und können Nachrichten erzeugen, die an andere Agenten gerichtet sind und dort wiederum spezifische Aktivitäten auslösen (vgl. Abbildung 3-16).

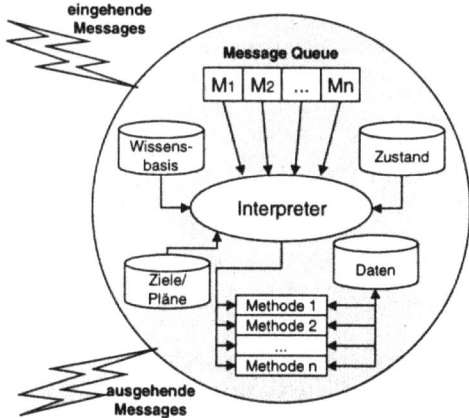

Abbildung 3-16: Objektorientiertes Agentenmodell

3 Allgemeine Unterstützungssysteme

Während Objekte beim Empfang einer Nachricht direkt durch den Aufruf einer Methode reagieren, kann ein Agent selbst entscheiden, ob und in welcher Form er auf eine bestimmte Nachricht reagiert. Ein Beispiel für eine objektorientierte Agenten-Modellierungssprache ist OSDL (Object Scheme Definition Language). Sie basiert auf der Programmiersprache C und wurde um agentenspezifische Konstrukte, wie z.B. die Möglichkeit zyklische Methoden zu definieren, erweitert.

Im Rahmen der Abwicklung eines Dienstleistungsprozesses können Softwareagenten somit abgegrenzte Aufgaben autonom übernehmen und mit menschlichen Agenten sowie anderen Softwareagenten kooperieren. Man vollzieht damit den Schritt zu einer bausteinartigen Teilautomatisierung des Dienstleistungsprozesses. Das autonom arbeitende System besteht damit nicht nur aus „fest verdrahteten" Automaten, die auf Knopfdruck eine vorgegebene einfache Funktion auslösen, sondern auch aus elektronischen Handlungskomponenten, die in gewisser Weise „intelligent" agieren.

3.3.3 Informationsbereitstellung

Um Informationen schnell, aktuell und attraktiv bereitzustellen, stehen Präsentations-, Auskunfts- und Beratungssysteme zur Verfügung. Sie werden oft im Front-Office-Bereich des Dienstleistungsunternehmens im Kundenkontakt eingesetzt und können entweder vom Mitarbeiter des Unternehmens oder vom Kunden selbst bedient werden (vgl. Abbildung 3-17).

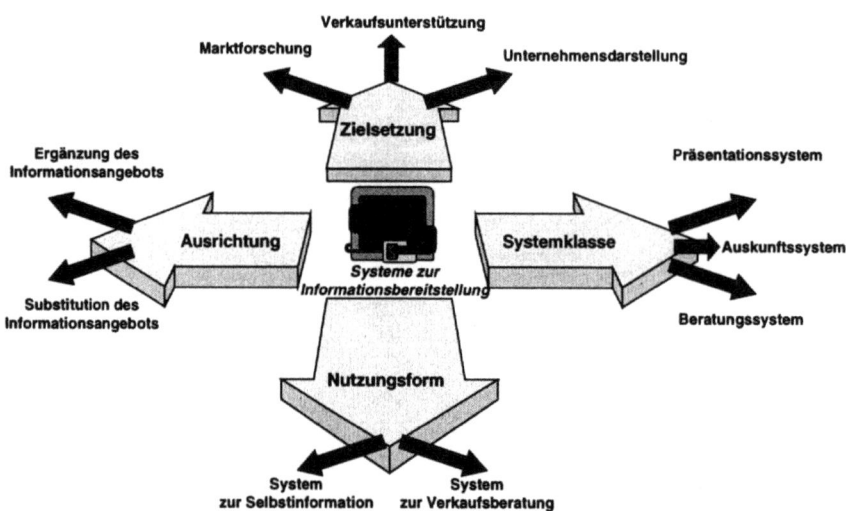

Abbildung 3-17: Einsatzpotentiale von Systemen zur Informationsbereitstellung

Im letzteren Fall werden Selbstbedienungskonzepte mit automatisierter oder personell unterstützter Abwicklung (vgl. Abschnitt 3.2) angewendet. Der Kunde greift dann über Zugangssysteme auf die Systeme zur Informationsbereitstellung zu. Das herkömmliche Informationsangebot des Dienstleisters, das dem Kunden z.B. über Massenmedien oder persönliche Beratung zur Verfügung steht, wird dadurch ergänzt oder in Einzelfällen auch vollständig ersetzt.

Eine Auswertung der Kundenzugriffe und der dabei spezifizierten Informationsbedarfe kann der Marktforschung des Dienstleisters helfen, z.B. im Bereich der Kundensegmentierung oder Produktentwicklung. Die Systeme zur Informationsbereitstellung dienen damit neben der Verkaufsunterstützung und Profilierung des Unternehmens auch der Managementinformation und unterstützen somit die Unternehmensführung.

Fortschrittliche Systeme zur Information und Beratung sind in der Lage, aus gespeicherten bzw. beobachteten Merkmalen des Benutzers dessen speziellen Informationsbedarf abzuleiten und ihr Interaktionsverhalten daran auszurichten. So können z.B. in Präsentationssystemen die Auswahl und Abfolge angezeigter Informationen in Abhängigkeit vom Wissensstand und Informationsbedarf des Nutzers variieren. In Auskunftssystemen ist z.B. die Information abhängig von einem Persönlichkeitsprofil des Nutzers unterschiedlich darstellbar. Für eine automatische Adaption ist es notwendig, daß das System aus dem beobachtbaren Verhalten des jeweiligen Benutzers Schlüsse zieht. Die Gesamtheit der Annahmen bzw. des Wissens über den Benutzer wird als „Benutzermodell" bezeichnet. Es umfaßt z.B. sein Fach- und Systemwissen, seine persönlichen Bedürfnisse und Präferenzen sowie seine konkrete Nutzungssituation.

Im wesentlichen ist zwischen drei Möglichkeiten der Informationsbereitstellung zu unterscheiden. Präsentationssysteme dienen vor allem dazu, Informationen über das Dienstleistungsprodukt möglichst ansprechend darzustellen und unterstützen damit z.B. die Entscheidung, „ob" ein Kauf erfolgen soll. Auskunftssysteme dienen dem effizienten Information Retrieval, d.h., sie wählen nach den Kundenwünschen gezielt Informationen aus und stellen diese übersichtlich zusammen. Die Darstellung der Informationen ist dabei weniger wichtig als ihr Inhalt. Beratungssysteme unterstützen den Kunden, indem sie z.B. die Produktinformation oder zur Auswahl stehenden Varianten unter Berücksichtigung der speziellen Kundenerfordernisse bewerten und eventuell darüber hinaus Empfehlungen geben. Oft findet man in umfassenden Systemen zur Informationsbereitstellung Ansätze aller drei Systemklassen vereinigt.

3.3.4 Präsentationssysteme

Aufgaben von Präsentationssystemen sind z. B.

- das Interesse des Kunden zu wecken,
- einen Überblick über Dienstleistungen und/oder das Dienstleistungsunternehmen zu vermitteln und attraktiv darzustellen,
- die Besonderheiten oder einzelne Aspekte der Dienstleistung im Detail zu zeigen oder vorzuführen.

Hierzu werden oft multimediale Systeme eingesetzt, die verschiedene Arten der Informationsdarstellung wie Text, Grafik, Bild, Animation, Video und Audio kombinieren. Zukünftig ist auch die Verwendung sogenannter Virtual-Reality-

Systeme vorstellbar, die es dem Kunden ermöglichen, sich in einem dreidimensionalen virtuellen Raum zu bewegen.

Präsentationssysteme finden sich z.B. als Komponenten von Kiosksystemen (SB-Terminals) in Behörden, Krankenhäusern, im Handel, auf Messen, im Stadtzentrum, an Flughäfen oder an stark frequentierten öffentlichen Plätzen. Sie stehen auf CD-ROMs lokal am PC des Kunden oder als Online-Präsentationssysteme, mit Zugang z.B. über das Internet, zur Verfügung.

Mögliche Hardwarekomponenten eines multimedialen Kiosksystems zur Informationspräsentation sind neben der üblichen Computerausstattung wasserfeste Touchscreens, Lautsprecher, Mikrophone, Kartenleser, Kommunikationsanschlüsse für eine direkte Verbindung zum Anbieter und Barcodeleser (insbesondere zur Information über Konsumgüter).

Die Softwareentwicklung für multimediale Präsentationssysteme erfordert sowohl Know-how in der kreativen medienspezifischen Gestaltung als auch in der technischen Realisierung verschiedenster Informationsdarstellungen. In einer an die Anforderungsanalyse anschließenden Phase des kreativen Designs wird zunächst das „look-and-feel" der Benutzeroberfläche unter Berücksichtigung der kognitionspsychologischen Wirkung sowie des Unternehmensumfelds (z.B. Zielgruppen, Marketing- und Kommunikationsstrategien) entworfen. So sind z.B. originalgetreue Bilder, Videoclips und Geräusche dazu geeignet, den Nutzer des Systems über emotionale Ansprache z.B. zum Kauf einer Reise zu veranlassen (Filmsequenz des Strands und der Hotelanlage untermalt mit Wellengeräusch), während Animationen vor allem zur genauen und verständlichen Darstellung von Abläufen, z.B. der Anwendung eines neuen elektronischen Zahlungsverfahrens, verwendet werden. Es entsteht eine Art „Drehbuch" für die nachfolgende Produktion von Textbausteinen, Videos, Animationen und anderen Softwarekomponenten.

Daneben sind Konzepte für die Informationsstrukturierung, -speicherung, -verarbeitung und -übertragung zu entwerfen. Die technische Realisierung umfaßt dann die Entwicklung des Programmcodes und dabei insbesondere die Mediensteuerung und -integration, wie z.B. die Anwendung verschiedenster Kompressionstechniken und die Synchronisation von Bewegtbild und Ton.

3.3.5 Auskunftssysteme

Aufgabe von Auskunftssystemen ist u.a. die Unterstützung des Kunden bei

- der Vorauswahl aus einem umfangreichen Angebot, um anschließend in einer persönlichen Beratung eine Kaufentscheidung treffen zu können,
- der Zusammenstellung unterschiedlicher Dienstleistungsvarianten oder Kombinationsmöglichkeiten,
- der Leistungsspezifikation, wenn die Entscheidung für ein Dienstleistungsprodukt bereits getroffen ist,
- dem Einholen spezieller Informationen, die auch ein Mitarbeiter des Unternehmens nicht ad hoc bieten kann,
- dem Wunsch nach zusätzlichem Service, der über das präsentierte Angebot des Dienstleisters hinausgeht.

Bei der softwaretechnischen Realisierung von Auskunftssystemen liegt der Schwerpunkt vor allem auf einer komfortablen und effizienten Unterstützung des Information Retrieval und der Navigation in einem umfangreichen Informationsangebot.

Eine oft verwendete *Navigationshilfe* besteht darin, das gesamte Informationsangebot in einer baumartigen Struktur zu ordnen. Dabei besteht die Möglichkeit, über „links", ausgehend von einer Art Inhaltsverzeichnis, auf die einzelnen Angebote zuzugreifen. Dieses Inhaltsverzeichnis kann im Dokument selbst oder separat als Navigationsleiste am Bildschirm verfügbar sein. Gemäß der Buchmetapher ist auf einer Bildschirmseite darzustellen, was inhaltlich zusammengehört. Dabei kann es notwendig sein, den Bildschirm zu „scrollen", wenn die Seite die Bildschirmlänge übersteigt. Auf jeder Seite sind Links, die z.B. als Icons darstellbar sind, zu der folgenden, vorhergehenden und übergeordneten Seite jeweils an der gleichen Stelle zu plazieren.

Eine andere Möglichkeit zur Navigation sind alphabetische Indizes, die zusätzlich zur Baumstruktur angeboten werden können. In sogenannten „Imagemaps" sind Verknüpfungen zu den verschiedenen Themenbereichen innerhalb einer oder mehrerer Passagen abgelegt.

Neuere Navigationsansätze bedienen sich einer dreidimensionalen Darstellung. Dabei werden die Inhalte entsprechend ihrer thematischen Nähe auf verschiedene Weise in dreidimensionalen Räumen, z.B. in dreidimensionalen Koordinatensystemen, Kugeln, Pyramiden oder Säulen angeordnet. Zwei wesentliche Darstellungsarten sind:

- „*cone-trees*": In dreidimensionalen Bäumen wird ausgehend von einer Spitze auf hierarchisch gleichgeordnete Unterthemen und in diesen wiederum auf untergeordnete Inhalte verzweigt.
- „*fish-eye-views*": Wie bei einem Vergrößerungsglas oder Türspion werden thematisch nähere Informationen größer und solche mit weniger engem Bezug relativ kleiner dargestellt.

Beim *Information Retrieval* wird von einer Suchanfrage des Benutzers ausgegangen. Diese Möglichkeit der Informationssuche wird oft zusätzlich zur Navigation angeboten (vgl. Abb. 3-18).

Im Gegensatz zu den Exact-Match-Ansätzen, bei denen die Retrievalfunktion nur die Werte 1 (Dokument paßt zur Suchanfrage) und 0 (Dokument paßt nicht) annimmt wird in Partial-Match-Ansätzen auch eine partielle Übereinstimmung zwischen Dokument und Suchanfrage mit Werten zwischen 0 und 1 bewertet. Dabei können sowohl einzelne Dokumente als auch untereinander vernetzte Dokumente Gegenstand des Retrievalprozesses sein. Clusterbasierte Ansätze gehen davon aus, daß ähnliche Dokumente dazu tendieren, für dieselben Fragestellungen in Frage zu kommen. In konnektionistischen Ansätzen wird über die Suchanfrage eine Menge von Begriffen aktiviert, indem ausgehend von einem oder mehreren Suchwörtern über ein Assoziationsnetzwerk andere Begriffe durch Verstärkungskanten hinzugefügt oder aufgenommene Begriffe durch Dämpfungskanten wieder abgeschwächt oder entfernt werden. Ein anderer Retrievalansatz ist die Verknüpfung von Dokumenten nach dem Hypermedia-Ansatz. Ausgehend von einem gefundenen Dokument kann der Benutzer hier Verweisen zu anderen Dokumenten folgen und auf diese Weise durch das Informationsangebot „surfen".

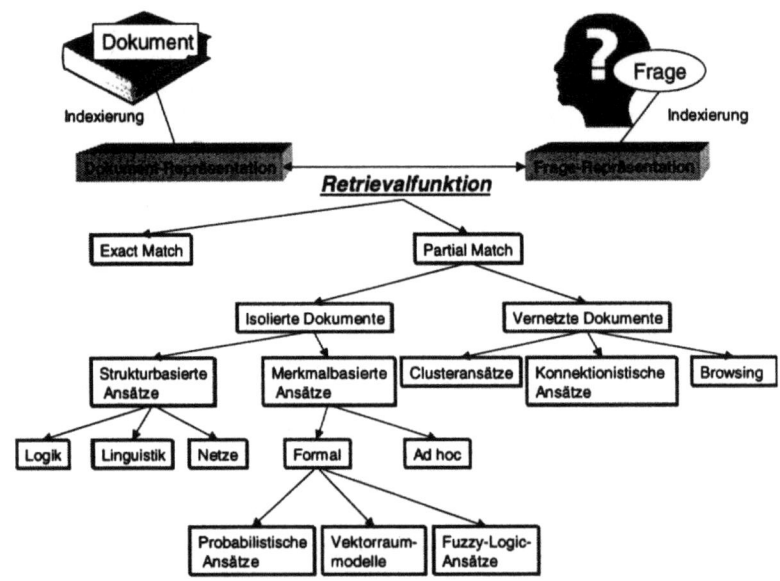

Abbildung 3-18: Retrievaltechniken

Die Beschreibung einzelner Dokumente kann eher strukturbasiert oder aber merkmalsbasiert sein. Strukturbasierte Ansätze geben Aufschluß über die Ordnung der Dokumente bzw. ihre Abhängigkeiten. Die logische Struktur kann dabei z.B. über semantische Netze, Frames oder linguistische Ansätze dargestellt sein. Merkmalsbasierte Ansätze beschreiben Dokumente anhand verschiedener Merkmale oft in Form von Schlüsselwörtern. Dabei wird vom Fachvokabular ein vieldimensionaler Vektorraum aufgespannt, in dem sowohl Dokumente als auch Fragen positionierbar und ihre „räumlichen" Entfernungen angebbar sind.

Probabilistische Ansätze geben eine Wahrscheinlichkeit dafür an, daß ein Dokument für eine Anfrage relevant ist. Eine Möglichkeit ist dabei, die Auftretenshäufigkeit von Suchbegriffen in einzelnen Dokumenten als Indiz für die Relevanzwahrscheinlichkeit zu sehen. Das sogenannte Relevance-Feedback-Verfahren erwartet vom Nutzer nach der ersten Suche eine Bewertung der gefundenen Dokumente und berechnet dann anhand der Häufigkeit weiterer Begriffe in den als relevant und nicht relevant bezeichneten Dokumenten die Relevanzwahrscheinlichkeit für andere Dokumente. Mit Hilfe des Relevance Feedback läßt sich auch das grundsätzliche Problem des Information Retrieval angehen, welches darin besteht, daß der Nutzer oft seinen genauen Informationsbedarf nicht kennt oder nicht formulieren kann.

Reine Auskunftssysteme müssen nicht multimedial konzipiert sein. Eine rein sprachliche Interaktion mit dem System macht z.B. den Zugriff über das Telefon möglich. Derartige Auskunftssysteme bestehen im wesentlichen aus Modulen zu Spracherkennung, Sprachverstehen, Dialogsteuerung und Sprachausgabe. Bei der Spracherkennung und dem Sprachverstehen ergeben sich besondere Probleme daraus, daß spontansprachliche Äußerungen mit nahezu unbegrenztem Wortschatz sprecherunabhängig zu erkennen und zum Teil auszusondern sind. Neben stark verschliffener Aussprache und Dialekt können dabei auch nichtverbale Äußerungen, wie Lachen oder Husten, gefüllte („äh", „hm") und ungefüllte Pausen, Wiederholungen, Korrekturen und unvollständige Sätze auftreten. Zur Lösung dieser Probleme bieten sich wissensbasierte Systeme an, die z.B. die Benutzeräußerungen in einem bestimmten inhaltlichen Kontext interpretieren. Daneben werden statistische Methoden und Modelle auf syntaktischer, semantischer und pragmatischer Ebene eingesetzt. Die Dialogkomponente kann, wenn notwendig, Klärungsfragen stellen oder weitere Informationen vom Nutzer einholen. Ist die Anfrage des Nutzers ausreichend spezifiziert, so erfolgt der Zugriff auf die Datenbank, z.B. den Fahrplan, und danach die Sprachausgabe. Statt der Wiedergabe von begrenzten, vorher gesprochenen Textbausteinen steht heute mehr die Sprachsynthese im Vordergrund. Dabei ist zunächst der geschriebene Text in Lautschrift umzuwandeln und anschließend in Lautelemente überzuführen, so daß fließende Sprache entsteht. Schwierig ist hierbei vor allem die Gewinnung geeigneter Lautelemente sowie die Ermittlung der richtigen Wort- und Satzbetonung.

3.3.6 Beratungssysteme

Beratungssysteme bieten zusätzlich zur Information eine weitergehende Unterstützung des Kunden. Dabei sind u.a. folgende Formen zu unterscheiden:

- das System leitet den Bedarf des Kunden z.B. aus seiner persönlichen Situation und seinen Präferenzen ab,
- Angebote werden in bezug auf die Wünsche des Kunden bewertet,
- es werden individuell ausgerichtete Auswahlempfehlungen mit entsprechenden Begründungen gegeben,
- die für den Kunden geeignetste Alternative wird ausgewählt,
- das Produkt wird kundenindividuell konfiguriert.

Um diese weitergehenden Funktionen erfüllen zu können, steht bei Beratungssystemen die Kommunikation mit dem Kunden im Vordergrund. So müssen dem System zunächst die Vorlieben, Präferenzen, der genaue Bedarf sowie die spezielle Situation des Kunden bekanntgemacht werden, sofern diese Merkmale nicht schon in einem Benutzermodell hinterlegt sind. Zusätzlich erfordert die Beratung meist einen intensiven Dialog mit dem Kunden. Beratungssysteme werden im Vergleich zu Präsentations- und Auskunftssystemen seltener vom Kunden selbst, sondern statt dessen von einem Außendienst- oder Front-Office-Mitarbeiter bedient. Damit unterstützen sie vor allem den persönlichen Verkauf. Ein weiterer Ansatz ist, bei Nutzung des Beratungssystems durch den Kunden gezielt die Möglichkeit eines persönlichen Kontaktes über Telekommunikation anzubieten. Dies geschieht z.B. über ein integriertes Videokonferenzsystem, das die Verbindung zu einen Mitarbeiter herstellt. Neuere Konzepte sehen hierbei auf Seite des Dienstleisters den Aufbau eines Video-Callcenters vor. Eine ähnliche Zielsetzung verfolgt man mit sogenannten „Call-me-now"-Buttons bei Beratungssystemen im Internet. Der Kunde wird, wenn er einen solchen Button aktiviert, innerhalb von wenigen Minuten von einem Mitarbeiter des anbietenden Unternehmens angerufen.

Ein anderer Ansatz, der keine persönliche Beratung durch Unternehmensmitarbeiter vorsieht, bedient sich der in Abschnitt 3.3.2 beschriebenen Agentensysteme. Diese werden bei umfangreichen Angeboten zahlreicher Anbieter eingesetzt. Der Softwareagent recherchiert, bewertet, vergleicht und selektiert die Produktinformationen autonom. Fortgeschrittene Agenten versuchen, Benutzermodelle über gezielte, psychologisch fundierte Fragen an den Benutzer oder eine Beobachtung der Nutzeraktionen zu generieren.

Bewertung, Vergleich und Auswahl von Alternativen erfolgen in Beratungssystemen u.a. mit Hilfe von Expertensystemen. Auch werden Techniken des Case Based Reasoning (CBR) eingesetzt, mit denen das Beratungssystem aufgrund von Erfahrungen aus bereits gelösten Fällen eine Entscheidung ableitet.

3.4 Unterstützungssysteme im Back-Office-Bereich

Systeme zur Unterstützung des Dienstleistungsprozesses, wenn kein direkter Kontakt zum Kunden bzw. externen Faktor besteht, sind dem Back-Office-Bereich zugeordnet. Neben den primären wertschöpfungsnahen Prozessen werden dort auch administrative, planende und kontrollierende Tätigkeiten ausgeführt. Dazu einsetzbare Systeme z.B. zur Finanzbuchhaltung, Lohn- und Gehaltsabrechnung, Personalverwaltung oder Managementinformation werden im folgenden nicht näher betrachtet.

Das Augenmerk gilt Ansätzen zur elektronischen Abstimmung, Steuerung, Durchführung und Dokumentation von Vorgängen bzw. Abläufen im Büro im Rahmen der Abwicklung von Dienstleistungsprozessen. Besondere Bedeutung haben dabei neben den auch im Back Office seit langem eingesetzten Transaktionssystemen (vgl. Abschnitt 3.3.1) insbesondere Dokumenten-Management-, Workflow-Management-, Knowledge-Management- und Workgroup-Support-Systeme gewonnen. Agentensysteme (vgl. Abschnitt 3.3.2) finden mehr und mehr Einsatzmöglichkeiten dort, wo Teilaufgaben im Dienstleistungsprozeß, für die bislang ein menschlicher Mitarbeiter zuständig war, einem autonom agierenden Softwaresystem übertragen werden können.

3.4.1 Dokumenten-Management-Systeme

Dokumenten-Management-Systeme (DMS) dienen zur strukturierten Ablage, Verwaltung und zum Retrieval von elektronischen Dokumenten. Sie werden häufig dort eingeführt, wo umfangreiche Unterlagen für einen mehrfachen, oft auch simultanen Zugriff von verschiedenen Stellen aus vorgehalten werden müssen. Besondere Bedeutung kommt ihnen bei Workflow-Management-Systemen (vgl. Abschnitt 3.4.3) zu, bei denen sie die Reduzierung bzw. Substitution von Papierdokumenten ermöglichen und damit zur Realisierung einer vollständig elektronischen Vorgangsbearbeitung beitragen.

Die Ablage von Dokumenten vollzieht sich in mehreren Schritten (vgl. Abbildung 3-19).

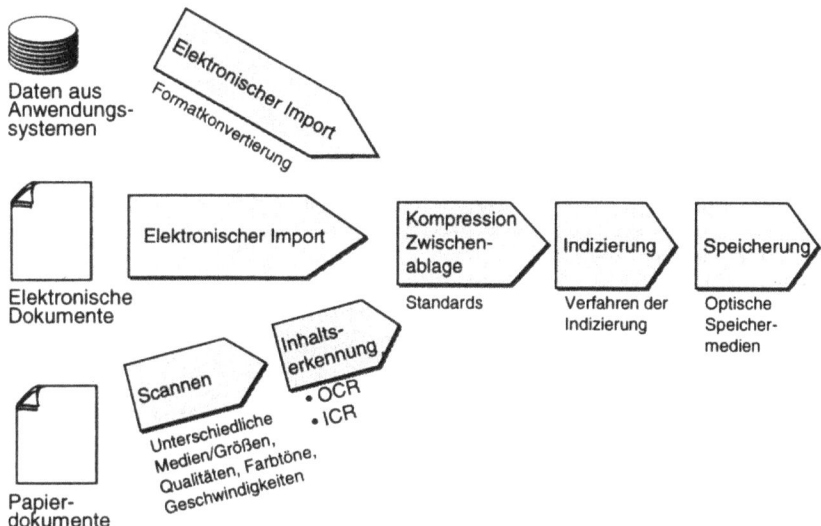

Abbildung 3-19: Elektronischer Ablagevorgang

Dokumente, die schon in elektronischer Form vorhanden sind, werden in das im DMS verwendete Standardformat überführt. Entsprechendes gilt für den Import von Ergebnissen operativer Anwendungssysteme, die meist als Dateien vorliegen. Man denke z.B. an Rechnungen, die von einem Fakturierungsprogramm erzeugt werden. Die Überführung von Papierdokumenten in die elektronische Form geschieht, indem durch Scannen eine gerasterte Version in einem pixelorientierten, d.h. bildpunktorientierten Format erzeugt wird. Die Überführung eines Papierdokuments in sein elektronisches Abbild bezeichnet man als Imaging. Bei textorientierten Unterlagen ist anschließend eine automatische Schrifterkennung z.B. über OCR (Optical Character Recognition) oder ICR (Intelligent Character Recognition) möglich. Bei OCR-Verfahren werden die gescannten Zeichen mit gespeicherten Referenzmustern verglichen. ICR-Verfahren erkennen verschiedene Zeichen anhand von analysierten Eigenschaften, z.B. ein geschlossener runder Linienzug deutet auf ein „O" hin. Zum gezielten Wiederauffinden von Dokumenten ist eine Kennzeichnung mit Deskriptoren bzw. Indizes üblich. Diese werden in der Regel manuell, d.h. durch einen menschlichen Bearbeiter, vergeben. Daneben gibt es auch Ansätze zur automatischen Indizierung.

Die bildorientierte elektronische Ablage von beliebigen Belegen, Formularen, Schriftstücken und sonstigen Unterlagen führt zu einem relativ großen Speicherbedarf. Hinzu kommt, daß Dokumente immer häufiger auch multimediale Inhalte bis hin zu Audio- und Videosequenzen beinhalten. Es werden deshalb meist optische Speichermedien verwendet (optische Archivierung). An die Stelle von Mikrofilm bzw. Mikrofiche treten dabei elektronisch lesbare optische Platten bzw. optische Massenspeichersysteme („jukeboxes").

Ein DMS wird meist in der Form eines Client-Server-Konzeptes realisiert (vgl. Abbildung 3-20).

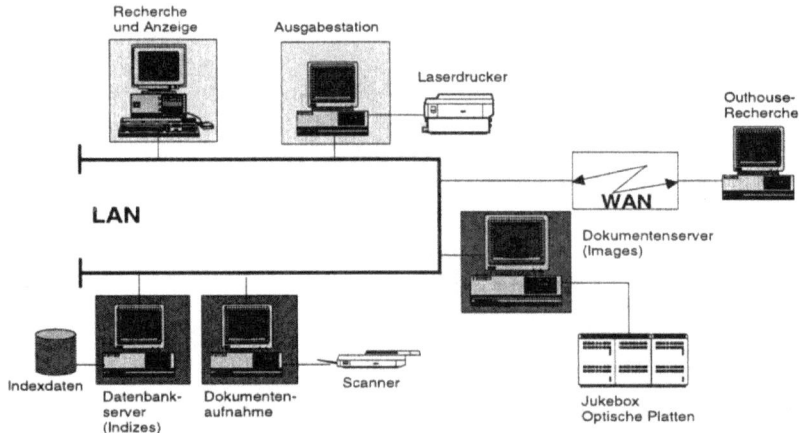

Abbildung 3-20: Beispielkonfiguration eines Dokumenten-Management-Systems

Papierunterlagen werden an einem Scanner-Arbeitsplatz erfaßt. Dokumente, die schon in elektronischer Form eingehen, werden am selben Arbeitsplatz in das einheitliche Speicherformat umgewandelt. Die Indizierung kann ebenfalls in der Erfassungsstelle erfolgen. Eine andere Möglichkeit ist, das eingegangene Dokument sofort einer zuständigen Stelle zur Erstbearbeitung zuzuleiten, die dabei geeignete Deskriptoren vergibt. Die Indexdaten werden in einer Datenbank gespeichert und von einem zuständigen Server verwaltet. Ein Dokumentenserver legt die elektronischen Dokumente mit einer eindeutigen Identifikationsnummer auf einem Massenspeicher ab. Client-Stationen, die direkt an das unternehmensinterne lokale Netzwerk oder über Telekommunikationseinrichtungen angeschlossen sind, greifen zur Recherche auf den Datenbankserver und zum Dokumentenabruf (Bildschirmanzeige oder Ausdruck) auf den Dokumentenserver zu.

3.4.2 Knowledge-Management-Systeme

Die Bedeutung des Faktors Wissen im Unternehmen wächst aufgrund der sich ständig ändernden Kundenanforderungen und vieler anderer Entwicklungen mehr und mehr. Damit verstärken sich auch die Anstrengungen, das in einem Unternehmen vorhandene Wissen bedarfsgerecht verfügbar zu machen. Neben der Samm-

3.4 Unterstützungssysteme im Back-Office-Bereich

lung und Pflege von unterschiedlichem Know-how geht es auch grundsätzlich darum, „zu wissen, was wir wissen". Durch Knowledge Management bzw. Wissensmanagement wird allgemein versucht, das Angebot von Wissen und die Nachfrage nach Wissen innerhalb des Unternehmens zusammenzuführen. Zu berücksichtigen ist auch, daß sich das Wissen als kritischer Erfolgsfaktor für das Unternehmen ständig ändert. Der Begriff des „lernenden Unternehmens" ist schon geprägt.

Da das Wissen im Unternehmen in der Regel weit verteilt ist, z.B. in Datenbanken, Akten, Prozeß- bzw. Verfahrensdokumentationen, Richtlinien und nicht zuletzt in den Köpfen der Mitarbeiter, müssen durch das Knowledge Management die verstreuten Wissenselemente integriert und vorhandene Barrieren überwunden werden (vgl. Abbildung 3-21).

Abbildung 3-21: Gestaltungsdimensionen des Knowledge Management

Neben der bedarfsgerechten Bereitstellung von Wissen auf der Nutzerseite umfaßt das Knowledge Management Ansätze zur Wissensentwicklung und -erzeugung, zur Wissensspeicherung, zur Wissenstransformation und zur Wissensveredelung. Daraus leiten sich folgende Ziele ab:

- Offenlegung des vorhandenen Wissens,
- Unterstützung der effizienten und effektiven Generierung von neuem Wissen,
- Sicherstellung der Verfügbarkeit von Wissen, d.h. Bereitstellung der richtigen Information zur richtigen Zeit am richtigen Ort.

Das Wissen bzw. die Wissensobjekte lassen sich durch vier Dimensionen beschreiben:

- *zeitliche Verfügbarkeit*: z.B. ist die Erfahrung eines Mitarbeiters nur während seiner Anwesenheit abfragbar,

- *Lagerort des Wissens*: z.B. Unternehmensabteilung, Archiv, Datenbank usw.,
- *Form der Verfügbarkeit*: z.B. auf Papier oder elektronischen Medien,
- *eigentlicher Inhalt*: z.B. Wissen über einen Beschaffungsprozeß.

Den Kern eines Knowledge-Management-Systems bildet ein „Unternehmensgedächtnis", in dem Wissen in strukturierter Form abgelegt und auch Metainformationen, d.h. „Wissen über das Wissen", abrufbar sind. Das Unternehmensgedächtnis stellt dabei ein unternehmensweites, anwendungsunabhängiges System dar. Es enthält Wissen bzw. Informationen in unterschiedlichen Repäsentationsformen, z.B. als Data Warehouse, Document Warehouse, verteilte Datenbanken oder Wissensbasen von Systemen der künstlichen Intelligenz. Zusätzlich kann auch auf die weltweiten Datennetze zugegriffen werden. Aus technischer Sicht ist dabei einerseits ein Mechanismus notwendig, der die Wissenserfassung und -repäsentation ermöglicht, andererseits ein Mechanismus, der die „Ausbeutung" des vorhandenen Wissens unterstützt. Betrachtet man das Knowledge Management weniger produkt- und mehr prozeßorientiert, so steht die Kommunikation zwischen den Wissensträgern im Vordergrund. Hierzu können z.B. Workgroup-Support-Systeme eingesetzt werden (vgl. Abschnitt 3.4.4).

Abbildung 3-22 zeigt mögliche Komponenten eines breit angelegten Knowledge-Management-Systems. Im Rahmen von Geschäftsprozessen wird über Netzwerke auf die Wissensquellen zugegriffen. Zum Wissensmanagement und -zugriff stehen verschiedene Werkzeuge zur Verfügung – von einfachen Datenbankabfragesprachen bis hin zu intelligenten Softwareagenten. Die aufbereiteten Informationen werden über geeignete Verteilsysteme und Oberflächen dem Anwender zur Verfügung gestellt. Umgekehrt kann ein Anwender über die Schnittstellen den Repositories neues Wissen hinzufügen und damit verbreiten.

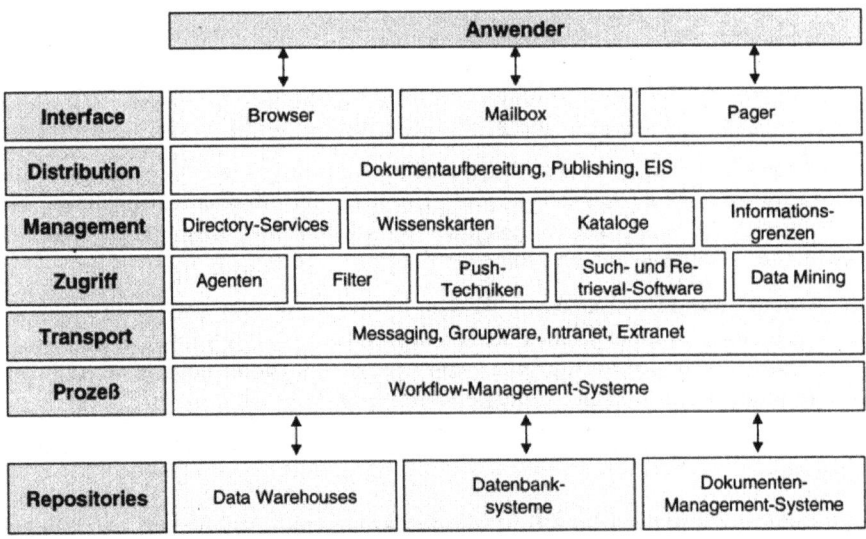

Abbildung 3-22: Elemente der Knowledge-Management-Architektur

3.4 Unterstützungssysteme im Back-Office-Bereich

Die einzelnen Wissenselemente können u.a. in einem Data Warehouse abgelegt sein. Die Auswertung kann durch Data-Mining-Techniken erfolgen. Zur Planung, Kontrolle und Entscheidungsunterstützung sind Executive-Information-Systeme (EIS) einsetzbar. Eine entsprechende Architektur eines Data-Warehouse-Systems ist in Abbildung 3-23 dargestellt.

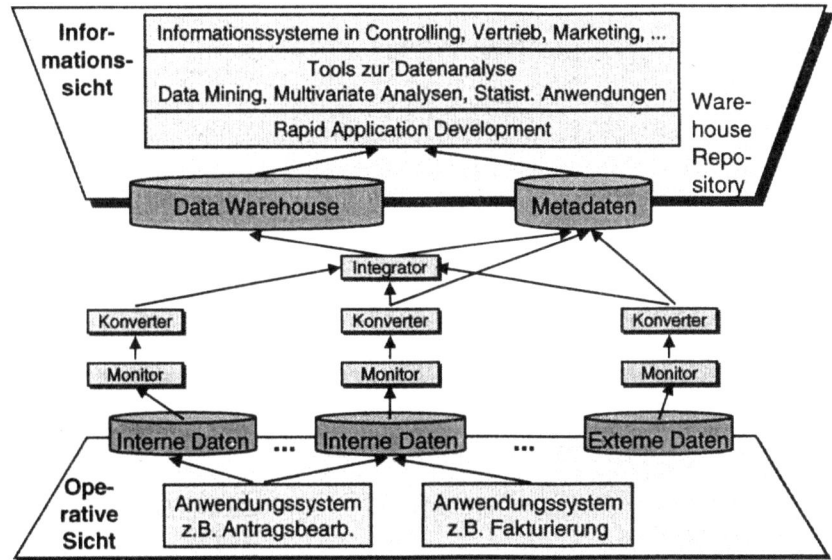

Abbildung 3-23: Architektur eines Data-Warehouse-Systems

Die internen und externen Datenbestände werden in Form von Datenbanken oder Dateisystemen gehalten. Ein Monitor hat die Aufgabe, aus diesen operativen Datenbasen aktuell, periodisch oder bei Bedarf Informationen an das Data Warehouse zu übergeben. Dabei erzeugen Konverter das Zielformat des Warehouse und führen Plausibilitäts-, Integritäts- und Konsistenzprüfungen durch.

Das Data Warehouse ist eine große Datenbank, die meist auf einem Datenmodell des Gesamtunternehmens basiert und Daten aus unterschiedlichen Unternehmensbereichen zusammenführt. Es entsteht eine multidimensionale Datenbankstruktur, die viele unterschiedliche Merkmalskategorien, wie Produkt, Region, Zeitraum usw., umfaßt. Man kann sich diese Struktur auch als n-dimensionalen Datenwürfel vorstellen, in dem nahezu beliebig gesucht werden kann. Dies bedeutet insbesondere, daß Informationen auch ad hoc recherchiert und ausgewertet werden können (OLAP: Online Analytical Processing). Die Metadaten im Warehouse Repository beschreiben die im Warehouse vorhandenen Datenelemente und -typen in der Sprache des Anwenders in Form von Datenlexika, Datenkatalogen usw. mit betriebswirtschaftlichen Begriffen. Diese Metadaten helfen dem Anwender dabei, entsprechend seiner Bedürfnisse flexibel Informationsanalysen durchzuführen. Hierzu stehen unter anderem Data-Mining-Werkzeuge zur Verfügung. Mit Data Mining werden dabei Techniken zur Datenmustererkennung bezeichnet, mit deren Hilfe strategisch wichtige Informationen aus sehr großen Datenbeständen herausgefiltert werden können. Ziel ist es, vergleichbar mit der Suche nach einer Nadel im Heuhaufen, schwer aufzuspürende Zusammenhänge zu entdecken. Zu dem Werkzeugvorrat gehören grafische Methoden der Mustererkennung, Entscheidungsbaumverfahren, Clusteranalysen sowie Methoden der künstlichen Intelligenz und des Soft Computing, wie z.B. genetische Algorithmen.

3.4.3 Workflow-Management-Systeme

Unter einem Workflow versteht man die Umsetzung eines arbeitsteilig durchgeführten Geschäftsprozesses, in dessen Verlauf Teilaufgaben, Informationen und Dokumente von einer Bearbeitungsstelle zur nächsten „fließen". Ein Workflow besteht aus einer Reihe von Aktivitäten, die teilweise sequentiell und teilweise parallel ablaufen können, wobei die Ablaufstruktur und vielfach auch die Art der Bearbeitung im vorhinein festgelegt sind (vgl. Abbildung 3-24).

Ein Workflow-Management-System (WMS) definiert, erzeugt und steuert Workflows. Entsprechend unterscheidet man ein Gestaltungs- und ein Ausführungssystem (vgl. Abbildung 3-25).

Auf der Basis einer organisatorischen und IV-technischen Analyse eines Geschäftsprozesses erstellt man z.B. mit Hilfe graphischer Vorgangseditoren ein Ist- und ein Sollvorgangsmodell. Zunehmend sind über Schnittstellen auch Geschäftsprozeßmodelle importierbar, die mit Hilfe professioneller Organisationswerkzeuge erstellt werden. Diese sind dann zu verfeinern und zu Workflow-Spezifikationen weiterzuentwickeln.

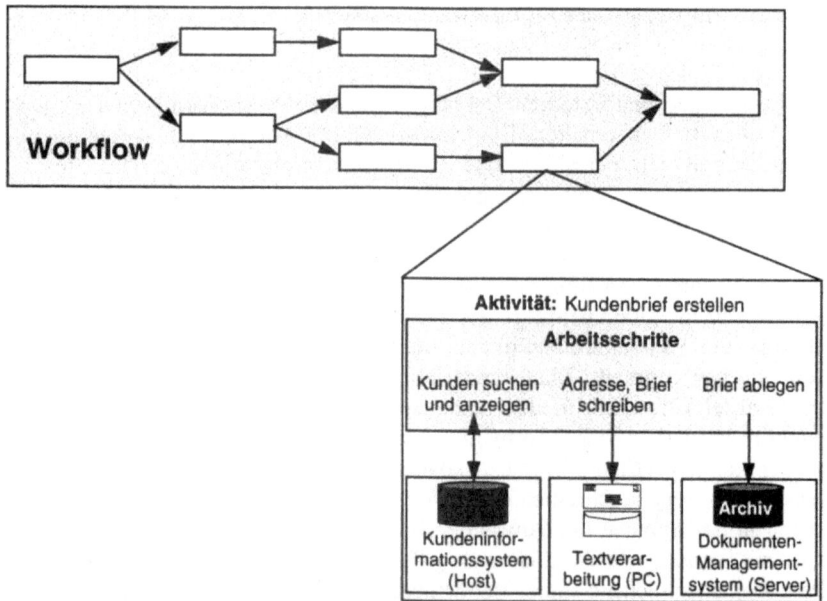

Abbildung 3-24: Beispielstruktur eines Workflows

3.4 Unterstützungssysteme im Back-Office-Bereich

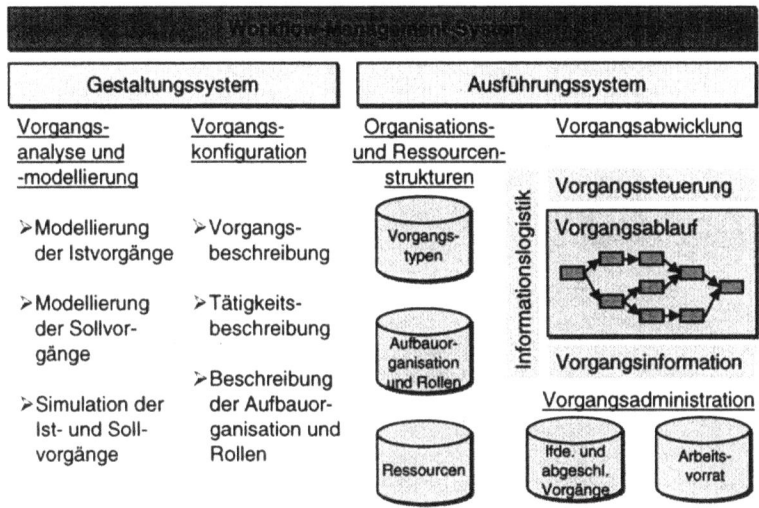

Abbildung 3-25: Komponenten eines Workflow-Management-Systems

Bei der Vorgangskonfiguration werden sogenannte Vorgangsskripte für die einzelnen vom WMS zu steuernden Tätigkeiten erstellt. Sie beinhalten notwendige Informationen zur Ablaufsteuerung, wie z.B.

- Zuständigkeiten (Abteilungen, Stellen, Personen, notwendige Kompetenzen usw.),
- benötigte Ressourcen (Dokumente, Informationen, Kommunikationsmedien usw.),
- Tätigkeitsbeschreibungen (Zeitdauer, Ein- und Ausgangsdokumente usw.),
- Aufrufe von IV-Systemen (Anwendungsprogramme wie Fakturierung, Kostenrechnung usw. oder Werkzeuge wie Textverarbeitung, Tabellenkalkulation, Datenbanken usw.).

In einem Speicher werden vormodellierte Vorgangstypen zur Verfügung gestellt. Darüber hinaus sind Informationen über Aufbauorganisation, Rollen und Befugnisse sowie Ressourcenstrukturen hinterlegt.

Die Vorgangssteuerung initialisiert Workflows, indem der zu dem aktuellen Geschäftsvorfall passende Vorgangstyp bestimmt und das entsprechende Netzwerk von sequentiellen und parallelen Aktionen zugeordnet wird. Das WMS löst gemäß dieser Ablaufstruktur Aktionen aus, ordnet Teilaufgaben Mitarbeitern zu und überwacht den Bearbeitungsfortschritt. Daneben sorgt das WMS für die bedarfsgerechte Bereitstellung von Informationen bzw. von Hinweisen auf Zugriffsmöglichkeiten zu den Informationsressourcen. Ziel ist, die richtige Information zum richtigen Zeitpunkt an die richtige Stelle zu bringen (Informationslogistik). Der Fortschritt der Vorgangsabwicklung wird protokolliert. Die Vorgangsadministration stellt Daten über anstehende Vorgänge und Aktivitäten (Arbeitsvorrat) sowie über in Bearbeitung befindliche und abgeschlossene Vorgänge zur Verfügung.

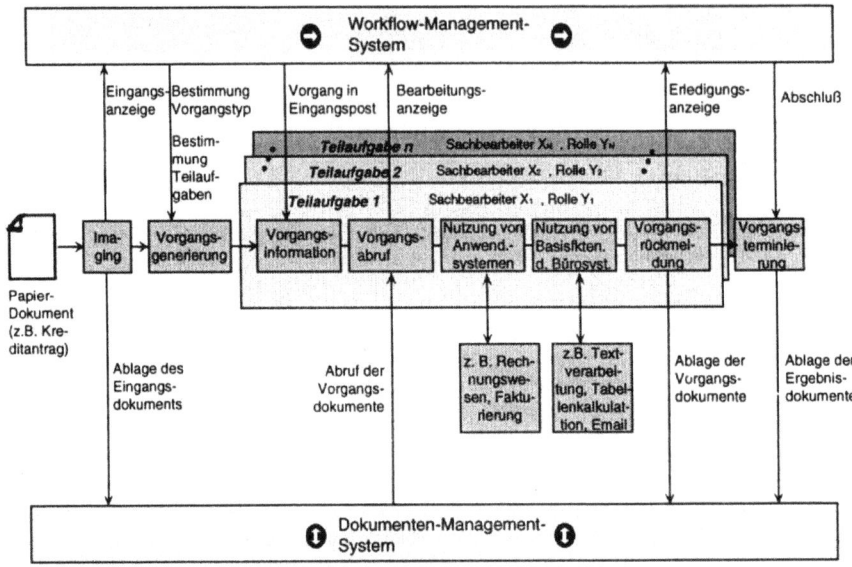

Abbildung 3-26: Integrierte Vorgangsabwicklung mit WMS und DMS

Abbildung 3-26 skizziert schematisch die Unterstützung bei der Abarbeitung eines Workflows und das Zusammenwirken von WMS und DMS.

Ein eingegangenes Dokument, wie z.B. ein Antrag oder ein Auftrag, wird vom DMS erfaßt und löst daneben beim WMS die Vorgangsinitialisierung aus. Das WMS stellt die erste zu bearbeitende Teilaufgabe einem zuständigen Sachbearbeiter über Electronic Mail zu. Ist die Zuständigkeit nicht genau spezifizierbar, kann der Bearbeitungsauftrag z.B. an einem Abteilungs- oder Team-Bulletin-Board elektronisch „ausgehängt" werden. Zur Vorgangsinformation gehört auch die Mitteilung über benötigte Dokumente, die beim Abruf des Vorgangs durch den Mitarbeiter vom DMS bereitgestellt werden. Das WMS erhält eine Mitteilung über die in Bearbeitung befindliche Teilaufgabe und kann hierzu eventuell automatisch Anwendungssysteme oder Softwarewerkzeuge aufrufen. Bei Erledigung der Teilaufgabe erhält es eine Rückmeldung, eventuell versehen mit einer elektronischen Unterschrift oder zusätzlichen Vorgangsannotationen (elektronische Begleitzettel). Nach Beendigung einer Teilaufgabe löst das WMS in gleicher Weise die darauf folgende(n) Teilaufgabe(n) aus. Ist die letzte Teilaufgabe des Vorgangsnetzwerks erledigt, werden der Gesamtvorgang terminiert und die Ergebnisdokumente dem DMS übergeben.

3.4.4 Workgroup-Support-Systeme

Im Gegensatz zu Workflow-Management-Systemen, bei denen definierte und strukturierte Geschäftsprozesse abgewickelt werden, zielen Workgroup-Support-Systeme auf die Unterstützung von schlecht vorplanbaren oder formalisierbaren Abläufen, bei denen sich die Vorgangsstruktur oft erst „ad hoc" ergibt. Im Mittel-

3.4 Unterstützungssysteme im Back-Office-Bereich

punkt steht nicht die automatische Steuerung von Workflows, sondern die Unterstützung kooperierender Personen, die eine Aufgabe oder ein Problem bearbeiten, ohne daß ein Handlungs- oder Ablaufschema gegeben ist. So werden z.B. die gemeinsame Erstellung eines Schriftstückes ermöglicht, das Herbeiführen von Gruppenentscheidungen vereinfacht oder Verhandlungs- und Abstimmungsaktivitäten erleichtert.

Workgroup-Support-Systeme stellen zunächst Kommunikationskomponenten zur Verfügung, die einen elektronischen synchronen oder asynchronen Informationsaustausch zwischen Personen ermöglichen. Electronic-Mail-Systeme befördern in der Regel textorientierte Nachrichten im Rahmen einer asynchronen 1:1- oder 1:N-Kommunikation (die Nachricht eines Absenders kann an einen oder mehrere Empfänger gerichtet sein). Notice-Board-Systeme übertragen das Prinzip von Aushangtafeln auf die Rechnerwelt. Ein befugter Mitarbeiter, in der Regel eine Führungskraft, kann hierüber elektronische Nachrichten für bestimmte Mitarbeiter bzw. Mitarbeitergruppen zur Verfügung stellen. Wird diese asynchrone 1:N-Kommunikation zu einer asynchronen N:M-Kommunikation erweitert, spricht man von Bulletin-Board-Systemen (das Bulletin Board enthält Nachrichten von mehreren Absendern für mehrere Empfänger). Audio-Conferencing-Systeme ermöglichen Telefonkonferenzen, bei denen mehrere Teilnehmer synchron an verteilten Plätzen miteinander diskutieren. Video-Conferencing-Systeme bieten eine synchrone Bildkommunikation und werden zunehmend als Ergänzung eines Multimedia-PCs oder einer Multimedia-Workstation angeboten. Dies erlaubt den Schritt zu sogenannten Desk-Top-Conferencing-Systemen, die Methoden und Funktionen zur Strukturierung, Speicherung und Weiterverarbeitung von Diskussionsbeiträgen beinhalten.

Auf der Basis dieser und weiterer Kommunikationssysteme setzen verschiedene Support-Systeme auf, die Gruppenarbeit insbesondere im Rahmen von „virtuellen Meetings" unterstützen. Hierbei lassen sich verschiedene Prozeßschritte unterscheiden und in Form eines Prozeßmodells „Gruppenarbeit" strukturiert darstellen (vgl. Abbildung 3-27).

Termin-Management-Systeme dienen der zeitlichen Koordination der Gruppenmitglieder. Dabei wird für jeden Teilnehmer ein privater Terminkalender geführt. Das Software-Tool sucht nach gemeinsamen freien Zeitfenstern und macht Terminvorschläge. Conference-Management-Systeme unterstützen Organisatoren bei Aufgaben wie Raumbelegung und -ausstattung, Agendaerstellung und -verwaltung. Sie bieten ferner Hilfe bei der Auswahl von Teilnehmern der Arbeitsgruppe. Mit Screen-Sharing-Systemen ist der Bildschirminhalt eines anderen Teammitgliedes einsehbar und auch manipulierbar. Bei zusätzlicher Verwendung von Audio-Conferencing- oder Video-Conferencing-Systemen können über die dargestellten Inhalte diskutiert, gegenseitig Hilfestellung geleistet und gemeinsam Probleme gelöst werden, ohne daß sich die Mitarbeiter an einem Ort zusammenfinden müssen. Co-Autoren-Systeme dienen dem kooperativen Erstellen und Bearbeiten eines Dokumentes („joint editing"). Bei asynchronen Systemen können Bearbeiter sukzessive Veränderungen vornehmen. Synchrone Systeme erlauben die simultane Bearbeitung, wobei das Dokument in abgegrenzte Bereiche eingeteilt wird, für die jeweils ein Mitarbeiter für eine bestimmte Zeit Schreibrechte erhält. Group-Decision-Support-Systeme (GDSS) sind computergestützte Werkzeuge zur Unterstützung der Entscheidungsfindung in Gruppen. Zielsetzung kann sowohl die Erhöhung der Entscheidungsqualität als auch die Verbesserung des Entscheidungsprozesses sein. Sämtliche Informationen, die mehrere Teammitglieder zur Aufgabenbewältigung benötigen, können über gemeinsame Ablagesysteme verwaltet werden. Derartige Gruppenwissensbasen stellen auf Anfrage die benötigte und gegebenenfalls multimediale Unterlage bereit (Hol-Prinzip) oder senden neue Informationen automatisch den potentiell interessierten Adressaten über Nachrichten zu (Bring-Prinzip).

Die technische Entwicklung von Workgroup-Support-Systemen geht in die Richtung einer integrierten Plattform, die eine Vielzahl der skizzierten Funktionalitäten unterstützt.

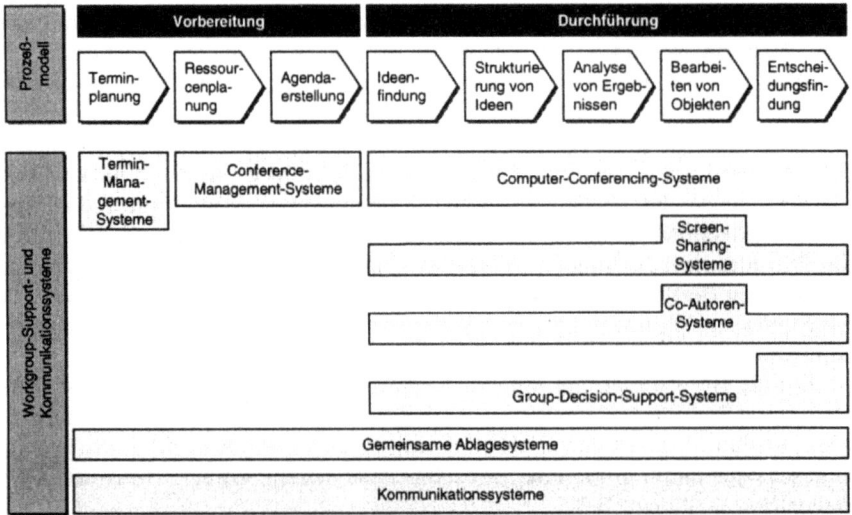

Abbildung 3-27: Workgroup-Support-Systeme

4 Anwendungssysteme in den Phasen des Dienstleistungsprozesses

Die folgenden Abschnitte orientieren sich am Phasenmodell des Dienstleistungsprozesses (vgl. Abbildung 3-1). Dabei werden einerseits besondere Anforderungen und Merkmale derartiger Systeme skizziert, andererseits ausgewählte Beispiele von Systemkonzepten vorgestellt. Wegen der großen Heterogenität und Produktvielfalt von Dienstleistungsunternehmen ist es jedoch nicht annähernd möglich, ein umfassendes Gesamtbild zu zeichnen. Die Beispiele mögen zur Illustration und als Anregung für die gedankliche Übertragung auf verschiedenste Branchensituationen dienen.

4.1 Marketing

4.1.1 Aspekte des Dienstleistungsmarketings

Die Marketingphase im Dienstleistungsprozeß dient im engeren Sinne der Ansprache potentieller Kunden mit dem Ziel, diese zum Kauf des Dienstleistungsproduktes zu bewegen. Marktforschung sowie Marktbeschreibung hinsichtlich Nachfragermerkmalen und -bedarfen weisen im Dienstleistungsbereich einige Besonderheiten auf. So bietet z.B. der meist vorhandene direkte Kontakt zum Kunden die Möglichkeit, unmittelbar Informationen über in Anspruch genommene Leistungen mit zugehörigen individuellen Bewertungen zu erfassen. Zusammen mit anderen Daten, wie z.B. der zeitlichen Verteilung des Bedarfs oder der gewünschten Intensität der Leistungsbereitschaft, ist daraus relativ leicht ein Kundenprofil zu erzeugen. Die durch den direkten Kontakt vorhandenen Kundenadressen ermöglichen z.B. Direct-Mailing-Aktionen. Wegen der oft erforderlichen räumlichen Gebundenheit der Dienstleistung sind damit auch regionale Märkte abgrenzbar. Hier haben sich neue computergestützte Methoden der Marktforschung und -bearbeitung herausgebildet, die vom Wohnort des Konsumenten ausgehen (vgl. Abschnitt 4.1.2). Probleme der Marktforschung im Dienstleistungsbereich können daraus resultieren, daß sich der Kunde beim Leistungskonsum oft in besonderen Situationen befindet, wie z.B. bei einem Unglücksfall (Versicherungsdienstleistungen), im Urlaub (Touristikdienstleistungen) oder im Krankenhaus (Gesundheitsdienstleistungen). Daneben sind die schon skizzierten Schwierigkeiten der Qualitätsbeurteilung zu berücksichtigen (vgl. Abschnitt 2.2.1).

4.1.2 Mikrogeographische Systeme zur Marktbearbeitung

Das klassische Instrumentarium zur Nachfrage- bzw. Angebotsdifferenzierung ist die Marktsegmentierung. Man entwickelt zum Teil sehr ausgefeilte, mehrdimensionale Konsumententypologien, die die Ableitung attraktiver Zielgruppen erlauben. Oft ist es allerdings problematisch, diese Zielgruppen für eine direkte Ansprache im Markt zu lokalisieren. An diesem Schwachpunkt setzt die computergestützte mikrogeographische Marktsegmentierung an. Das Grundkonzept stützt sich nicht auf Informationen über Einzelpersonen, sondern auf eine Beschreibung und Klassifikation von feinräumigen Wohngebieten. Man geht von einem sogenannten Neighbourhood-Effekt aus, bei dem angenommen wird, daß sich Personen mit ähnlichem Lebensstil und ähnlichen Konsumgewohnheiten in einer räumlichen Nachbarschaft ansiedeln. Durch eine möglichst feingliedrige Abgrenzung dieser Wohngebiete sind damit homogene Personengruppen mit ähnlichen Nachfragestrukturen lokalisierbar.

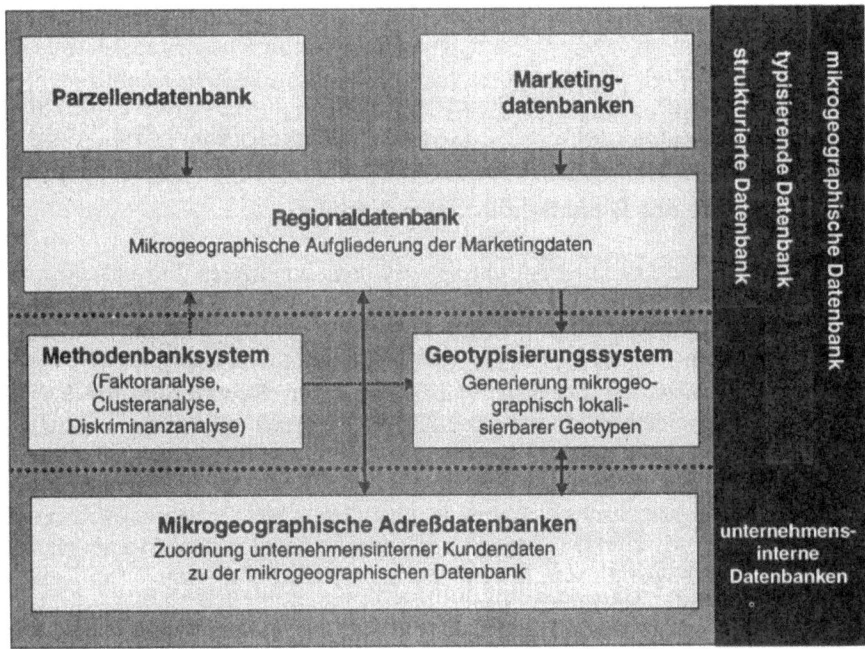

Abbildung 4-1: Mikrogeographisches System

Grundlage eines mikrogeographischen Systems (vgl. Abbildung 4-1) ist eine Regionaldatenbank. Darin werden allgemeine Informationen aus der Marktforschung, die in Marketingdatenbanken gespeichert sind, einer feingliedrigen geographischen Struktur zugeordnet. Diese Struktur ist aus einer Parzellendatenbank abrufbar, die den Gesamtmarkt in eine Vielzahl von kleinen räumlichen Elementen, wie etwa Stimmbezirke, Straßenabschnitte oder Gebäudegruppen untergliedert. Die Marketingdatenbanken beinhalten u.a. demographische Informationen und Kundendaten mit personen- und raumbezogenen Merkmalen (Postleitzahlen, Ortsnamen, Adressen usw.). Dabei finden z.B. Dateien des Kraftfahrzeugbundesamtes, Stichprobenerhebungen von Marktforschungsgesellschaften, Wahlstatistiken sowie auf dem freien Markt angebotene Adreßlisten Verwendung.

Durch Verknüpfung der Datenquellen entsteht eine Regionaldatenbank mit jeweils einem Datensatz pro Parzelle, die bei feinster Gliederung nur sieben Haushalte umfassen kann. Mit Hilfe von z.B. in einem Methodenbanksystem gespeicherten Datenmustererkennungsverfahren werden ähnliche Marktparzellen zu Clustern zusammengefaßt, welche man als Geotypen bezeichnet (Geotypisierungssystem). Alle Parzellen, die einem Geotyp zugeordnet sind, lassen ein ähnliches Konsumverhalten erwarten. Durch Verknüpfung unternehmensinterner Kundendatenbanken mit den erzeugten Geotypen gewinnt man die Basis für eine sehr differenzierte raumbezogene Marktbearbeitung. Das Direktmarketing ist dabei nur einer von vielen Anwendungsfällen.

Eine Versicherung kann z.B. durch Zuspielung unternehmensinterner Kenngrößen eine Attraktivitätsbewertung der Geotypen durchführen. Ermittelt das System in einem Segment hohe Vertragszahlen, aber niedrige Beitragseinnahmen, so könnte es Cross-Selling-Angebote vorschlagen, die über „höherwertige" Produkte die Beitragseinnahmen steigern würden. Weist hingegen ein Geotyp wenig Verträge, aber hohe Leistungsausgaben auf, so könnte die Empfehlung lauten, dieses Segment nicht weiter zu umwerben oder aber die Tarifierungspolitik dem Schadensverlauf anzupassen. Darüber hinaus sind Geotypen in einem Versicherungsunternehmen auch besonders wertvoll für das Regionalcontrolling, bei dem gezielt risikoreiche und chancenträchtige Verkaufsgebiete lokalisiert bzw. Stärken und Schwächen in der Marktbearbeitung aufgedeckt werden können. Auf dieser Basis sind dann z.B. gezielte Verkaufswettbewerbe oder Außendienstschulungen durchführbar. Auch ist es denkbar, Vergütungssysteme für die Vertriebsmitarbeiter an den gebietsbezogenen Marktpotentialen zu orientieren.

Eine Anwendung im Bankbereich ist die Filialnetzoptimierung. Die mikrogeographische Analyse wird hier z.B. um Ergebnisse einer Kundenbefragung zur Inanspruchnahme von Bankdienstleistungen ergänzt. Daraus sind Attraktivitätsindizes für die konkreten Standorte berechenbar, die wiederum in eine Filialbewertung oder in Standortempfehlungen umgesetzt werden können.

4.1.3 Besonderheiten der Produktpolitik

Die Produktpolitik beschäftigt sich mit Fragen der Produktgestaltung, d.h. der Überlegung, welche Leistung das Unternehmen wie anbieten soll. Daneben werden z.B. Entscheidungen über die Sortimentspolitik, Verpackungspolitik und eine eventuelle Markenpolitik getroffen. Eine wichtige Besonderheit bei der Produktdifferenzierung ist die Frage, inwieweit das Dienstleistungspotential der Unternehmung zu unterschiedlichen Produkten führen kann und soll. Zum Beispiel ist es möglich, zum einen ein komplexes Produkt anzubieten, das aus einer ganzen Reihe von Teilleistungen besteht. Zum anderen können diese Teilleistungen auch als eigenständige kleinere Produkte vertrieben werden. Auch die mögliche Bündelung sehr unterschiedlicher Leistungen (Cross-Selling) kann eine Maßnahme der Produktdifferenzierung sein, die oft schon programmpolitischen Charakter hat. Hier kann man z.B. unterscheiden zwischen

- der Bildung von reinen Dienstleistungsbündeln und
- der Verbindung von Dienstleistungen mit Sachgütern.

Dabei kann jeweils eine Einzelleistung zum Erwerb einer anderen anregen. Die Einzelleistungen sind komplementäre Produkte oder auch bausteinartig zu einem integrierten, individuellen Gesamtprodukt zusammensetzbar. Besondere Probleme der Organisation sowie der Qualitätssicherung und Kontrolle ergeben sich, wenn organisationsübergreifend ein Gesamtangebot geschaffen wird. Man denke z.B. an eine Pauschalreise, bei der Flug-, Hotel-, Verpflegungsleistungen, Sight-Seeing-Touren und Veranstaltungsbesuche zu einem Paket geschnürt werden.

Insbesondere wenn kundenindividuelle Dienstleistungsbündel erzeugt und erbracht werden, bieten sich hier Einsatzpotentiale für virtuelle Unternehmen. Bei dem Beispiel aus dem Touristikbereich würde z.B. ein Reiseveranstalter als Mittler mit Fluggesellschaften, Hotelbetrieben, Restaurants und verschiedenen Veranstaltern kooperieren, um für unterschiedliche Kundengruppen spezifische Dienstleistungsbündel, wie z.B. spezielle Studienreisen, zu generieren.

Eine weitere Möglichkeit der produktdifferenzierenden Ergänzung von Kerndienstleistungen sind beim Beispiel „Reise" Versicherungen, durch die der Kunde sein Risiko, das er wegen der Nichtabschätzbarkeit oder Unsicherheit der Leistung empfindet, verringern kann. Beispiele sind Rücktritts-, Unfall- oder Schlechtwetterversicherungen.

4.1.4 Kundenorientierte elektronische Produktgestaltung

Aufgrund ihres immateriellen Charakters bieten sich für Dienstleistungsprodukte innovative Möglichkeiten der Produktgestaltung. Durch die Bündelung von Dienstleistungen ergibt sich die Perspektive, spezielle „Internet-Produkte" zu entwickeln, die dem Cross-Selling-Gedanken Rechnung tragen.

Ein Beispiel eines besonderen Internet-Produktes ist das sogenannte „Personal Journal". Es handelt sich dabei um ein Online-Abonnement für eine Zeitschrift, die nur die vom Leser gewünschten Themen enthält und über das Internet zugänglich ist. Dazu wird z.B. über Online-Fragebögen ein Leserprofil erstellt, auf dessen Basis ein Selektionsmodul Beiträge aus einem Artikelpool selektiert. Ein Seitenerstellungsmodul bereitet die Artikel zusammen mit zielgruppenspezifischen Anzeigen auf. Die elektronische Zeitschrift hat über Hypertext-Links eine Verbindung zum vollständigen Artikelpool und zu Zusatzinformationen, die von der Redaktion zusammengestellt oder aus externen Datenbanken entnommen sein können (vgl. Abbildung 4-2).

4.1.6 Dienstleistungsvertrieb über Telekommunikationsmedien

Im Fall von Informationsdienstleistungen können Telekommunikationsmedien zum direkten und automatischen Vertrieb der Dienstleistung genutzt werden. Ein Beispiel ist das Electronic Publishing. Aus der Sicht des Nachfragers gehören hierzu elektronische Zeitschriften ebenso wie elektronisch hergestellte und vertriebene Produktkataloge, Broschüren oder Berichte. Aus der Sicht des Anbieters, wie z.B. Verlagen, ist das Ergebnis des Electronic Publishing das Endprodukt der Leistungserbringung. Dieses ist über Telekommunikationsmedien als Vertriebskanäle verteilbar. Zum Beispiel bieten viele Verlage bereits den Zugriff auf Zeitungen und Zeitschriften über das Internet an.

Auch bei Dienstleistungen der Aus- und Weiterbildung kann die räumliche und zeitliche Gebundenheit durch Telekommunikation überwunden werden. Im Konzept der „Virtuellen Universität" ist es z.B. Studierenden möglich, per Video-/Audio-Übertragung über große Entfernungen an Lehrveranstaltungen interaktiv teilzunehmen. Für den asynchronen Abruf von Lernmaterialien und Lernprogrammen wird zunehmend das Internet genutzt. Die Entstehung eines elektronischen Marktes für Aus- und Weiterbildung auf der Basis von Telekommunikationsmedien und -diensten ist absehbar.

Die Unterstützung des Außendienstes im Versicherungsvertrieb ist ein Beispiel, wie der Kundenkontakt und die Auftragsakquisition durch Bereitstellung von Informations- und Kommunikationstechnologie für die Außendienstmitarbeiter unterstützt werden kann (vgl. Abschnitt 5.2.3). Der Außendienst hat mit Hilfe von Notebook-Computern, die mit Druckern und Modem bzw. Netzkarten ausgerüstet sind, die Möglichkeit, direkt beim Kunden Alternativrechnungen zu gewünschten Versicherungsprodukten durchzuführen, Anträge vor Ort zu erfassen und von dezentraler Stelle über öffentliche Netze auf den Zentralcomputer des Unternehmens zuzugreifen, um z.B. Informationen aus zentralen Datenbanken abzurufen. Der Außendienstmitarbeiter übermittelt eletronisch die Antragsdaten und läßt Wunschkonfigurationen von Verträgen gleich online automatisch prüfen. Im Idealfall ist es damit möglich, nach einer ausführlichen computergestützten und interaktiven Beratung am Standort des Kunden den Versicherungsvertrag auszustellen und die Police auszudrucken. Ähnliche Konzepte sind beim Vertrieb von Geldanlagen, beim Makeln von Immobilien usw. vorstellbar.

Für den Vertrieb von bestimmten Versicherungsprodukten hat sich auch das Internet als neues Medium etabliert. In der Regel werden hier weniger erklärungsbedürftige Versicherungen mit überschaubaren Ausgestaltungsmöglichkeiten angeboten. Der interessierte Kunde kann dabei entweder durch Interaktion mit einem Self-Service-System (vgl. Abschnitt 3.2.2) die Leistung direkt vereinbaren und kaufen oder per Electronic Mail die Zusendung näherer Informationen anfordern bzw. um ein Beratungsgespräch bitten. Ähnliche Ansätze sind auch beim Vertrieb von Bankdienstleistungen zu finden (vgl. Abschnitt 5.1.4). Auch der Versandhandel nutzt zunehmend Telekommunikationsmedien als neuen Vertriebsweg, z.B. in Form von Electronic Shopping Malls (vgl. Abschnitt 5.9.3). Daneben verteilt man elektronische Produktkataloge auch in Form von CD-ROMs. Diese bieten noch

4.1 Marketing

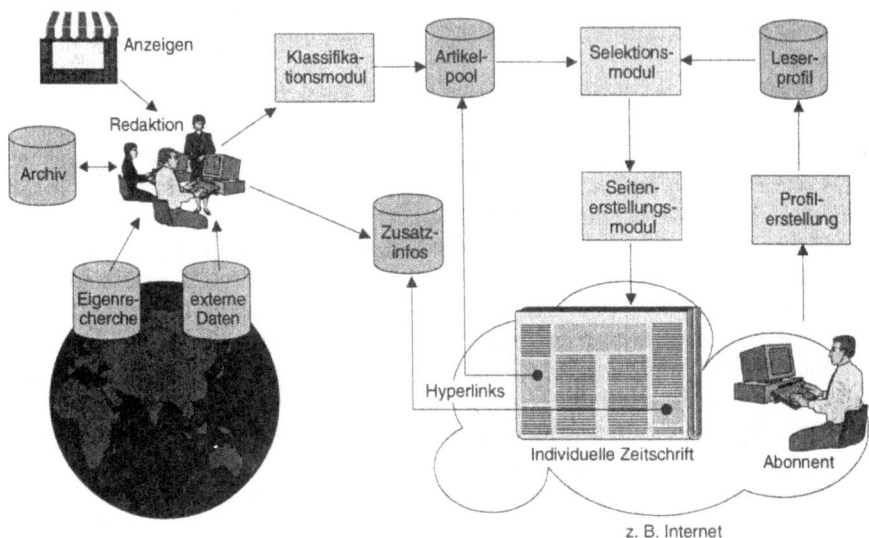

Abbildung 4-2: Erstellung eines Personal Journal

Das zusätzliche Angebot von Internet-Ausgaben hat Auswirkungen auf das Image der entsprechenden Zeitschriftenverlage. Sie beweisen damit Kundenorientierung und Innovationskraft. Daneben wird potentiellen Kunden ein Probelesen ermöglicht, das im Rahmen der Kommunikationspolitik Vorteile hat. Durch die interaktive Spezifikation des Kundenprofils ist der Kunde intensiv in die Produktentwicklung eingebunden. Die aktive Einbeziehung des externen Faktors beginnt damit bereits mit der Produktgestaltung und setzt sich nach dem Kauf über einen kontinuierlichen Verbesserungsprozeß fort.

Auch in anderen Dienstleistungsbranchen (z.B. Handel oder Kommunikationsdienstleistungen) kann sich der Anbieter durch internetbasierte Marktforschung schnell auf veränderte Kundenwünsche einstellen. Für die direkte Datengewinnung über das Internet können verschiedene Ansätze verfolgt werden, z. B.:

- Versand von Electronic-Mail-Fragebögen,
- Bereitstellung von Beurteilungsbögen im WWW oder
- Einrichtung von elektronischen Diskussionsforen.

4.1.5 Besonderheiten der Distributionspolitik

Eine Dienstleistung kann aufgrund der Immaterialität und der Bedarfsdeckung durch Leistung in der Regel nicht wie ein materielles Produkt über Absatzwege wie Absatzmittler oder Absatzhelfer gehandelt, d.h. von diesen erworben und dem Kunden wiederverkauft werden. Verkauft werden dagegen Leistungsversprechen bzw. Anrechte auf Leistungen. Diese können z.B. Theaterkarten sein, Tickets und Vouchers für Flug und Hotel im Touristikbereich oder Versicherungsverträge. Der Vertrieb dieser Leistungsversprechen findet über selbständige Dienstleistungsunternehmen statt, wie z.B. Vorverkaufsstellen oder Reisebüros, oder es werden vom Leistungsersteller selbst eigene Außendienstorganisationen aufgebaut, wie z.B. bei Versicherungen.

Da die Dienstleistung aufgrund der Einbindung des externen Faktors und der Interaktivität zwischen Kunde und Anbieter oft räumlich gebunden ist, müssen zur Leistungserbringung Mittel und Wege gefunden werden, die internen Produktionsfaktoren mit dem Objekt der Dienstleistung zusammenzubringen. Franchisingkonzepte oder die Filialbildung ermöglichen es dem Dienstleister, seinen Radius zu erweitern. Andererseits ist im Rahmen einer Dienstleistungslogistik in bestimmten Fällen entweder der externe Faktor oder die interne Faktorkombination (das Dienstleistungspotential) transportierbar. Dies trifft vor allem dann zu, wenn bei der Dienstleistungserstellung hauptsächlich Informationen bearbeitet bzw. erzeugt oder intern überwiegend die Produktionsfaktoren Arbeit und Information eingesetzt werden, wie dies z.B. bei Beratungsunternehmen der Fall ist. Hier bieten sich Telekommunikationsmedien für die Überbrückung räumlicher Distanzen an.

Grundsätzlich gibt es keine Branche, deren Produkte sich nicht für den Vertrieb über das Internet eignen würden. Hinsichtlich des Grades der Eignung ist jedoch zu differenzieren (vgl. Abbildung 4-3).

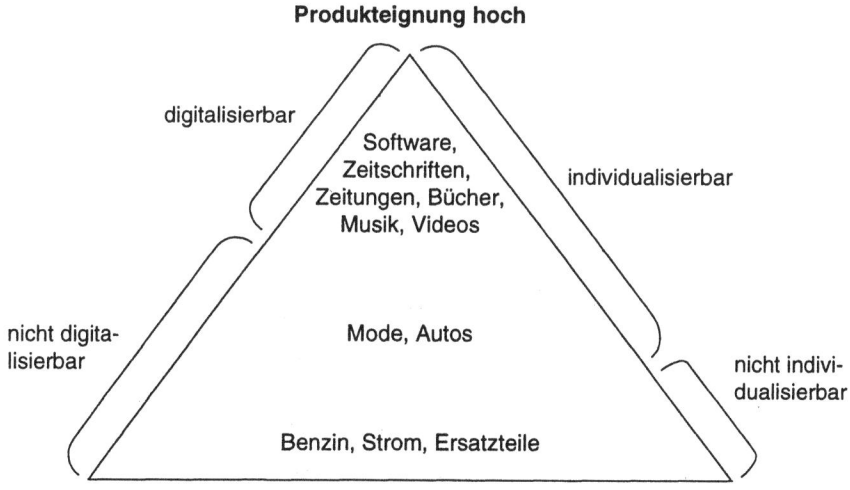

Abbildung 4-3: Produkteignung für den elektronischen Vertrieb

Nicht digitalisierbare Produkte lassen zwar Angebot und Werbung sowie den Verkauf über das Internet zu, nicht aber den physischen Transport bzw. die prompte Leistungserbringung. Die digitale Auslieferung ist insbesondere bei den sogenannten Informationsprodukten möglich, wie z.B. bei Zeitschriften, Musik, Videos oder Software.

etwas komfortablere Möglichkeiten, anspruchsvollere multimediale Präsentationen zu integrieren.

4.1.7 Besonderheiten der Preispolitik

In der Preispolitik ergeben sich Besonderheiten bei der Behandlung von Dienstleistungen durch die relativ schwierige Nutzenbeurteilung, die hohe Individualität der Leistung sowie die notwendige Vorhaltung einer ausgeprägten Leistungsbereitschaft. Letztere verursacht einen hohen Anteil an fixen Gemeinkosten, die verteilt werden müssen. Die problematische Qualitätsmessung sowie der immaterielle Charakter erschweren Preis-/Leistungsvergleiche auf Kundenseite. Auf Anbieterseite ist es zudem wegen der Individualität der Leistung nicht immer möglich, einen exakten Preis im voraus anzugeben. Daher erfolgt die Preisfestlegung in diesem Fall erst nach Leistungserbringung. Die Variabilität des Preises sowie auch der Leistung kann aber auf der anderen Seite bei der Einbindung des Kunden mit entsprechender Interaktion risikoreduzierend wirken. Daneben kann der Kunde durch eine intensivere Mitwirkung auch Kosten sparen. Eine Konkretisierung der Preisangebote vor dem Absatz ist bis zu einem gewissen Grad durch eine Standardisierung der Dienstleistungsprodukte erreichbar.

Besondere Bedeutung haben Strategien und Maßnahmen der Preisdifferenzierung. Ein wichtiges Ziel ist dabei, Nachfrageschwankungen auszugleichen und Leerkosten, die sich durch eine zu hohe Leistungsbereitschaft ergeben, zu minimieren.

Der Dienstleistungsanbieter kann auch durch spezielle Preisnachlässe Anreize für eine Verlagerung von Routinetätigkeiten auf den Kunden setzen. Dieser Ansatz wird beispielsweise im Bankbereich verstärkt verfolgt. Bankkunden „erkaufen" sich eine kostengünstige bzw. kostenfreie Kontoführung durch Selbstbedienung. Anstelle die Dienstleistung eines Bankmitarbeiters in Anspruch zu nehmen, führen die Kunden selbsttätig per Homebanking oder am Selbstbedienungsautomaten Finanztransaktionen durch, wie z.B. Überweisungen, Bargeldabhebungen, Einrichtung von Daueraufträgen oder Geldanlagen.

Entscheidungen über Angebotspreise und -kapazitäten werden durch sogenannte Yield-Management-Systeme unterstützt. Diese versuchen einerseits, die Nachfrageseite über den Preis zu beeinflussen. Andererseits geben sie Anhaltspunkte, wie die Leistungsbereitschaft zu dimensionieren bzw. über ein Produktspektrum zu verteilen ist. Yield-Management-Systeme werden im Rahmen der Ausführung zur Phase „Leistungsbereitstellung" in den Abschnitten 4.2.2 und 4.2.3 näher skizziert. Oft ergibt sich der Endpreis eines Produktes bzw. Dienstleistungsbündels im Rahmen einer individuellen und interaktiven Zusammenstellung von Teilleistungen oder der Selektion aus verschiedenen Varianten. Die in Abschnitt 4.4.2 vorgestellten Konfigurationssysteme bieten insofern ebenfalls Hilfen bei der Preisbestimmung.

Für taktische Preismaßnahmen bieten sich Telekommunikationsmedien an. Neben Informationsschreiben, Zeitschriften oder Katalogen ist das Internet bzw. das World Wide Web (WWW) ein Medium für die Verbreitung von Preisinformationen. Letzteres hat den Vorteil, sehr rasch taktische Preisänderungen, Sonderangebote usw. potentiellen Kunden zugänglich zu machen. Allerdings sind die Kosten zu berücksichtigen, die dem Kunden durch die Internetnutzung entstehen.

4.1.8 Besonderheiten der Kommunikationspolitik

Während im Sachgüterbereich – außer bei einer individuellen Auftragsproduktion – ein fertiges Produkt vorliegt, das verkauft werden soll, erfolgt der Absatz des Dienstleistungsprodukts vor der Leistungserstellung. Damit kann nur die Leistungsbereitschaft, eingebettet in die sogenannte Kontaktorganisation des Unternehmens, konkret dargestellt und angeboten werden. Das Leistungsergebnis ist lediglich in Form des Leistungsversprechens vermittelbar. Leistungsbereitschaft und versprochenes Leistungsergebnis müssen kommuniziert werden, was vor allem bei letzterem zusätzlich durch den fehlenden „want appeal" und die Unsicherheit des individuellen Ergebnisses erschwert wird. Es müssen somit neben der Information über das Dienstleistungsprodukt insbesondere Wissen über das Leistungspotential und Vertrauen in das Unternehmen vermittelt werden (vgl. Abbildung 4-4).

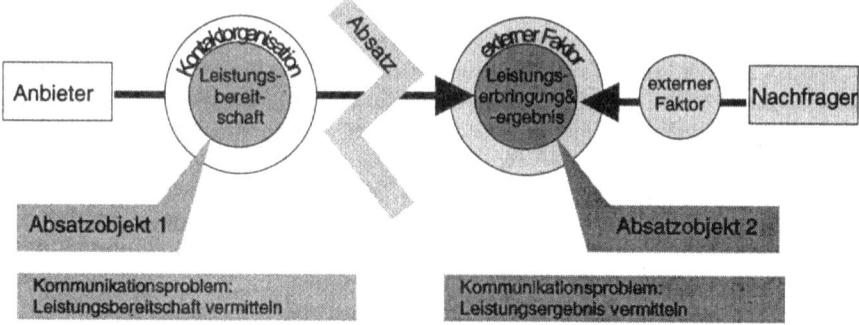

Abbildung 4-4: Aspekte der Kommunikationspolitik

Vor diesem Hintergrund gewinnen Maßnahmen der Imagebildung besondere Bedeutung. Sie können sich auf das Produkt, die Marke oder das Unternehmen beziehen. Wettbewerbsvorteile sind dabei z.B. durch Corporate-Identity-Strategien zu erreichen. Diese beinhalten

- den systematischen Einsatz aller Kommunikationsinstrumente (Corporate Communication),
- die symbolische Identitätsvermittlung (Corporate Design),
- das schlüssige und widerspruchsfreie Verhalten aller Unternehmensmitglieder im Innen- und Außenverhältnis (Corporate Behaviour).

Schon die gewöhnliche Standard-Textverarbeitung bietet dem Unternehmen heute die Möglichkeit, über ein eigenes Layout und besondere Schriftzüge oder Logos Identität und Wiedererkennungswerte aufzubauen. Weiter fortgeschritten ist einfache Desktop-Publishing-Software, mit der ohne besondere Vorkenntnisse professionell aussehende und einen besonderen Stil widerspiegelnde Informationsschriften usw. erstellt werden können. Zur Unterstützung einer Unternehmenspräsentation im WWW haben sich eigene Dienstleistungsunternehmen (Internet-Service-Provider) entwickelt. Sie bieten z.b. Unterstützung bei dem Entwurf unternehmensspezifischer Leitseiten (Homepages) oder übernehmen die gesamte Unternehmenspräsentation.

Das Internet als Medium zur externen Unternehmenskommunikation wird für die Unternehmenspräsentation und Public Relations ebenso wie für Produktdarstellungen verwendet. Für die Werbung im Internet gibt es verschiedene Möglichkeiten. Man kann eine elektronische Anzeige, ein sogenanntes Banner, auf einer fremden Homepage plazieren. Voraussetzung ist eine Verabredung bzw. ein Vertrag mit dem Eigentümer der Homepage. Man kann Verweise auf eigene Werbeseiten in elektronischen Adreßbüchern und Verzeichnissen eintragen lassen oder entsprechende Informationen in Datenbanken und Suchmaschinen plazieren. Insbesondere bei digitalisierbaren Produkten lassen sich auch besondere Formen der Verkaufsförderung realisieren. So ist es z.B. möglich, Muster bzw. „Probepackungen", Werbegeschenke und Zugaben über das Netz zu verteilen.

Daneben bietet sich das Internet auch für das Direktmarketing an. Der – meist massenweise – Versand von unaufgeforderten elektronischen Werbenachrichten („Spam") ist aber kritisch zu betrachten, da sich die Empfänger hierdurch oft belästigt fühlen. Diesem Aspekt trägt mittlerweile auch die Rechtsprechung mit sehr restriktiven Vorgaben Rechnung, so daß auf diese Art der Werbung ganz verzichtet werden sollte.

Theoretisch ist auch eine direkte persönliche Kundenansprache über das Internet möglich, z.B. in Form von Videokonferenzen oder Online Chats. Die praktische Bedeutung ist jedoch noch äußerst gering.

4.1.9 Internetbasiertes Marketing eines Softwareherstellers

Ein Softwarehersteller kann im gesamten Dienstleistungsprozeß unterschiedliche Telekommunikationsmedien einsetzen. Allgemeine Informationen über das Unternehmen und die angebotenen Leistungen sind zunächst z.B. über eine WWW-Präsentation im Internet abrufbar. Besonders bei der Einstiegsseite, der Homepage, spielt das Corporate Design eine besondere Rolle. Hierzu gehört z.B. die Verwendung einprägsamer Logos oder die Gestaltung eines besonderen Seiten-Layouts. Über entsprechende Leitseiten greift der potentielle Käufer auf spezielle Softwareinformationen zu und kann z.B. Broschüren oder ausführliche Dokumentationen anfordern. Die Bereitstellung dieser Möglichkeiten durch Präsentation und Informationsvermittlung gehört zur *Kommunikationspolitik* des Unternehmens. Der Abruf des Angebotes durch den Kunden wäre in dem Phasenmodell des Dienstleistungsprozesses dem Abschnitt „Information und Beratung" zuzuordnen (vgl. Abschnitt 4.3).

Daneben unterstützt ein Help Desk Information und Beratung. Spezielle, nicht automatisiert beantwortbare Anfragen werden an diese Stelle weitergeleitet, die wiederum auf zuständige Fachabteilungen zurückgreifen kann. Der Anbieter kann damit auf spezielle Anfragen schnell reagieren und erhält gleichzeitig Einblick in die Wünsche der Kunden. Hier ergibt sich auch die Möglichkeit zur direkten *Marktforschung*.

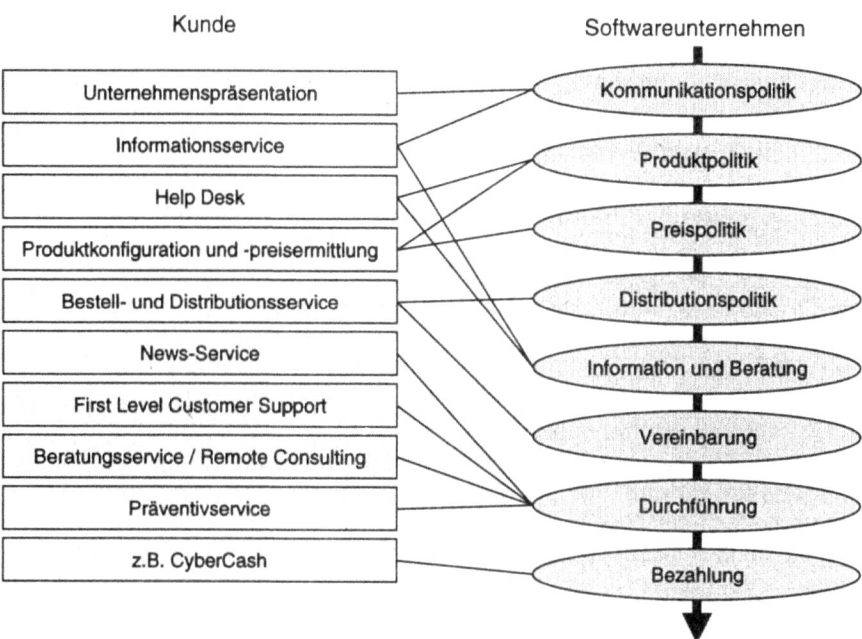

Abbildung 4-5: Kundenbetreuung bei Software-Dienstleistungen

Hat sich der Interessent zum Softwarekauf entschieden, so ist der nächste Schritt des Beispielszenarios (vgl. Abbildung 4-5) die Auswahl des Programmes bzw. der Programmbausteine z.B. aus einem elektronischen Produktkatalog. Darüber hinaus besteht eventuell die Möglichkeit, bausteinartig individuelle Pakete zu konfigurieren (vgl. Abschnitt 4.4.2) oder sogar Entwicklungsanträge zu stellen (*Produktpolitik, Produktdifferenzierung*).

Für die gewünschte Software wird umgehend ein Preis berechnet. Insbesondere taktische *Preismaßnahmen* sind in das Angebotssystem integrierbar. Vorlaufzeiten, wie sie etwa bei der Versendung von Preislisten nötig sind, entfallen.

Nach Ausfüllen und Absenden eines elektronischen Bestellformulars wird die gewünschte Software über das Kommunikationsnetz auf den Rechner des Käufers geladen (*elektronische Distribution*). Bei der Installation kann wiederum auf Hilfe- und Beratungssysteme oder spezielle Hinweisdatenbanken, wie z.B. „Frequently Asked Questions (FAQ)", zurückgegriffen werden. Damit nicht lösbare Probleme werden an Spezialisten weitergeleitet, welche die durchzuführenden Maßnahmen dem Kunden z.B. per Electronic Mail mitteilen. Beim Remote Consulting stellt der Kunde eine direkte Telekommunikationsverbindung zu einem Mitarbeiter her und ermöglicht diesem eventuell den direkten Zugriff auf seine Softwareanwendung.

Er kann die Aktionen des Beraters bei der Problemlösung auf seinem Bildschirm mitverfolgen (Screen Sharing, vgl. Abschnitt 3.4.4). Auf ähnliche Weise wie die Erstauslieferung des Produktes ist auch die Wartung und Pflege, z.B. durch Verteilung von Software Updates unterstützbar (*Kundendienst*).

Die skizzierte elektronische Unterstützung im Marketing ist eng mit den anderen Aufgaben im Dienstleistungsprozeß, wie z.B. Vereinbarung, Durchführung und auch Bezahlung, verknüpft.

4.2 Leistungsbereitstellung

4.2.1 Aspekte der Planung und Vorbereitung von Dienstleistungen

Im Rahmen einer längerfristigen Planung und Vorbereitung muß ein Leistungspotential aufgebaut werden. Für das gewünschte Dienstleistungsangebot sind entsprechende Produktionsfaktoren, wie Personal und Betriebsmittel, zur Verfügung zu stellen. Dabei ist zu berücksichtigen, daß die Produktionsfaktoren nicht nur Kosten verursachen, sondern auch die Dienstleistungsqualität und durch ihre äußere Erscheinung das Image des Unternehmens maßgeblich beeinflussen (vgl. Abschnitt 4.1.8). Bei den nicht im vorhinein begutachtbaren Dienstleistungen sind kompetentes Personal und zuverlässige Betriebsmittel für den Kunden oft die einzigen offensichtlichen Qualitätsmerkmale.

Um für eine kurzfristige Dienstleistungsproduktion beim Eintreffen eines Kundenauftrages gerüstet zu sein, werden die unternehmensinternen Faktoren mit dem Ziel der Leistungsbereitschaft soweit vorkombiniert, wie es ohne Einbeziehung des externen Faktors möglich ist. Als Ergebnis entsteht ein Bereitstellungsnutzen, d.h., die Dienstleistung ist für einen potentiellen Abnehmer verfügbar.

Sowohl das strategische Leistungspotential als auch die aktuelle Leistungsbereitschaft müssen insbesondere wegen der hohen „Verderblichkeit" der Dienstleistung und der oft notwendigen Integration des Kunden in den Dienstleistungsprozeß besonders genau geplant werden. Bei der Angleichung der Leistungsbereitstellung an den ungewissen zukünftigen Bedarf gibt es verschiedene Ansätze:

- Die Gesamtnachfrage wird z.B. mittels Zeitreihenanalysen prognostiziert und die Leistungsbereitstellung danach ausgerichtet (bedarfsgesteuertes Vorgehen).
- Die Nachfrage nach Material, das in die Dienstleistung eingeht, wird erfaßt. Bei Erreichen oder Unterschreiten eines Minimalbestandes wird eine kritische Leistungsbereitschaft signalisiert, die dann durch entsprechende Maßnahmen zu erhöhen ist (verbrauchsgesteuertes Vorgehen).
- Bei einer Produktdifferenzierung ist die Gesamtkapazität des unterschiedlich nutzbaren Leistungspotentials gemäß der prognostizierten Einzelbedarfe aufzuteilen.
- Neben der Bestimmung eines optimalen Grades der Leistungsbereitstellung kann versucht werden, auch die Nachfrage z.B. über die Preisgestaltung zu beeinflussen.

Generell ist bei der Planung und Bereitstellung von Produktionsfaktoren folgendes zu beachten:

- *Personal*
  Neben sorgfältiger Auswahl, Motivation und Schulung der Mitarbeiter zur Bereitstellung eines optimalen Leistungspotentials ist insbesondere die Gewährleistung einer ständigen aktuellen Verfügbarkeit trotz Ausfallzeiten und eventueller Nachfragespitzen eine Herausforderung.
- *Betriebsmittel*
  Bei der Betriebsmittelauswahl ist neben der Verfügbarkeitsplanung die Berücksichtigung von Imageaspekten wichtig.
- *Werkstoffe und Material*
  Generell ist der Zielkonflikt zwischen der Bereitstellung ausreichender Kapazität bei unerwartet guter Nachfrage und der Vermeidung von Leerkapazitäten zu lösen. Durch die häufige zeitliche Gebundenheit und Nicht-Lagerungsfähigkeit von Dienstleistungen entstehen bei unerwartet schwacher Nachfrage zum Teil hohe Leerkosten.

4.2.2 Yield-Management-Systeme

Bei der Planung der Bereitstellung zielen Yield-Management-Systeme auf die Optimierung von Angebotskapazitäten und damit implizit auf die Vermeidung von Leerkapazitäten. Man findet Yield-Management-Systeme in den verschiedensten Dienstleistungsbranchen, z.B. bei Fluggesellschaften, Autovermietungen, Verkehrs- und Transportunternehmen, in Krankenhäusern oder in Hotelbetrieben.

Grundsätzliches Ziel von Yield-Management-Systemen ist es, den zukünftigen Ertrag (englisch: „yield") zu maximieren. Dazu versuchen sie, die Angebotskapazitäten für die verschiedenen Dienstleistungen des Produktspektrums oder für verschiedene Varianten einer Dienstleistung hinsichtlich Leistungspotential und Leistungsbereitschaft optimal an den Erlösen bei einer geschätzten Nachfrage auszurichten. Daneben wird auch das Nachfragerverhalten über nach unterschiedlichen Kriterien differenzierte Preise gelenkt. Dabei sind u.a. folgende Formen zu unterscheiden:

- *Zeitliche Preisdifferenzierung*
  Die Dienstleistung hat zu verschiedenen Zeiten einen unterschiedlichen Preis, wobei auch eine Preisdifferenzierung nach unterschiedlichen Fristen der Produktreservierung möglich ist.
- *Quantitative Preisdifferenzierung*
  Großabnehmer können z.B. günstigere Preise in Anspruch nehmen.
- *Qualitative Preisdifferenzierung*
  Es werden z.B. unterschiedliche Bündel von Added-Values zu einer Dienstleistung angeboten.
- *Zielgruppenorientierte Preisdifferenzierung*
  Es werden über eine Marktsegmentierung Nachfragergruppen mit unterschiedlichen Merkmalen und Präferenzen identifiziert und diesen Gruppen unterschiedliche Preise gegebenenfalls mit leichten Produktvariationen angeboten.

4 Anwendungssysteme in den Phasen des Dienstleistungsprozesses

Betrachtet man Yield-Management-Systeme unter dem Blickwinkel eines Input-Output-Modells (vgl. Abbildung 4-6), so sind zunächst eine Reihe von Eingangsgrößen zu unterscheiden:

- *Bekannte Parameter*
  Vergangenheitspreise, Preise der Wettbewerber, langfristig festgelegte Gesamtkapazitäten, bisheriger Nachfrageverlauf, vergangene und aktuelle Auslastung des Leistungspotentials, feststehende externe Ereignisse wie Messen, Schulferien usw.
- *Unbekannte Parameter*
  Allgemeine zukünftige Nachfrage, Nachfrageverhalten, zu erwartende Stornoquote, Wettbewerbseffekte, unvorhergesehene externe Faktoren, wie z.B. Katastrophen oder politische Veränderungen, usw.

Um aus dem Input den gewünschten Output zu bestimmen, stehen eine Reihe von verschiedenen Methoden zur Verfügung, z.B.:

- *Prognosemethoden*
  Ausgefeilte Prognosemethoden bilden die Basis aller Yield-Management-Systeme. Aus bekannten Parametern und durch Schätzung unbekannter Einflußgrößen wird zum einen die zu erwartende Nachfrage in verschiedenen Produktkategorien (z.B. Buchungsklassen eines bestimmten Fluges) prognostiziert. Zum anderen wird versucht, den zukünftigen Buchungs- und Stornoverlauf aus Vergangenheitsdaten abzuleiten. Der vorhergesagte Buchungsverlauf kann dann mit dem beobachteten verglichen werden, um so bei Abweichungen rechtzeitig Korrekturmaßnahmen ergreifen zu können.
- *Kapazitätssteuerungsmethoden*
  Auf der Basis der prognostizierten Nachfrage in verschiedenen Produktkategorien werden unter Berücksichtigung von Preisdifferenzierungsstrategien die ertragsoptimalen Angebotskapazitäten errechnet.
- *Steuerung von kombinierten Kapazitäten*
  Oft ist es notwendig, aus mehreren möglichen Kapazitätskombinationen die optimale auszuwählen. Zum Beispiel könnte sich für einen Hotelier die Frage stellen, ob er ein bestimmtes Hotelzimmer einem Kunden für eine ganze Woche zu einem Preis von € 100,- pro Nacht geben oder drei vorhandene Einzelbuchungen für je eine Nacht zu je € 140,- berücksichtigen soll. Diese Entscheidung zur Kapazitätssteuerung hängt wesentlich von der Prognose über die kurzfristig zu erwartende Nachfrage nach den restlichen vier Nächten ab.
- *Überbuchungstechniken*
  Bei vielen Yield-Management-Systemen ist es gebräuchlich, aus den Stornoverläufen der Vergangenheit gezielte Überbuchungsempfehlungen abzuleiten. Dies ist vor allem dann wenig riskant, wenn hochpreisige Angebote meist zeitlich nach den niedrigpreisigen abgesetzt werden und somit ein sogenanntes Upgrading der niedrigpreisigen Produkte erfolgen kann, wenn die Stornierungsrate geringer ausfällt als vorhergesagt.
- *Mengenorientierte Steuerung*
  Ein Yield-Management-System kann für Großabnehmer in Abhängigkeit von Buchungszeitpunkt, Nutzungszeitpunkt und gewünschter Menge einen ange-

paßten Angebotspreis ermitteln. Hierzu werden u.a. Daten aus der Nachfrageprognose, z.B. die Wahrscheinlichkeit des Verkaufs der Dienstleistungen zum „Normalpreis", herangezogen.

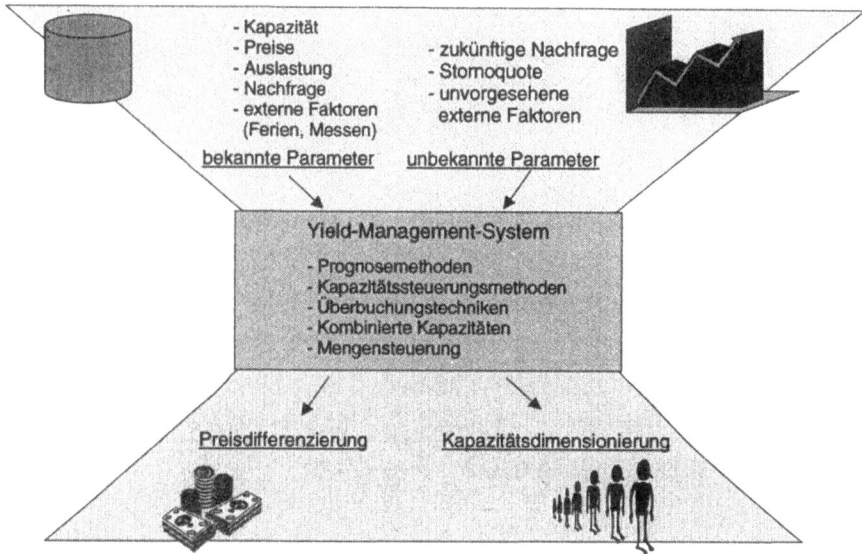

Abbildung 4-6: Yield-Management-System

4.2.3 Yield-Management bei Fluggesellschaften

Ziel des Yield-Managements bei Fluggesellschaften ist es, für einen Flug eine gewinnoptimale Verteilung des Sitzplatzangebotes über die verschiedenen Buchungsklassen zu erreichen. Ein Passagier, der wegen mangelnder Kapazität in der teueren Klasse abgelehnt werden muß, bedeutet einen größeren entgangenen Deckungsbeitrag als ein abgelehnter Passagier in einer preisgünstigeren Buchungsklasse. Andererseits ist zu vermeiden, daß wegen einer zu großen Angebotskapazität ein Sitzplatz in einer Klasse x freibleibt, der in einer Klasse y hätte verkauft werden können. Im folgenden wird eine Kapazitätssteuerungsmethode skizziert, die auf einem stochastischen Modell beruht und dieses Problem zu lösen versucht.

Empirische Analysen haben gezeigt, daß die Nachfrage n_i in einer Buchungsklasse i annähernd normalverteilt ist (vgl. Abbildung 4-7). Es kann auch davon ausgegangen werden, daß die Nachfragen in verschiedenen Klassen voneinander unabhängig sind. Es ergibt sich eine Wahrscheinlichkeitsfunktion $p_i(n_i)$, die angibt, wie wahrscheinlich die Nachfrage nach einer bestimmten Anzahl von Sitzplätzen ist. Dabei wird angenommen, daß es eine Minimal- und eine Maximalnachfrage gibt.

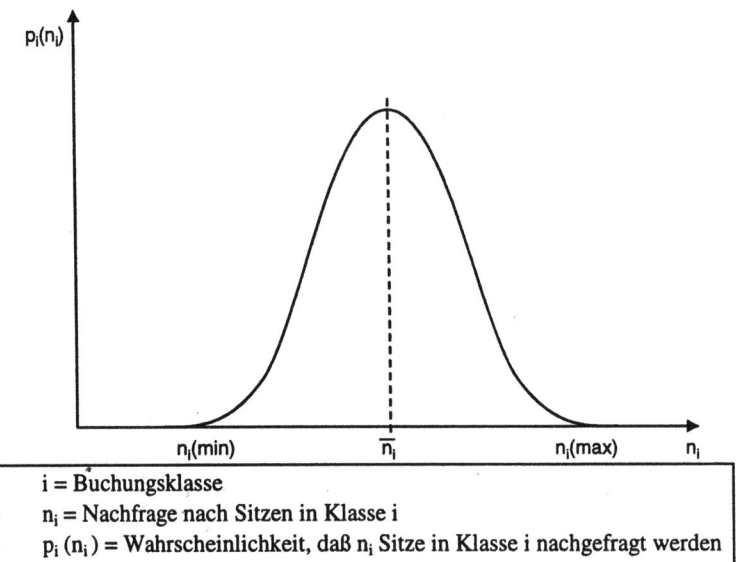

Abbildung 4-7: Nachfragewahrscheinlichkeit

Stehen nun S_i Sitze in der Buchungsklasse i zur Verfügung, so gibt die Verteilungsfunktion $P_i(S_i)$ an, wie groß die Wahrscheinlichkeit ist, daß n_i kleiner oder gleich S_i ist. Mit anderen Worten: $P_i(S_i)$ ist die Wahrscheinlichkeit, daß höchstens S_i Sitze verkauft werden. $(1- P_i(S_i))$ entspricht der Wahrscheinlichkeit, daß n_i größer ist als S_i. D.h., dies ist die Wahrscheinlichkeit für eine Nachfrage, die über der angebotenen Kapazität liegt und somit auch die Wahrscheinlichkeit, mit der ein nachfragender Passagier in dieser Klasse abgelehnt werden muß (vgl. Abbildung 4-8). In einer weiteren Interpretation besagt $(1 - P_i(S_i))$, mit welcher Wahrscheinlichkeit bei einer Kapazität S_i mit einer darüber hinausgehenden Nachfrage zu rechnen ist, d. h. ein zusätzlicher Sitz in dieser Klasse verkauft werden könnte.

Bei einem gegebenen Preis f_i für einen Sitzplatz in der Buchungsklasse i ergibt sich der zu erwartende Grenzertrag eines zusätzlich angebotenen Sitzes aus $f_i * (1 - P_i(S_i))$. D.h., der Erlös f_i wird mit der Wahrscheinlichkeit multipliziert, daß dieser weitere Sitz verkauft würde.

Dieser Grenzertrag, in der Fachsprache Expected Marginal Seat Revenue (EMSR) genannt, ist das entscheidende Kriterium für die Kapazitätsdimensionierung des Platzangebots in Klasse i. Bei der Generierung der Angebotskapazitäten erhöht man schrittweise jeweils das Angebot in der Klasse, in der der Grenzertrag eines zusätzlichen Sitzplatzes am höchsten ist. Dabei ist natürlich zu beachten, daß die Summe der Angebotskapazitäten S_i nicht größer als die Platzkapazität des gesamten Flugzeugs S_g ist. Es ergibt sich, daß sich die Grenzerträge der „letzten" Angebotsplätze in den einzelnen Klassen einander annähern bzw. im theoretischen Optimum gleich sein müssen (vgl. Abbildung 4-9).

4.2 Leistungsbereitstellung 77

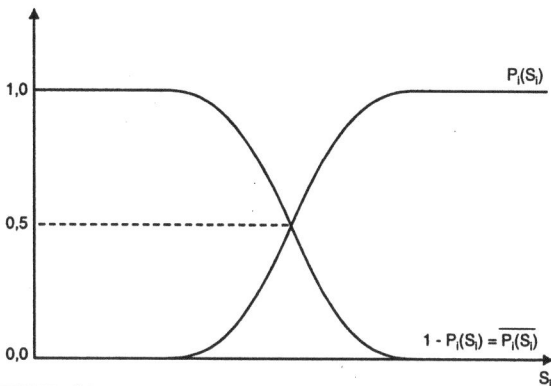

S_i = angebotene Sitzplätze in Klasse i
$P_i(S_i)$ = Wahrscheinlichkeit, daß $n_i \leq S_i$ Sitze nachgefragt werden
$(1 - P_i(S_i))$ = Wahrscheinlichkeit, daß $n_i > S_i$ Sitze nachgefragt werden

Abbildung 4-8: Verteilungsfunktionen $P_i(S_i)$ und $(1 - P_i(S_i))$

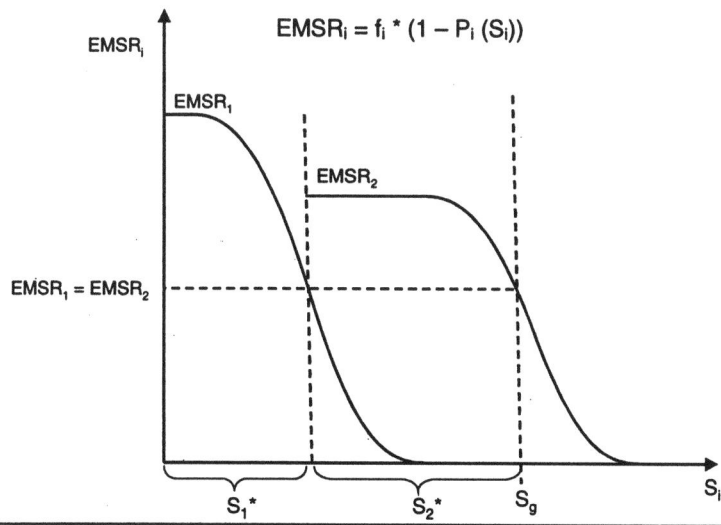

$EMSR_i$ = Grenzertrag eines weiteren Sitzes in der Klasse i
S_i^* = optimale Anzahl angebotener Sitze in Klasse i
f_i = Preis eines Sitzes in Klasse i

Abbildung 4-9: Dimensionierung der Angebotskapazitäten nach Grenzertrag

4.2.4 Personal- und Betriebsmittelplanung in Verkehrsbetrieben

Zu den Anbietern von Dienstleistungen im Personenverkehr zählen hauptsächlich Flug-, Bahn-, Bus- und Schiffahrtsunternehmen, die sich in privater oder öffentlicher Hand befinden können. Es ist zwischen strategischer Planung und Einsatzplanung zu unterscheiden. Bei der strategischen Verkehrsplanung werden beispielsweise Optimierungsmodelle eingesetzt, um einen möglichst günstigen Aufbau von Verkehrsnetzen zu errechnen. Ziele sind dabei u.a. die Minimierung von Transportzeiten und -kosten oder die Maximierung der Kapazitätsauslastung. Auf der Basis vorhandener oder geplanter Verkehrswege werden Erreichbarkeits- und Versorgungsgradanalysen sowie Belastungsprognosen durchgeführt. Wichtige Endergebnisse sind Streckennetze und Fahrpläne von z.B. Bussen und Bahnen.

Bei der Einsatzplanung geht es insbesondere um eine optimierte Bereitstellung von Betriebsmitteln (Fahrzeugen) und Personal (Fahrzeugführer und -begleiter). Der Planungsprozeß erfolgt in der Regel in drei Stufen (vgl. Abbildung 4-10).

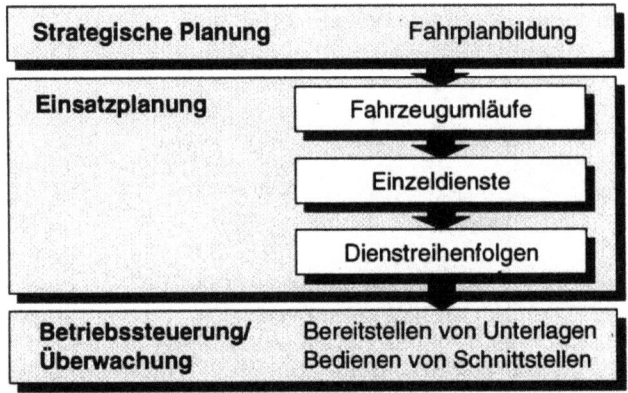

Abbildung 4-10: Grundstruktur der Personaleinsatz- und Betriebsmittelplanung

Für die erste Stufe, die Planung der Fahrzeugumläufe, gibt es eine Reihe von Softwarepaketen, die unabhängig von der konkreten Betriebsstruktur eingesetzt werden können. Bei der zweiten und dritten Stufe müssen neben den vorhandenen Betriebsmitteln personalbezogene Restriktionen beachtet werden, was zu komplexen Problemstrukturen führt. Durch die entstehende kombinatorische Vielfalt der Verknüpfung von Fahrten zu Einzeldiensten für einen bestimmten Fahrzeugführer sowie die Verknüpfung von Einzeldiensten zu Dienstreihenfolgen unter Beachtung der gewünschten Fahrzeugumläufe stehen exakte Optimierungsverfahren oft nicht zur Verfügung bzw. können auch mit leistungsfähigen Rechnern nicht bewältigt werden. Deshalb sind beispielsweise für den öffentlichen Personennahverkehr Planungsverfahren im Einsatz, die auf evolutionären Algorithmen basieren. Die Verfahren gehen von einer zulässigen Anfangslösung aus und mutieren diese in Analogie zur zufälligen biologischen Genänderung. Dabei wird bei jeder Mutation anhand einer Kostenfunktion, in der die Erfüllung verschiedener Optimierungskriterien bewertet wird, und einer Entscheidungsheuristik festgelegt, ob sie „überleben" und als neue Lösungsvariante bei den nächsten Mutationsschritten berücksichtigt werden soll. Der Dienstplan wird so unter Berücksichtigung von technischen und gesetzlichen Randbedingungen schrittweise verbessert. Mit Hilfe dieses Vorgehens können Dienstpläne erzeugt werden, die wesentlich besser sind als solche, die rein manuell erstellt wurden.

In der Regel sind auf den verschiedenen Stufen keine völlig automatisierten Planungsprozesse durchführbar. Die zentrale Datenbasis, die oft als relationale Datenbank realisiert ist, enthält neben den vorgegebenen Fahrplänen Informationen über vorhandene Betriebsmittel, einsetzbares Personal sowie vorgegebene Restriktionen. Die Informationsverarbeitung erzeugt einen Planungsvorschlag, der in einem Interaktionsprozeß von einem menschlichen Disponenten an Gegebenheiten und Bedingungen angepaßt wird, die in der Datenbasis nicht oder schlecht abgebildet werden können.

4.2.5 Materialeinsatzplanung in der Gastronomie

In Gaststätten sowie auch im Verpflegungsbereich von Hotels, Krankenhäusern, Pflegeheimen usw. dienen Warenwirtschaftssysteme zur Planung der Leistungsbereitschaft. Ein Warenwirtschaftssystem unterstützt u.a. folgende betriebliche Grundfunktionen (vgl. Abschnitt 5.9.2):

- Wareneingang,
- Warenausgang,
- Disposition und Bestellung,
- Informationsauswertungen und Managementberichte.

Meist werden verbrauchsgesteuerte Verfahren eingesetzt. Hier wird die Abnahme der Vorräte elektronisch beobachtet und bei Unterschreiten einer kritischen, vorgegebenen Bestellgrenze werden Hinweise oder komplette Aufträge für Nachbestellungen ausgegeben. Vernetzte computergestützte Erfassungssysteme, wie z.B. elektronische Registrierkassen, erfassen die verkauften Produkte. Der wichtige Schritt bei der Erfassung des Materialverbrauchs im Verpflegungsbereich ist die Rezepturauflösung, mit welcher alle Rohartikel, die in ein Gericht eingehen, mengen- und wertmäßig bestimmt werden können. Im Rahmen der Bestelldisposition können so z.B. die erfaßten Wareneingänge den Ausgängen, berechnet aus Gastbestellungen und Rezepturauflösung, gegenübergestellt werden. Darüber hinaus ist eine laufende Inventur möglich, die die Kosten im Lagerhaltungsbereich senken oder gezielte Verkaufsaktionen anstoßen kann.

4.3 Information und Beratung

4.3.1 Aspekte der Einholung von Angebotsinformationen

In der Marketingphase und dort insbesondere bei der Werbung verfolgt ein Anbieterunternehmen u.a. das Ziel, Angebote für bestimmte Zielgruppen zu entwickeln und das Interesse der potentiellen Kunden für die eigenen Produkte zu wekken. Die Nachfrager ihrerseits haben die Möglichkeit, sich auf „dem Markt" über Angebote und Anbieter zu informieren. Hierzu stehen auch verschiedenste elektronische Medien, wie z.b. das Internet bzw. das WWW, zur Verfügung. Im Verlauf der Anbahnung einer konkreten Geschäfts- oder Kauftransaktion wird sich der Kunde über ein bestimmtes oder einige wenige ausgewählte Angebote näher informieren und evtl. beraten lassen. Die Aktivitäten in dieser Informations- und Beratungsphase werden somit in der Regel vom Nachfrager initiiert. Die besonderen Aspekte des Dienstleistungsbereichs in dieser Phase sind denen der Werbung sehr ähnlich. Das zu kommunizierende Angebot hat immateriellen Charakter und die Nutzenvermittlung ist schwierig. Bereits durch die Integration des externen Faktors ist jede Dienstleistung einzigartig, zudem kann sie oft noch individuell nach den Wünschen des Abnehmers konfiguriert werden.

Insgesamt sollen die abgefragten Informationen so aktuell wie möglich sein, die gewünschte Dienstleistung möglichst gut beschreiben und ein gewisses Vertrauen in die zu erwartende Qualität vermitteln. Der Zugriff auf die Information soll einfach und flexibel sein und wenig Zeit benötigen. Beim Übergang zur Beratung unterstützt das Dienstleistungsunternehmen den Kunden bei seinem Entscheidungsprozeß, indem z.b. die Informationen bezüglich der spezifischen Kundenbedürfnisse interpretiert oder verschiedene Dienstleistungsvarianten bewertet und gegenübergestellt werden.

Für diese Aufgaben stehen vielfach computergestützte Präsentations-, Auskunfts-, und Beratungssysteme zur Verfügung, die als Self-Service-Anwendungen gestaltet sind (vgl. Abschnitte 3.3.3, 3.3.4, 3.3.5, 3.3.6). Hier tritt der Kunde unmittelbar mit dem System in Kontakt, z.b. über das Internet und andere Kommunikationsnetze oder an einem Selbstbedienungsautomaten (vgl. Abschnitt 3.3.2). Daneben werden im Front-Office-Bereich derartige Systeme auch zur Unterstützung von Mitarbeitern des Dienstleistungsunternehmens genutzt, welche im persönlichen Kontakt den Kunden informieren und beraten.

4.3.2 Auskunfts- und Präsentationssysteme für Kunden im Einzelhandel

An sogenannten POI-Terminals (Point Of Information) kann sich der Kunde selbst über das aktuelle Warenangebot informieren. Er erhält Produktinformationen zu ausgewählten Artikeln und Hinweise, wo diese im Geschäft plaziert sind, so daß keine langwierige Suche in den Regalen nötig ist. Falls ein gewünschter Artikel nicht vorrätig ist, kann auf ähnliche Produkte verwiesen oder direkt über das Warenwirtschaftssystem eine Bestellung ausgelöst werden. Als multimediale Variante wird ein sprechendes Verkaufsregal angeboten. Der Computer gibt direkt am Platz der Ware Auskünfte über Lautsprecher. Ausgerüstet mit einem intelligenten Kamerasystem reagiert das Regal sogar auf die Gestik des Kunden.

In den Video- und Musikabteilungen großer Kaufhäuser kann sich der Kunde an speziellen Terminals z.b. über viele tausende Filmkassetten und Musik-CDs informieren, Ausschnitte anhören bzw. ansehen, die Plazierung im Geschäft abrufen und, falls notwendig, online bestellen (vgl. Abbildung 4-11).

4.3 Information und Beratung

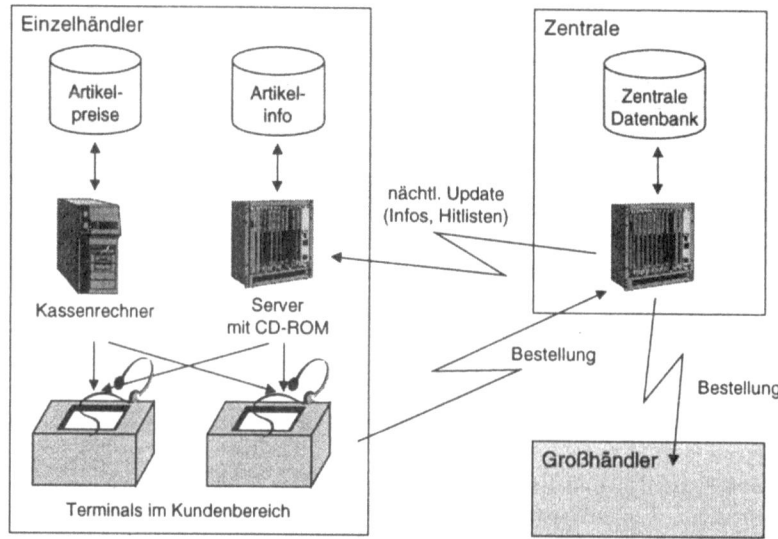

Abbildung 4-11: Beispiel eines multimedialen Auskunfts- und Präsentationssystems

Ähnliche Systeme entstehen im Vertrieb von Reisedienstleistungen. Elektronische Fahrplan- und Verkehrsauskunftssysteme informieren über Zug-, Bus- und Schiffsverbindungen, Flugreservierungssysteme geben Übersichten über Streckennetze von Luftverkehrsgesellschaften sowie Detailinformationen über Einzelverbindungen. Neben dem Abruf von verschiedensten Informationen können in der Regel die entsprechenden Dienstleistungen auch direkt vorgemerkt bzw. gebucht werden. Bei Reiseinformationssystemen sind neben den reinen Transportdienstleistungen auch Auskünfte über Hotels, Mietwagen, Veranstaltungen usw. abrufbar. Auch hier kann zunehmend nicht nur auf Daten, sondern auch auf multimediale Präsentationen zurückgegriffen werden. Bilder von Hotelanlagen und -zimmern sind ebenso zu finden wie Video-Clips von Sehenswürdigkeiten und Strandleben, unterlegt mit gesprochenen Kommentaren, Musik oder Meeresrauschen.

4.3.3 Unterstützung für den Anlageberater einer Bank

Bei der Wertpapierberatung müssen vielfältige Informationen aus den Finanzmärkten selektiert, interpretiert und die Analyseergebnisse in Anlageempfehlungen für die Kunden umgesetzt werden.

Der Wertpapierberater einer Bank greift auf ein Finanzmarktinformationssystem zurück, das nicht nur Daten, Berichte und aktuelle Meldungen aus dem Anlagebereich, sondern auch aus Industrie, Handel und Politik bereitstellt. In einer Kursdatenbank sind Tages-, Wochen- und Monatsultimokurse gespeichert. Über Online-Verbindungen zu spezialisierten Datenlieferanten wird das System ständig mit aktuellen Informationen versorgt. Mit Hilfe von Benutzeroberflächen-Konfiguratoren können die gewünschten Informationen flexibel zusammengestellt werden. Börsenbild-Editoren erlauben es z.B., individuelle Echtzeit-Börsenseiten zu gestalten, die eine komprimierte Übersicht über ein Marktsegment bieten.

Wertpapierberatungssysteme bieten eine weitergehende Unterstützung, indem sie die Analyse und Interpretation der Informationen unterstützen und eventuell sogar Empfehlungen geben. Hier werden oft sogenannte Experten- oder Expertisesysteme eingesetzt. Expertensysteme greifen einerseits auf Datenbestände, andererseits auf Regeln zur Verarbeitung der Informationen zu und können damit aus gegebenen Fakten Schlüsse ziehen. Expertisesysteme gehen noch einen Schritt weiter: Sie leiten Handlungsempfehlungen ab und generieren z.B. mit Hilfe von Textbausteinbibliotheken ausformulierte Gutachten. Der Anlageberater nutzt derartige Beratungssysteme z.B. zur Prognose von Marktentwicklungen (z.B. Kurspotentiale von Wertpapieren), Fundamentalanalyse von Unternehmen (z.B. Jahresabschlüsse, Branchenvergleiche), Beurteilung von Kundendepots (z.B. Gewinnung von Anlageprofilen) oder zur Zusammenstellung eines kundenindividuellen Anlageportefeuilles.

Neben Experten- und Expertisesystemen werden in neuerer Zeit auch andere wissensbasierte Techniken zur Entscheidungsfindung eingesetzt, wie z.B. künstliche neuronale Netze zur Kursprognose.

4.4 Vereinbarung

4.4.1 Aspekte der Dienstleistungsvereinbarung

Als Folge von Werbemaßnahmen von seiten der Unternehmen und eigenen Initiativen in der Informations- und Beratungsphase kennt der Kunde das Leistungsspektrum eines Dienstleisters bzw. die Produkte mehrerer Anbieter. Angebote umfassen sowohl die Leistung als auch den dafür zu entrichtenden Preis. Gleichgültig, ob es sich um eine Anzeige des Dienstleisters in einer Zeitschrift, um eine Präsentation im WWW oder ein auf Anfrage erstelltes Angebot handelt, besteht nun eine Grundlage, über die Kunde und Anbieter diskutieren können. Unter Umständen hat auch der Dienstleister in der Informationsphase Auskünfte über den Kunden eingeholt.

Auf dieser Informationsbasis, verknüpft mit einer Handlungsabsicht des Kunden, beginnt die Vereinbarungsphase. Im Dienstleistungssektor ist diese, u.a. wegen der kundenspezifischen Individualität der Leistungserstellung, im allgemeinen länger und intensiver als im industriellen Bereich.

Das generelle Leistungsangebot kann im einfachsten Fall vom Kunden unverändert angenommen werden. Man gelangt unmittelbar zu einer verbindlichen Abmachung, d.h. zu einem Vertrag mit Leistungs- und Bezahlungsversprechen (vgl. Abbildung 4-12).

Oft müssen allgemeine Dienstleistungsangebote jedoch noch an Kundenwünsche und -bedürfnisse angepaßt werden. Es wird ein individuelles Leistungsangebot spezifiziert, das wiederum sofort angenommen werden kann. Daneben besteht die Möglichkeit einer intensiveren Interaktion zwischen Anbieter und Nachfrager, in deren Verlauf über die Leistung verhandelt wird. Der Kunde möchte z.B. eine weitergehende Modifikation des Angebots, wobei über den neuen Leistungsum-

4.4 Vereinbarung

fang und den dafür zu entrichtenden Preis zu diskutieren ist. Der Kunde kann auch versuchen, das Preis-/Leistungsverhältnis durch eigene Vorschläge für sich zu verbessern. Er verhandelt z.B. über Qualitätsgarantien, Durchführungskonditionen oder Zusatzleistungen. Im noch weitergehenden Fall bringt er eigene Preisvorstellungen bzw. Bezahlungsangebote ein.

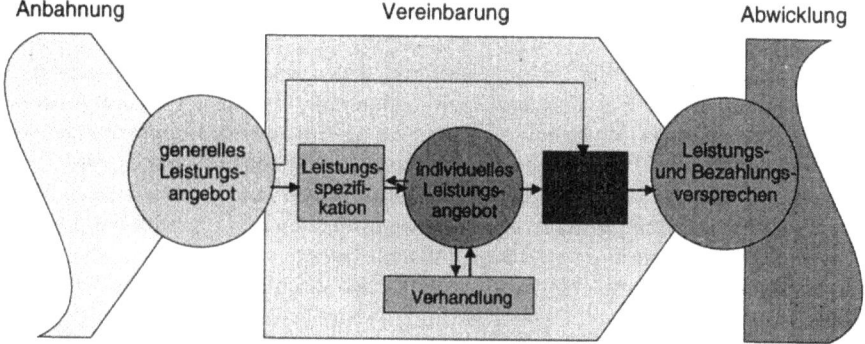

Abbildung 4-12: Vereinbarungsphase

Die Möglichkeiten einer IV-Unterstützung in der Vereinbarungsphase hängen wesentlich von den Eigenschaften des Produktes und des jeweiligen Marktes ab.

- Bei homogenen Gütern auf Verkäufermärkten, d.h. von den Anbietern dominierten Märkten, sind sogenannte Electronic Malls mit elektronischen Angebotskatalogen und -präsentationen zu finden (vgl. Abschnitt 5.9.3). Der Handlungsspielraum des Kunden beschränkt sich darauf, aus dem Mall-Angebot zu selektieren, evtl. Angebote zu vergleichen und bei einer Bestellung vordefinierte Spezifikationen, wie z.B. Angaben zum gewünschten Liefertermin, zur Bezahlungsart usw., vorzunehmen.
- Bei homogenen oder einheitlich beschreibbaren Leistungen auf neutralen Märkten, bei denen Nachfrager und Anbieter eher als gleichberechtigte Verhandlungspartner gesehen werden, findet man z.B. unterschiedlichste Varianten von Auktionssystemen. Hier ist insbesondere der Preis Verhandlungsgegenstand. Der Kunde kann seine Preisvorstellungen in das Auktionssystem eingeben und diese auch während des Auktionszeitraums modifizieren. Der Anbieter kann z.B. Mindestpreise oder Mindestdifferenzen zu vorhandenen Geboten verlangen. In Elektronischen-Markt-Systemen (vgl. Kapitel 6) werden Kauf- und Verkaufsangebote einer Vielzahl von Nachfragern und Anbietern zusammengeführt. Sogenannte Matching-Algorithmen ermitteln Marktpreise, die das System für die Transaktion zwischen Anbieter und Nachfrager als verbindlich feststellt.
- Bei heterogenen Dienstleistungen ist eine Beschreibung nach einheitlichem Schema oft sehr schwer. Eine Gegenüberstellung vieler Angebote, um Vergleiche durchzuführen, erweist sich deshalb als kaum machbar. Anstatt dessen müssen vom Kunden Einzelanfragen an verschiedene Anbieter gerichtet wer-

den. Wegen der schwierigen Vergleichbarkeit der Angebote wird der Markt intransparent. Da hier oft ein hoher Spezifikationsbedarf von seiten des Kunden und auch ein hoher Anpassungsbedarf von seiten des Anbieters besteht, werden zur Leistungsvereinbarung häufig Konfigurationssysteme eingesetzt.

4.4.2 Konfigurationssysteme zur individuellen Leistungsvereinbarung

Konfigurationssysteme sind dabei behilflich, ein komplexes Dienstleistungsprodukt oder ein Dienstleistungsbündel aus Teilmodulen bausteinartig zusammenzustellen. Hier müssen oft individuelle Kundenbedürfnisse und -vorstellungen berücksichtigt werden. Das System kann dabei unterschiedliche Varianten und Alternativen entwickeln. Am Ende des Konfigurationsprozesses generiert es die Produktbeschreibung mit eventuell zugehörigen bildlichen oder graphischen Darstellungen und verknüpft diese gegebenenfalls mit weiteren Informationen, die für die Angebotserstellung bzw. die Ausführung eines Auftrags notwendig sind (vgl. Abbildung 4-13).

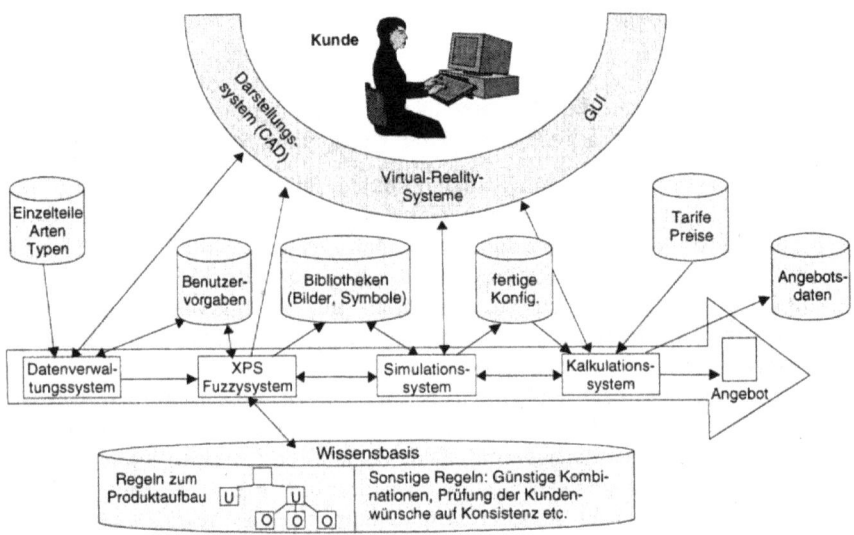

Abbildung 4-13: Beispielarchitektur eines Konfigurationssystems

Anwendungen von Konfigurationssystemen findet man beispielsweise im Handel. So kann ein Verkäufer in einem Möbelhaus mit Hilfe eines solchen Systems Küchen strukturierter, effizienter, anschaulicher und somit kundenorientierter konfigurieren. Die Vorselektion potentieller Einbaukomponenten, Geräte und Designelemente (z.B. Griffe) wird von einem Präsentationssystem unterstützt. Die Zusammenstellung einer möglichen und sinnvollen Konfiguration aus den vorselektierten Alternativen kann durch ein Expertensystem (XPS) oder eine Fuzzy-Logic-Software erfolgen. Zur Darstellung und Simulation der Funktionalität des konfigurierten Produkts sind z.B. Virtual-Reality-Systeme einsetzbar, die eine Begehung und Bedienung der Küche am Bildschirm in dreidimensionaler Darstellung erlauben. Das System errechnet Preise, die sich beim Austausch von Einzelmodulen automatisch anpassen. Ähnliche Systeme sind auch in anderen Dienstleistungsbranchen einsetzbar, wie z.B. zur Konfiguration von Versicherungsprodukten oder Vermögensanlagen.

4.4.3 Vereinbarungsunterstützung in der Touristik

Der Touristiksektor gehört zu den Bereichen, in denen sich zuerst elektronische Märkte herausgebildet haben. Flugreservierungs- und Buchungssysteme wurden zu elektronischen Reisevertriebssystemen weiterentwickelt, über die weltweit verstreute Nachfrager auf ein breites Angebotsspektrum verschiedenster Reisedienstleistungen zugreifen und entsprechende Leistungsvereinbarungen treffen (vgl. Abschnitt 6.3.2). Zu diesen Systemen haben jedoch oft nur Reisemittler Zugang. Der Endkunde, d.h. der Privat- oder Geschäftsreisende, kann sich jedoch direkt über das WWW über viele Angebote informieren. Zunehmend ist es auch möglich, über das Internet verbindliche Reservierungen durchzuführen.

Das folgende Szenario zeigt eine Möglichkeit, wie der Endkunde mit dem Reisemittler, d.h. in der Regel einem Reisebüro, mit Hilfe elektronischer Kommunikationsmedien die Leistungsvereinbarung abwickeln kann (vgl. Abbildung 4-14).

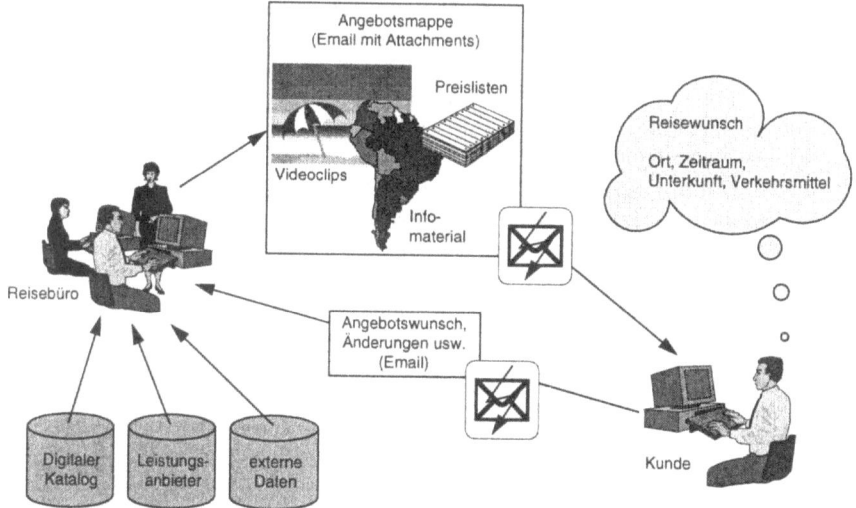

Abbildung 4-14: Vereinbarungssystem in der Touristik

Der Kunde wendet sich über Electronic Mail an einen Reisemittler. Die Vereinbarung beginnt damit, daß der Kunde als normale Textnachricht oder auch maskengesteuert seine Vorstellungen über Reiseziel, Zeitpunkt der Reise und sonstige Wünsche, wie z.B. Transportmittel, Hotelklasse und Strandnähe eingibt.

Diese Anfrage wird an das Reisebüro übermittelt. Dort erstellt man eine multimediale Angebotsmappe. Hierzu greift man z.b. auf digitalisierte Kataloge oder Videos (Bilder des Reisegebiets, des Hotels, usw.) und elektronische Land- bzw. Straßenkarten oder Atlanten zurück. Angebotsdarstellungen der Leistungsanbieter, wie z.b. Fluggesellschaften, Hotels und Autovermieter, werden über entsprechende Zugangssysteme (z.B. START) oder Reisevertriebssysteme (z.b. AMADEUS) eingebunden. Diese Mappe wird per Electronic Mail als Attachment mit individuellen Kommentaren des Reisebüromitarbeiters dem Kunden zugeschickt. Dieser kann wiederum mit Änderungs- oder Ergänzungswünschen reagieren, worauf das Reisebüro ein modifiziertes Angebot übermittelt usw. Eine Erweiterung dieses Szenarios besteht darin, daß ein Reisemittler derartige Angebotskataloge proaktiv an Stammkunden mit regelmäßigen Reisewünschen oder als Werbemaßnahme schon in der Marketingphase versendet.

4.5 Durchführung

4.5.1 Aspekte der Leistungserbringung

Die Heterogenität des Dienstleistungssektors zeigt sich ganz besonders in der Durchführungsphase des Dienstleistungsprozesses. Diese muß naturgemäß spezifisch auf das Dienstleistungsprodukt zugeschnitten sein. In Kapitel 5 sind hierzu eine Reihe von ausgewählten Beispielen aus verschiedenen Branchen zu finden, bei denen typische oder innovative Informations- und Kommunikationssysteme vor allem auch zur Unterstützung der Dienstleistungsdurchführung vorgestellt werden.

Bei der Dienstleistungsproduktion werden interne Faktoren eingesetzt, um in Verbindung mit dem externen Faktor eine Leistung zu erbringen. Dieser Hauptprozeß wird meist durch sekundäre Prozesse unterstützt. Diese umfassen z.B. alle administrativen Vorgänge in Personalwirtschaft, Rechnungswesen und Finanzbuchhaltung. Sie sind zum großen Teil den Aktivitäten im industriellen Bereich sehr ähnlich. Eine Besonderheit ist wiederum, daß der Kunde oft intensiv in den Durchführungsprozeß eingebunden ist, indem er z.B. selbst interaktiv steuernd eingreifen und die Leistungserbringung überwachen kann oder indem die Dienstleistung an ihm selbst vollzogen wird.

Um Gemeinsamkeiten bei der Durchführung verschiedenster Dienstleistungen herauszuschälen und eine Übersicht in Form eines Klassifikationsschemas zu gewinnen, kann man auf die Sichtweise zurückgreifen, daß die Dienstleistungsproduktion meist ein Transformationsprozeß an einem Leistungsobjekt ist. Dieses Leistungsobjekt kann der Kunde selbst, ein Gegenstand in seinem Besitz oder auch ein ihm zugeordnetes immaterielles Gut sein, wie z.B. Information oder Geld. Bei dieser Betrachtung ergibt sich eine Klassifikation durch Charakterisierung des Leistungsobjektes sowie des Transformationsprozesses (vgl. Tabelle 4-1).

Tabelle 4-1: Klassifizierungsansatz von Dienstleistungen mit Beispielen

Leistungswirkung Leistungsobjekt	objektverändernd	raumüberbrückend	zeitüberbrückend
Person	medizinische Dienstleistungen	Personenverkehr	Beherbergung, Unterhaltungsdienstleistungen
Sachgut	Reparaturbetriebe	Güterverkehr, Handel	Lagerhaltung
Information	Verwaltung, Verlage	Telekommunikation	Bibliotheken
nominelles Gut z.B. Geld	Banken	Zahlungsverkehr	Versicherungen, Anlagegesellschaften

Dieses Klassifikationsbeispiel ist ein relativ grober Ansatz. Eine Dienstleistung ist oft nicht exakt einer der Zellen zuzuordnen, sondern kann sowohl verschiedene Leistungsobjekte als auch mehrere Transformationsdimensionen umfassen.

Dienstleistungen, die an Personen erbracht werden, sind ganz besonders durch die Interaktivität des Kunden mit dem Dienstleister gekennzeichnet. Die Individualisierung der Leistung kann faktischer Natur sein, wie z.B. bei ärztlichen Behandlungen. Sie kann auch lediglich daraus resultieren, daß der Kunde seine eigenen Vorstellungen darüber einbringt, wie die Leistungsdurchführung zu erfolgen hat, wie das z.B. im Touristikbereich der Fall ist. Daneben sind bei vielen personenorientierten Dienstleistungen das aktive Miterleben, die Face-to-Face-Kommunikation oder ein zwischenmenschlicher Kontakt wichtig. Aus diesen Gründen sind nur wenige Dienstleistungen dieser Klasse in der Durchführungsphase völlig automatisierbar.

Die Durchführung von Dienstleistungen an einem Sachobjekt oder einem immateriellen Gut ist einer Automatisierung eher zugänglich. Man denke z.B. an Reinigungsmaschinen oder an Systeme zur Informationsverarbeitung. Dabei kann sich das System in der Regel selbsttätig auf verschiedene externe Faktoren einstellen, wie z.B. auf unterschiedliche Waren in elektronischen Handelssystemen oder auf verschiedene Fahrzeuggrößen bei Autowaschanlagen.

Besteht das Leistungsobjekt aus Information, so findet die Durchführung der Hauptaktivitäten der Dienstleistung meist in einer Büroumgebung statt, sofern daran Mitarbeiter beteiligt sind. Workflow-Management- oder Workgroup-Support-Systeme bieten hier u.a. Unterstützung (vgl. Abschnitte 3.4.3 und 3.4.4). Eine vollautomatisierte Durchführung kann durch Software in Computersystemen geschehen, z.B. auch durch selbständig handelnde Softwareagenten (vgl. Abschnitt 3.3.2). Dasselbe gilt für die Leistungserbringung an nominellen Gütern, z.B. bei Finanztransaktionen.

Besteht die Leistungswirkung aus einer Raumüberbrückung, so sind in der Durchführungsphase oft Transportmittel zu disponieren und zu steuern. Kontrollierende Tätigkeiten beinhalten ein „Tracking und Tracing" des Leistungsobjektes, unabhängig davon, ob Personen, Sachgüter oder Informationen transportiert werden. Zeitüberbrückende Dienstleistungen betreffen zum einen die Lagerung von

Sachgütern, die Speicherung bzw. Ablage von Informationen oder die Verwahrung bzw. Anlage von Geld. Bei Personen als Leistungsobjekten umfaßt eine weitergehende Interpretation auch Beherbergungsleistungen und viele Formen der Freizeitgestaltung, wie z.B. Unterhaltungsangebote.

Das mögliche Ausmaß des Einsatzes von Informations- und Kommunikationssystemen in der Durchführungsphase hängt wesentlich davon ab, wie intensiv der Produktionsfaktor „Information" einerseits im Erstellungsprozeß selbst, andererseits im Endprodukt eine Rolle spielt.

4.5.2 Administrationssysteme zur Unterstützung der Durchführungsphase

Im Rahmen der Durchführungsphase sind für die Dienstleistungserstellung zum einen die erforderlichen Informationen bereitzustellen. Zum anderen werden bei dem Erstellungsprozeß Daten erzeugt, die in den Folgephasen benötigt werden. Die IV-Unterstützung konzentriert sich hier auf die Erfassung, Speicherung, Pflege, Bereitstellung und Weiterleitung von Daten.

Nach Abschluß der Vereinbarungsphase werden konkrete Auftragsdaten in einem Speicher abgelegt. Informationen über die erbrachten Leistungen werden am Ende der Durchführungsphase in einem weiteren Speicher festgehalten. Auf diesen greifen wiederum Abrechnungssysteme zu, die Rechnungsdaten erzeugen. Leistungs- und Rechnungsdaten fließen auch in interne Administrationssysteme ein, z.B. zur Finanzbuchhaltung oder Kostenrechnung. Abbildung 4-15 skizziert diese Zusammenhänge graphisch, wobei hier davon ausgegangen wird, daß die Abrechnung auf der Basis der während der Durchführungsphase erbrachten und erfaßten Einzelleistungen erfolgt. Diese Vorgehensweise ist z.B. bei medizinischen Dienstleistungen oder auch in der Gastronomie gebräuchlich.

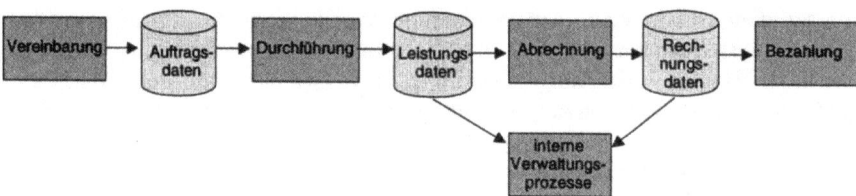

Abbildung 4-15: Datenbereitstellung bei Durchführung vor Abrechnung

Ist der Dienstleistungsauftrag durch die Auftragsdaten schon so weit spezifiziert, daß alle zu erbringenden Leistungen antizipiert werden können, so ist es möglich, die Abrechnung parallel oder sogar noch vor der Durchführung abzuwickeln (vgl. Abbildung 4-16). Dies ist z.B. vielfach bei Reisedienstleistungen der Fall. Bei der Buchung von Flügen erfolgt eine Abrechnung des Flugpreises direkt aus den Auftragsdaten mit anschließender Erstellung der entsprechenden Tickets, die in der Regel auch noch vor Antritt des Fluges zu bezahlen sind. Auch bei der Reservierung von Hotelzimmern oder Mietwagen findet man häufig eine Abrechnung vor Leistungserbringung mit der Ausgabe von Berechtigungsscheinen (Vouchern).

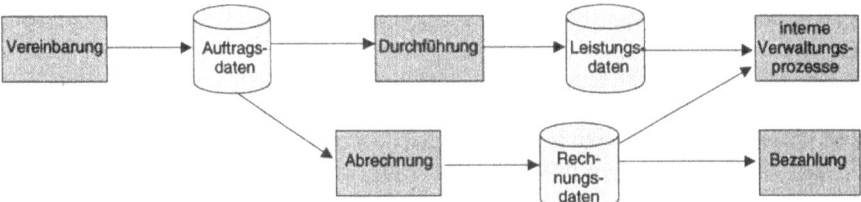

Abbildung 4-16: Datenbereitstellung bei Durchführung parallel zur Abrechnung

Neben den skizzierten Vormerkdaten, die im Flusse der Informationslogistik als Brücken zwischen verschiedenen Anwendungssystemen fungieren, stehen Kundenstammdaten zur Verfügung. Diese sind insbesondere bei einer stark individualisierten Leistungserbringung in der Durchführungsphase wichtig, um z.B. auf dort gespeicherte Sondervereinbarungen, Präferenzen und andere Kundenprofilinformationen zurückzugreifen. Diese Stammdaten sind natürlich auch für eine Vielzahl anderer Aufgaben über alle Phasen vom Marketing bis hin zur Bezahlung von Bedeutung.

Die bei der Durchführung erfaßten Leistungsdaten können nicht nur zur Abrechnung und für interne Verwaltungsprozesse, sondern auch für Steuerungs- und Kontrollaufgaben verwendet werden. Um in den Erstellungsprozeß steuernd eingreifen zu können, ist oft eine „Echtzeit"-Erfassung sowie ein Vergleich mit Sollgrößen notwendig. Auf dieser Basis können dem Kunden exakte Informationen über den aktuellen Stand der Durchführung gegeben werden, was auch einen Zusatznutzen („added value") darstellt (vgl. Abbildung 4-17). Ein Beispiel hierfür ist das Tracking und Tracing von versandten Gütern bei Transportdienstleistungen. Der Soll-/Ist-Vergleich von Leistungsdaten kann auch unternehmensintern in Dispositionsmaßnahmen zur operativen Steuerung der Durchführung münden (vgl. Abschnitt 4.5.3).

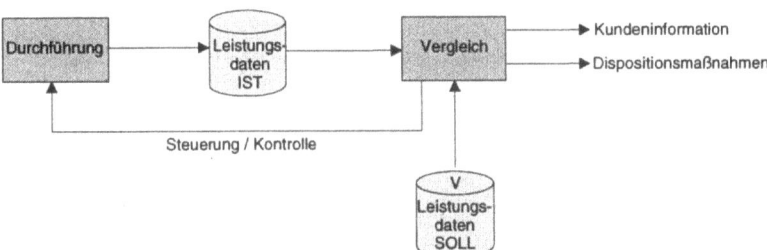

Abbildung 4-17: Soll-/Ist-Vergleich von Leistungsdaten bei Durchführung

4.5.3 Operative Systeme zur Unterstützung der Durchführungsphase

In vielen Fällen werden Dienstleistungen nicht direkt durch Computereinsatz erzeugt, jedoch leistet die Informationsverarbeitung eine wesentliche Unterstützung bei der Leistungserstellung, indem sie steuernd, regelnd und überwachend eingreift. Dies ist z.B. bei raumüberbrückenden Dienstleistungen der Fall. Hier wird der externe Faktor, d.h. der Kunde selbst oder ein Sachgut des Kunden, von einem Ort zu einem anderen transportiert. Neben der Planung der Transportwege und -mittel kann insbesondere der Transport selbst computerunterstützt gesteuert und überwacht werden. Dabei müssen die Steuerungszentrale im Unternehmen und die Transportmittel bzw. begleitenden Personen über eine Kommunikationsverbindung in Kontakt stehen. Durch regelmäßigen Abruf des Standortes des Leistungsobjekts und anschließenden Soll-Ist-Vergleich können z.B. Verzögerungen oder andere Probleme erkannt und Gegenmaßnahmen eingeleitet werden. Daneben ist eine dynamische Steuerung möglich, z.B. bei kurzfristigen Umdispositionen infolge dringender neuer Speditionsaufträge. Tracing-Informationen zur Verfolgung der Durchführungsphase bieten auch dem Kunden einen Zusatznutzen. Der Zugang ist beispielsweise durch spezielle Selbstbedienungssysteme über das Internet möglich.

Abbildung 4-18 zeigt eine Kommunikations-Infrastruktur, die sowohl im Güter-, als auch im Personenverkehr zur Steuerung und Verfolgung des Transports eingesetzt werden kann.

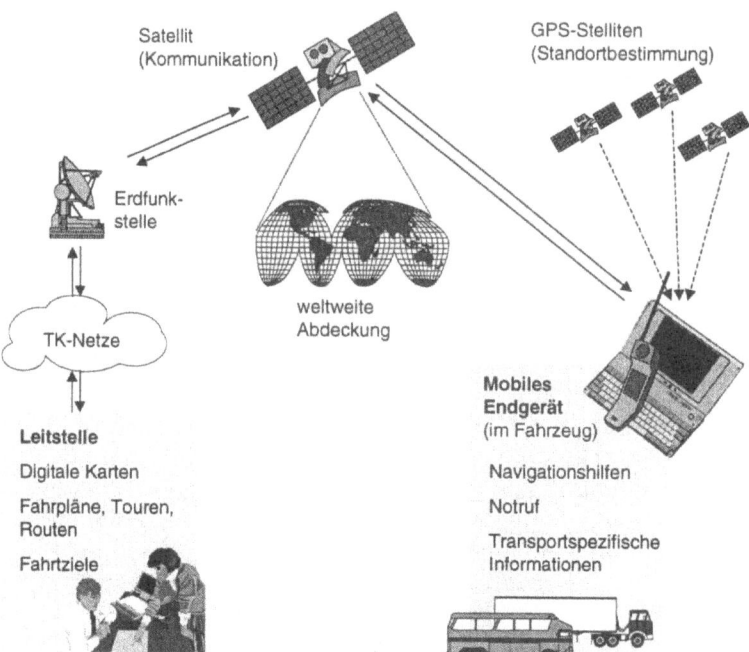

Abbildung 4-18: Satellitenkommunikation im Güter- und Personenverkehr

4.5.4 Produktionssysteme für informationsbasierte Dienstleistungen

Für Dienstleistungen, bei denen der Informationsanteil im Produkt sehr groß ist, ist ein weitgehender Einsatz von elektronischen „Produktionssystemen" denkbar. Im Back-Office-Bereich setzt man hierzu häufig Dokumenten-Management-Systeme und Workflow-Management-Systeme ein. Abbildung 4-19 skizziert als Beispiel die IV-gestützte Bearbeitung eines Kreditwunsches.

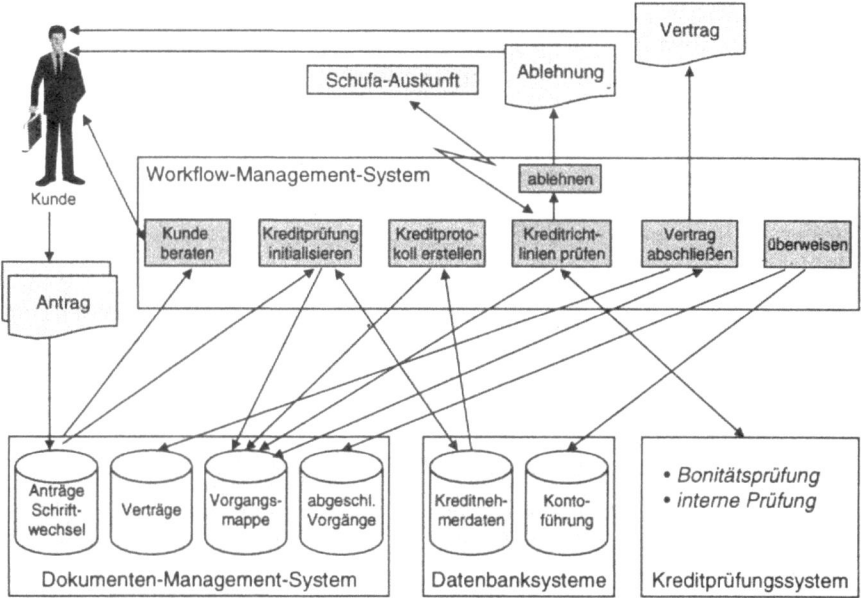

Abbildung 4-19: Vorgangsabwicklung bei der Bearbeitung von Kreditanträgen

Der in Papierform eintreffende Antrag des Kunden wird in eine elektronische Form übergeführt (Imaging) und an das Dokumenten-Management-System übergeben. Der Bearbeitungsvorgang wird durch das Workflow-Management-System initialisiert und in seinen Einzelaktivitäten gesteuert und überwacht. An unterschiedlichen Stellen wird dabei auf das Dokumenten-Management-System zurückgegriffen, um z.B. dort gespeicherte Dokumente im Rahmen der Kundenberatung oder Antragsprüfung einzusehen oder erstellte Kreditverträge dort abzulegen. Eine elektronische Vorgangsmappe, die im Rahmen des Workflows schrittweise „weitergereicht" wird, sammelt alle bei der Bearbeitung erhobenen Informationen und erstellten Schriftstücke. Diese Dokumentation wird letztendlich in der Ablage der abgeschlossenen Vorgänge archiviert. Neben dem Dokumenten-Management-System stellen verschiedene Datenbanksysteme Informationen zur Verfügung. Beispielsweise liefert die Kreditnehmerdatenbank Angaben über aktuelle Kontokorrentkredite, Kreditsicherheiten, Bürgschaften, externe Bankauskünfte usw. Die eigentliche Kreditprüfung greift gegebenenfalls auf spezielle IV-Verfahren zurück, die z.B. die Bonität des Kunden untersuchen. Hierzu setzt man etwa Credit-Scoring-Verfahren, Expertensysteme oder künstliche neuronale Netze ein (vgl. Abschnitt 5.1). Daneben müssen auch bankinterne Prüfungen, wie z.B. auf Gewährleistung der Mindestreserve, durchgeführt werden.

In dem in Abbildung 4-19 skizzierten Beispiel wird der Kreditvertrag als zu erstellendes Dienstleistungsprodukt betrachtet. Entsprechend bezieht sich die Durchführungsphase auf Tätigkeiten der Antragsprüfung und Vertragsgestaltung. Bei einer anderen, engeren Sichtweise besteht das Dienstleistungsprodukt allein aus der Auszahlung des Kreditbetrages. In diesem Fall wäre die Ausarbeitung des Kreditvertrages der Vereinbarungsphase zuzurechnen.

4.6 Abrechnung

4.6.1 Aspekte der Vor- und Nachkalkulation

Die Abrechnung der erbrachten Leistungen läßt sich auf zwei Arten bewältigen:

- *Ergebnisbezogener Ansatz*
  Es wird vor ihrer Durchführung ein fester Preis für die gesamte Dienstleistung vereinbart. Dies geschieht insbesondere dann, wenn der Leistungsumfang im vorhinein genau festgelegt ist, z.B. durch Standardisierung.
- *Prozeßbezogener Ansatz*
  Es wird nachträglich eine Gesamtrechnung ausgestellt. Dies geschieht auf der Basis von erfaßten und bewerteten Einzelleistungen.

Für einen ergebnisbezogenen Ansatz spricht, daß dem Kunden bereits bei der Leistungsvereinbarung genau bekannt ist, welche Kosten auf ihn zukommen. Dadurch wird Vertrauen in die Kompetenz des Dienstleisters erweckt. Für den Anbieter ergibt sich der Vorteil, daß bei vorab bekanntem Preis auch schon vor der Durchführung die Bezahlung verlangt werden kann, was zu einer verbesserten Liquiditätssituation und einem eventuell verminderten Stornierungsrisiko führt. Zur Inanspruchnahme der bezahlten Leistung erhält der Kunde in der Regel einen Berechtigungsausweis z.B. in Form eines Tickets oder einer Eintrittskarte. Nach diesem Prinzip wird vor allem bei Massendienstleistungen mit bekanntem Aufwand und niedriger Individualität, wie z.B. bei Verkehrsbetrieben, vorgegangen. Da ein Festpreis vereinbart und ggf. im voraus bezahlt ist, ist keine detaillierte Abrechnung mit dem Kunden nötig.

Bei der Rechnungsstellung nach Leistungserbringung werden die Einzelbestandteile der Dienstleistung erfaßt und bewertet, so daß der Dienstleister ein geringeres Risiko hat, seine Kosten nicht durch Einnahmen decken zu können. Der prozeßbezogene Ansatz muß vielfach auch gewählt werden, weil Dienstleistungen einen hohen Grad an Individualität aufweisen. Daraus ergibt sich für jeden Kunden auch ein individueller Preis. Aus dem immateriellen Charakter folgt zudem eine im Vergleich zu Sachgütern geringere Transparenz der zu bezahlenden Leistung. Daraus resultiert oft der Wunsch nach einer detaillierten Abrechnung. Diese ist erst nach vollständiger Leistungserbringung und individueller Leistungserfassung möglich. Die Erhebung, Bewertung und Zusammenführung von Einzel- bzw.

Teilleistungen können sehr aufwendig werden. Abrechnungssysteme haben hier neben der eigentlichen Rechnungserstellung insbesondere diese Aufgaben zu unterstützen.

4.6.2 Prozeßbezogene Abrechnungssysteme

Bei Abrechnungssystemen ist zwischen Leistungserfassung und Rechnungserstellung zu unterscheiden. Im einfacheren Fall werden Einzelleistungen manuell erfaßt, ein Abrechnungsprogramm ermittelt mit Hilfe eines gespeicherten Katalogs die zugehörigen Einzelpreise und addiert diese zu einer Rechnungssumme. Auf diesem Prinzip basieren z.B. Abrechnungssysteme für Arztpraxen oder Architekturbüros, bei denen das System Teilleistungen automatisch entsprechend der hinterlegten Gebührensätze bewerten bzw. bepreisen kann. Durch diese einfache IV-Unterstützung werden Irrtümer wie die Berechnung falscher oder überholter Preise sowie Rechenfehler weitgehend ausgeschlossen und Mitarbeiter von diesen Routinetätigkeiten entlastet.

Eine weitergehende Lösung besteht darin, bereits während der Durchführung die erbrachten Leistungen elektronisch zu erfassen. Die Daten stehen dann unmittelbar nach Abschluß der Dienstleistung für eine detaillierte Rechnung zur Verfügung, die das System automatisch zusammenstellt. Bei Dienstleistungen, die mit IV-Unterstützung im Back-Office-Bereich produziert werden, lassen sich Einzelleistungen über ein Workflow-Management-System erfassen. Sie werden auf einem entsprechenden Kundenkonto kumuliert und stehen zudem für betriebswirtschaftliche Auswertungen nach Aufträgen, Kunden oder Mitarbeitern zur Verfügung. Wird beispielsweise in einer Steuerkanzlei eine Bilanz erstellt, können die damit befaßten Mitarbeiter ihre Bearbeitungszeiten, besondere Schwierigkeiten oder Auslagen über das Workflow-Management-System direkt in die Honorarrechnung einbringen.

Wenn die Leistungserstellung im Front-Office-Bereich erfolgt, d. h. der Kunde intensiv mitwirkt, besteht eine Möglichkeit darin, die erbrachten Leistungen mittels einer Chipkarte zu erfassen. Die Karte dient zur Identifikation des Kunden und als Berechtigungsausweis. Bei jeder Inanspruchnahme einer Teilleistung wird die Karte elektronisch gelesen. Dem Kunden kann damit ein individuelles Verrechnungskonto zugeordnet und die bewertete Leistung dort abgespeichert werden.

Man kann zwei Varianten unterscheiden:

- *Karten mit zeitlich begrenzter Gültigkeit und umgehender Rechnungstellung*
  Diese Karten werden zu Beginn eines definierten Leistungszeitraums an den Kunden ausgegeben und am Ende an den Dienstleister zurückgegeben. Dieses System wird z.B. im Hotelbereich eingesetzt (vgl. Abschnitt 5.4.3). Mit der dem Gast beim Check-in übergebenen Key-Card lassen sich (neben der Funktion als Zimmerschlüssel) Essen im Hotelrestaurant oder Getränke an der Bar abrechnen, der Gast kann damit Einrichtungen wie Tennisplatz oder Schwimmbad nutzen, sein Auto in der Hotelgarage parken oder die Telekommunikationsmittel des Hauses in Anspruch nehmen. Die Leistungsdaten werden seinem individuellen Gastkonto zugeordnet und im Hotelcomputer gespeichert.

Beim Check-out erhält er dann eine detaillierte Rechnung mit einer automatischen Aufstellung aller in Anspruch genommenen Leistungen.
- *Karten mit zeitlich unbegrenzter Gültigkeit und periodischer Rechnungstellung*
Bei einer dauerhaften Geschäftsbeziehung mit dem Kunden und regelmäßiger Leistungserbringung werden oft besondere Kundenkarten eingesetzt. Die erbrachten Dienstleistungen werden über die Karte als Identifikationsinstrument auf dem Kundenkonto gesammelt und in regelmäßigen Abständen in Rechnung gestellt. Ein Beispiel sind Flottenkartensysteme, die von Mineralölgesellschaften angeboten werden. Der Kunde kann mit dieser Karte an allen Tankstellen der Gesellschaft tanken oder einkaufen und bekommt zum Monatsende eine detaillierte Rechnung. Für Firmenkunden werden noch weitere Möglichkeiten angeboten. Für die Mitarbeiter ist die Festlegung differenzierter Berechtigungen möglich, z.B. Einkauf nur von Treibstoff oder auch von Artikeln aus dem Tankstellen Shop. Die auf den Karten gespeicherten Daten (Mitarbeiter, Funktion, Fahrzeug, Einsatzbereich) werden für die Aufteilung der Rechnung verwendet, die an das Unternehmen gesandt wird (z.B. Treibstoffkosten für Kundendienst, Verkauf usw.). Generell ist es auch möglich, die beim Dienstleister gespeicherten Leistungsdaten elektronisch an das Kundenunternehmen zu übertragen, damit sie dort für eigene Auswertungen genutzt werden können.

4.7 Bezahlung

4.7.1 Aspekte elektronischer Bezahlung

Wegen des oft erforderlichen direkten Kontakts zum Kunden ohne Einbindung von Absatzmittlern oder Absatzhelfern hat ein Dienstleistungsunternehmen in der Regel mehr individuelle Zahlungsvorgänge abzuwickeln als ein Betrieb, der materielle Güter für den Handel produziert. Das klassische Zahlungsmittel Bargeld bringt neben Risiken der Fälschung, des Verlusts oder des Diebstahls insbesondere auch einen hohen Aufwand für sichere Verwahrung und Transport mit sich. Werden in der Anbahnungs-, Vereinbarungs- oder Abwicklungsphase Front-Office-Systeme eingesetzt, die über Telekommunikationsmedien oder Self-Service-Anwendungen einen elektronischen Kontakt zum Kunden herstellen, so bietet es sich an, auch den Bezahlungsvorgang elektronisch durchzuführen.

In den meisten Fällen muß der Dienstleister lediglich die Entscheidung treffen, seinerseits die Dienstleistungen einer Bank in Anspruch zu nehmen, um eine bargeldlose Bezahlung zu ermöglichen. Im folgenden werden einige Verfahren vorgestellt, bei denen der Kunde in direktem Kontakt mit dem Anbieter elektronisch bezahlen kann. Die dabei initiierten Finanztransaktionen werden dann im bankinternen oder im Interbanken-Zahlungsverkehrssystem weiterbearbeitet (vgl. Abschnitt 5.1.2).

4.7.2 Bezahlung mit Guthabenkarten

Bereits vor der Inanspruchnahme der Dienstleistung muß der Kunde über eine Karte mit Guthaben verfügen. Man bezeichnet diese deshalb auch als *Pay-Before-*

Karte. Erfolgt die Herausgabe und das Wiederaufladen der Karten sowie die Abwicklung von Finanztransaktionen in einem geschlossenem Kreislauf, z.B. bei einer einzigen Organisation, so spricht man von geschlossenen Systemen. Beispiele sind

- *Wegwerfkarten*
  Sie werden bereits bei der Herstellung mit einem Guthaben geladen. Bei der Bezahlung verringert sich dieses Schritt für Schritt. Wenn es verbraucht ist, ist die Karte zu ersetzen (z.B. Telefonkarte).
- *Wiederaufladbare Karten*
  Hier ist es möglich, das Guthaben an Selbstbedienungsautomaten wieder aufzustocken. Dies kann durch Bargeld oder auch bargeldlos durch entsprechende Belastung eines Bankkontos geschehen.

Eine fortgeschrittene Form der aufladbaren Karten sind *elektronische Geldbörsen*. Sie sind meist über verschiedene Medien wieder aufladbar, z.B. an Bankautomaten, Handelsterminals oder Kartentelefonen. Man spricht von einem offenen System. Elektronische Geldbörsen sind als Chipkarten realisiert. Ein Beispiel ist die sogenannte *GeldKarte*, die Banken und Sparkassen herausgeben. Das Bezahlungskonzept auf der Basis der GeldKarte stellt sich vereinfacht wie folgt dar (vgl. Abbildung 4-20). Zur Konkretisierung wurde als Dienstleister ein Handelsunternehmen angenommen.

1. Die Hausbank des Händlers emittiert eine Händlerkarte, die der Händler zusammen mit einem Terminal für die Teilnahme am GeldKarten-Projekt benötigt. Die Händlerkarte dient der Authentifizierung des Händlers gegenüber dem Terminal und enthält daneben seine Bankverbindung. Ein Händler kann mit mehreren Banken diese Beziehung aufbauen.
2. Die Bank des Kunden emittiert die GeldKarte. Diese kann mit Beträgen bis zu DM 400,- (zukünftig € 200,-) an Bankautomaten aufgeladen und an den Händlerterminals gelesen werden. Sie speichert die letzten 15 Zahlungstransaktionen. Die Kundenbank eröffnet ein Börsenverrechnungskonto, auf dem der auf die GeldKarte geladene Betrag sowie die anfallenden Abbuchungen festgehalten werden.
3. Bei der Bezahlung führt der Kunde die GeldKarte in das Händlerterminal ein. Der Händler gibt den zu bezahlenden Betrag ein, den der Kunde bestätigt. Nach einigen Prüfungen, z.B. ob die Einkaufssumme durch den noch auf der Karte verfügbaren gedeckt ist, wird der Betrag von der GeldKarte abgebucht und im Terminal des Händlers gespeichert.
4. Die gesammelten Umsätze des Händlers werden einer sogenannten Evidenzzentrale elektronisch (z.B. über ISDN) übermittelt. Diese führt Sicherheitsprüfungen durch, aggregiert die Umsätze und gibt die Zahlungsverkehrsdaten an eine angeschlossene Verrechnungsbank weiter. Daneben führt sie ein Schattenkonto, in welchem alle Transaktionen pro Karte gebucht werden. Bei fehlerhaften Einreichungen erhält der Händler über seine Bank eine Benachrichtigung und wird um nochmalige Übertragung der Daten gebeten.

5. Die Verrechnungsbank überweist den Betrag nach Abzug der zu entrichtenden Gebühren an das Konto des Händlers, bucht den Betrag vom Börsenverrechnungskonto des Kunden ab und überweist die Gebühr an die Kundenbank.

Ein Vorteil dieser Bezahlungsweise ist die Offline-Fähigkeit. Es muß am Point Of Service (POS) keine Online-Verbindung zu einem Netzbetreiber oder einer Autorisierungszentrale aufgebaut werden wie dies z.B. bei Electronic-Cash-Verfahren notwendig ist (vgl. Abschnitt 4.7.3).

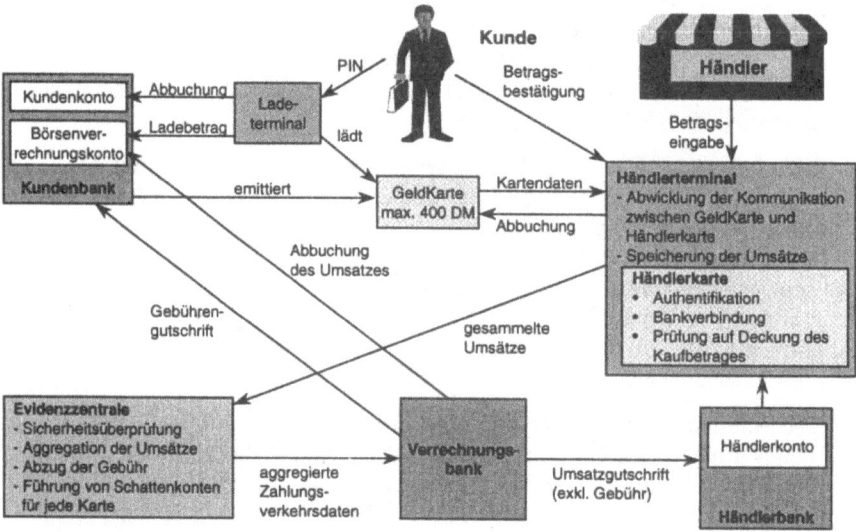

Abbildung 4-20: System der GeldKarte

4.7.3 Bezahlung mit Electronic Cash

Unter Electronic Cash versteht man im allgemeinen die Bezahlung am Point Of Sale bzw. Point Of Service (POS) mittels einer sogenannten *Pay-Now*- bzw. *Debitkarte*. Eine typische Debitkarte ist die Euroscheckkarte. Sie trägt seit 1993 das edc-Logo („electronic debit card"). Debitkarten beziehen sich auf ein konkretes Bankkonto des Karteninhabers. Die mit der Karte geleisteten Zahlungen werden umgehend oder binnen kurzer Frist von diesem Konto abgebucht. Abbildung 4-21 skizziert die Zahlungsabwicklung mit Electronic Cash.

1. Die Kundenbank emittiert die EC-Karte, oft in der Form einer Chipkarte, zum Teil jedoch noch ausschließlich mit Magnetstreifen.
2. Bei der Bezahlung gibt der Käufer die Karte und seine persönliche Identifikationsnummer (PIN) in das POS-Terminal ein. Nachdem er den zu entrichtenden Betrag per Tastendruck bestätigt hat, übermittelt das System eine Autorisierungsanfrage über einen Netzbetreiber an die Autorisierungszentrale. Hier werden sowohl die Authentizität des Kunden als auch die Inanspruchnahme des

Verfügungsrahmens des Kontos und eventuelle Sperrungen überprüft. In Sonderfällen, wie z.B. bei hohen Beträgen, kann die Anfrage auch an die Kundenbank weitergeleitet werden. Nach Rückleitung der Autorisierung auf dem gleichen Weg erhält der Kunde am Terminal die Nachricht, daß die Zahlung erfolgt und meist auch einen Beleg über den Zahlungsvorgang.
3. Zur weiteren Zahlungsabwicklung reicht der Händler die Umsatzdatei mit den gespeicherten Zahlungstransaktionen über Datenträgeraustausch oder elektronischem Dateitransfer beim Netzbetreiber ein. Eventuell übernimmt auch der Netzbetreiber selbst die Speicherung der getätigten Umsätze. Er teilt die gesammelten Zahlungstransaktionen der Händlerbank sowie die dabei entstandenen Electronic-Cash-Gebühren den Käuferbanken mit.
4. Die Händlerbank zieht die gemeldeten Umsätze im Lastschriftverfahren von den Käuferbanken ein. Der Einzug der Electronic-Cash-Gebühren erfolgt auf umgekehrtem Weg. Die Käuferbank garantiert dem Händler die Zahlung der zu entrichtenden Summe und erhält vom Händler eine Gebühr für den elektronischen Zahlungsvorgang.

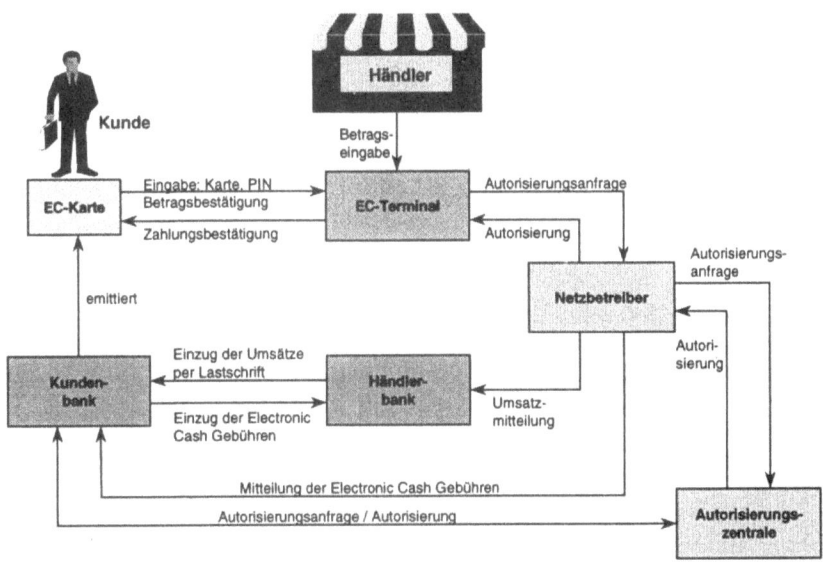

Abbildung 4-21: Bezahlung mit Electronic Cash

4.7.4 Bezahlung im Internet mit Kreditkarte

Kreditkarten können sowohl in einem geschlossenen System von einem konkreten Unternehmen, z.B. in Form von Kundenkarten, als auch in offenen Systemen ausgegeben werden. Letztere werden von Kreditkartenorganisationen, wie z.B. Visa oder Mastercard, betrieben. Kreditkarten werden auch als *Pay-Later-Karten* bezeichnet und können als Instrument zur Abrechnungsorganisation betrachtet werden. Banken, die an die zentrale Kreditkartenorganisation angeschlossen sind, benennen eine Kontoverbindung für die Zahlungsabrechnung und -abwicklung. Der Händler erhält über seine Hausbank, nach entsprechenden vertraglichen Regelungen, die Zulassung zur Kreditkartenabrechnung.

Für eine Bezahlung über das Internet sind folgende Sicherheitsaspekte zu berücksichtigen:

- Sicherung der Vertraulichkeit übertragener Daten (z.B. der Kreditkartennummer),
- Sicherung der Datenintegrität und Nachweisbarkeit (z.B. der Bestelldaten),
- Sicherung der Authentizität von Kunde und Händler,
- Sicherung der Anonymität des Kunden.

Eines von mehreren Bezahlungsverfahren im Internet auf Kreditkartenbasis ist *CyberCash*. Bei diesem System müssen sowohl Kunde als auch Händler bei einem CyberCash-Trust-Center registriert sein (vgl. Abbildung 4-22).

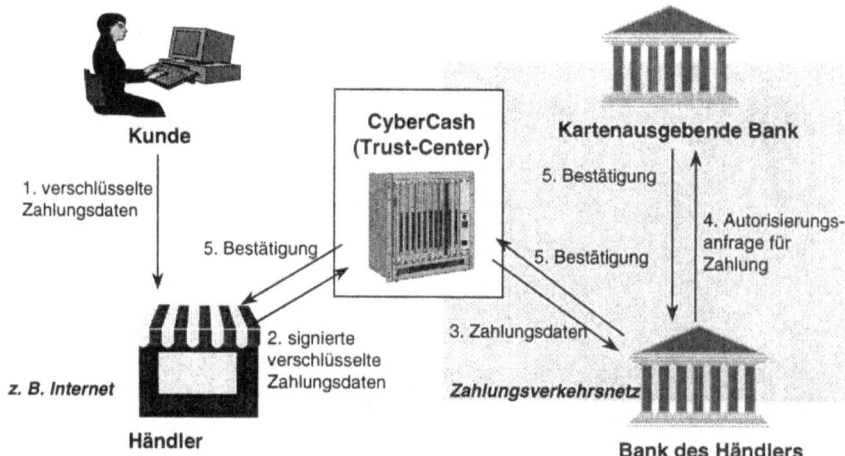

Abbildung 4-22: Bezahlung über CyberCash

Der Kunde lädt die Software für die gesicherte Kommunikation (genannt „Wallet") als Erweiterung des WWW-Browsers auf seinen PC und gibt hier seine Kreditkartendaten ein. Die Händlersoftware unterstützt sowohl die Kommunikation mit dem Kunden als auch mit dem für die Online-Überprüfung zuständigen CyberCash-Server.

Bezahlungsvorgang

1. Das Wallet des Kunden verschlüsselt die Zahlungsdaten, u.a. Zahlungsbetrag und Kreditkartennummer, nach dem RSA-Verfahren (vgl. Abschnitt 3.2.6).
2. Der Händler empfängt das Datenpaket, signiert es zusätzlich mit seinem eigenen privaten Schlüssel und leitet es an den CyberCash-Server des Trust-

Centers weiter. Der Händler kann die Kreditkartennummer des Käufers nicht erkennen.
3. Die Daten werden im CyberCash-Trust-Center entschlüsselt und zur Bank des Händlers übermittelt.
4. Diese fragt bei der Bank, welche die Kreditkarte des Kunden ausgegeben hat, ob die Zahlung autorisiert ist.
5. CyberCash übermittelt die Bestätigung der Autorisierung an den Händler.

Der gesamte Vorgang dauert nur einige Sekunden. Die eigentliche Überweisung wird dann wie eine konventionell durchgeführte Kreditkartenzahlung abgewickelt. Alle CyberCash-Zahlungen werden vom Wallet protokolliert und gespeichert.

Für kreditkartenbasierte Zahlung ist mittlerweile eine offene Spezifikation veröffentlicht, die auf alle gängigen Hardwareplattformen und Betriebssysteme ausgerichtet ist. SET (*Secure Electronic Transactions*) ist ein Kommunikationsstandard, der auf eine abgestimmte Initiative u. a. der Kreditkartenunternehmen Visa und Mastercard zurückgeht. Er umfaßt alle Transaktionen, die für eine sichere Bezahlung über das Internet auf Basis von Kreditkarten benötigt werden. Hierzu gehören die Registrierung der Kunden, die Ausgabe von Zertifikaten, die als „elektronische" Kreditkarten dienen, virtuelle Händler- und Bankzulassungen ebenso wie der eigentliche Bezahlungsvorgang. Dieser besteht aus drei Teilprotokollen, der Kaufanfrage, der Zahlungsautorisierung und der Zahlungsabwicklung. Dabei sieht das SET-Protokoll Autorisierungszentralen auf der Seite der Händlerbanken vor. Bereits etablierte Anbieter von Zahlungsverfahren, wie z.B. CyberCash, wollen den SET-Standard unterstützen und weisen damit den Weg zur Implementierung ausschließlich elektronischer Zahlungsverfahren auf elektronischen Märkten.

Bezahlungsvorgang
SET bedient sich eines besonderen Verfahrens zur Sicherung der Anonymität des Kunden, der dualen Signatur (vgl. Abbildung 4-23).

Diese basiert auf der digitalen Signatur und kann entsprechend die Datenintegrität und Nachweisbarkeit der Nachricht (in diesem Fall der Bestellung) gewährleisten. Die Anonymität des Kunden wird sichergestellt, indem die Bestelldaten in zwei Teile zerlegt werden. Der eine Teil ist für den Händler bestimmt und enthält lediglich diejenigen Daten, die für diesen wichtig sind, z.B. die bestellte Ware. Der andere Teil, der für die Autorisierungszentrale und die beteiligten Banken bestimmt ist, enthält Bezahlungsinformationen, aber keine Informationen über den Inhalt des Geschäftes. Aus den beiden Teilen wird jeweils ein Hashwert gebildet, die anschließend multiplikativ verknüpft und elektronisch signiert werden. Händler und Bank erhalten jeweils nur den sie betreffenden Teil der Nachricht im Klartext und von dem anderen Teil lediglich den Hashwert sowie die duale Signatur als Ergebnis der signierten Verknüpfung der beiden Hashwerte. Der Händler kann aus dem Klartext den Hashwert 1 berechnen, diesen mit dem übermittelten Hashwert verknüpfen und das Ergebnis auf Übereinstimmung mit der dualen Signatur prüfen. Die Bank führt die spiegelbildliche Verifizierung durch.

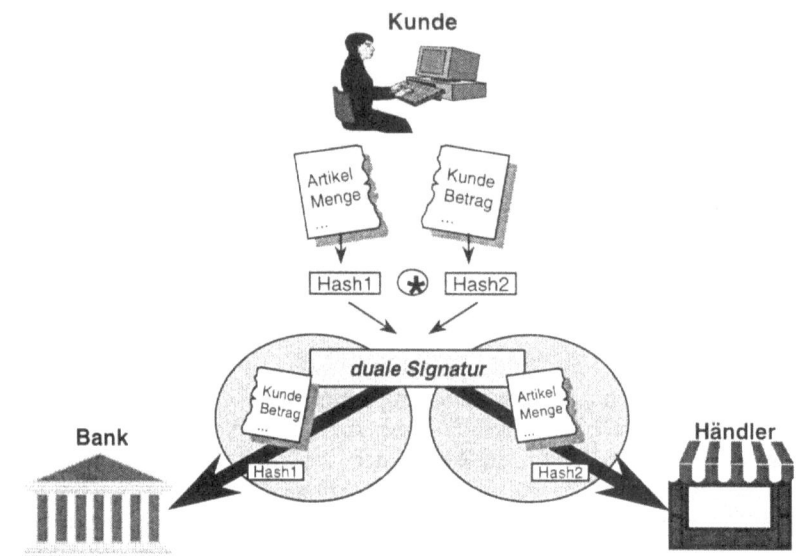

Abbildung 4-23: Die duale Signatur

Der gesamte Bezahlungsvorgang ist in Abbildung 4-24 dargestellt.

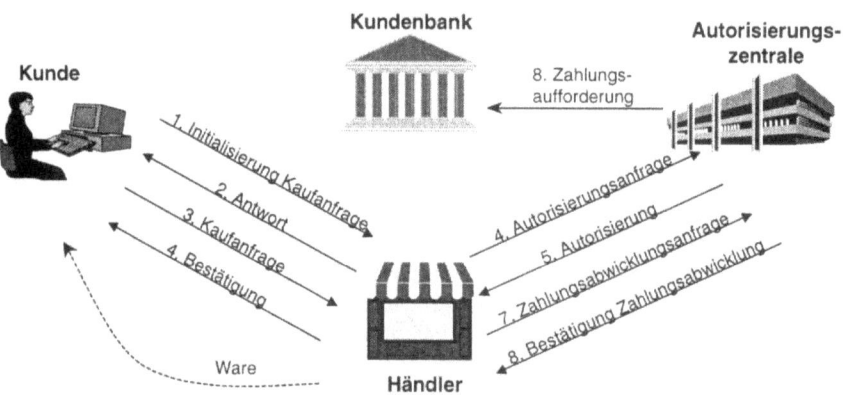

Abbildung 4-24: Bezahlung mit Secure Electronic Transactions

1. Nachdem der Kunde im Internet die gewünschten Waren spezifiziert hat, initialisiert er die Kaufanfrage.
2. Um sich zu authentifizieren, sendet der Händler sein eigenes Zertifikat sowie das Zertifikat der Autorisierungszentrale.
3. Der Kunde kann beide überprüfen. Anschließend authentifiziert er sich durch Übertragung seines eigenen Zertifikats. Der konkrete Kaufauftrag wird dual si-

gniert gesendet. Dabei sind zur Sicherung der Vertraulichkeit die Zahlungsinformationen zusätzlich mit dem öffentlichen Schlüssel der Autorisierungszentrale chiffriert.
4. Der Händler kann das Zertifikat und die duale Signatur überprüfen. Er leitet die Zahlungsinformationen sowie sein eigenes Zertifikat an die Autorisierungszentrale weiter und bestätigt dem Kunden den Auftragseingang mit einer digital signierten Antwort.
5. Die Autorisierungszentrale überprüft die Zertifikate von Händler und Kunde, die duale Signatur sowie die Übereinstimmung der Kunden- und Händlerinformationen und autorisiert den Händler zur Annahme der Bezahlung, indem sie ihm eine Antwort zusammen mit einem „Abwicklungstoken" zuschickt.
6. Der Händler versendet nun die Ware an den Kunden.
7. Zur Zahlungsabwicklung schickt der Händler eine Abwicklungsanfrage an die Autorisierungszentrale.
8. Diese prüft die gesamten Daten und schickt eine Zahlungsaufforderung an die Kundenbank sowie eine Bestätigung der Abwicklung an den Händler.

4.7.5 Bezahlung im Internet mit elektronischem Geld

Bei der Bezahlung von Klein- oder Kleinstbeträgen, wie man sie sich z.B. bei der Inanspruchnahme von Informationsdiensten oder beim Herunterladen von Softwareangeboten im Internet vorstellen kann, ist der Einsatz von Debit- oder Kreditkarten nicht zweckmäßig. Hier besteht Bedarf an einem Verfahren, das die konventionelle Verwendung von Bargeld elektronisch abbildet. Dieses Geld muß der Kunde bei sich verwahren und für verschiedene Käufe anonym verwenden können. Im Moment ist eine Reihe von verschiedenen Verfahren für elektronisches Geld in der Einführungsphase bzw. in der Entwicklung. Es bleibt abzuwarten, inwieweit es hier zu einer Konsolidierung bzw. Standardisierung kommt, die die Akzeptanz und Verbreitung dieser Bezahlungsform im Internet stark fördern könnte.

Aufgrund seines interessanten theoretischen Konzepts, v.a. im Bereich von Käuferanonymität und Bargeldähnlichkeit der elektronischen Münzen, soll hier das Verfahren *Ecash* exemplarisch näher beschrieben werden.

Bei Ecash werden mit Hilfe von digitalen Signaturen unter Einsatz der RSA-Verschlüsselung elektronische Münzen erzeugt. Händler und Kunden müssen Ecash-Software einsetzen. Das elektronische Geld ist jedoch nicht mehrfach verwendbar, d.h., der Empfänger einer Zahlung kann es nicht direkt für eine eigene Bezahlung weitergeben. Deshalb spricht man auch von einem Einweg-Token-Verfahren.

Der Kunde fordert Ecash-Münzen an, indem seine Software, das sogenannte Cyber Wallet, der Bank für jede gewünschte Münze eine Zufallszahl (Token) zuschickt. Die Bank verfügt über unterschiedliche private Schlüssel für verschiedene Beträge. Die zugesandte Ziffernfolge wird mit dem entsprechenden Schlüssel signiert. Die so entstehenden digitalen Münzen werden zurückübertragen und auf dem Rechner des Kunden gespeichert.

102 4 Anwendungssysteme in den Phasen des Dienstleistungsprozesses

Bezahlungsvorgang
1. Der Kunde wählt ein Produkt bzw. eine Dienstleistung bei einem an dem System angeschlossenen Händler bzw. Anbieter aus.
2. Der Rechner des Händlers sendet eine elektronische Zahlungsaufforderung an den Kunden.
3. Auf der Seite des Kunden empfängt die Ecash-Software (Cyber Wallet) diese Aufforderung, der Kunde bestätigt.
4. Das Cyber Wallet schickt die entsprechenden elektronischen Münzen an den Händler.
5. Der Händler kann die Echtheit der Münzen mit den öffentlichen Schlüssel der Bank überprüfen.
6. Um abzufragen, ob eine Münze bereits anderweitig ausgegeben wurde, sendet der Händler die Münze an die Bank.
7. Die Bank überprüft anhand einer Liste aller bisher empfangenen Münzen, ob eine Doppeleinreichung vorliegt. Ist dies nicht der Fall, erhält der Händler eine positive Bestätigung, und der Gegenwert der Münze wird dem Händlerkonto gutgeschrieben.
8. Nach Erhalt der Bestätigung kann der Händler die Ware versenden oder eine elektronische Dienstleistung erbringen. Gleichzeitig erhält der Kunde eine Quittung, die mit seinem öffentlichen Schlüssel verschlüsselt wurde und die somit nur er entschlüsseln kann.

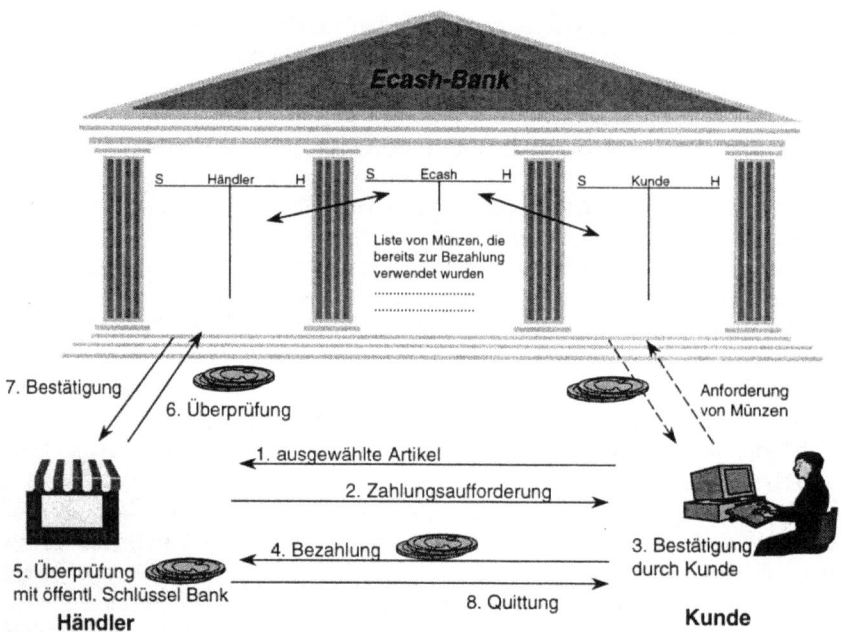

Abbildung 4-25: Bezahlung mit Hilfe von Ecash

Dem Grundkonzept nach ist Ecash kein kontenbasiertes Verfahren. Bei dem skizzierten Ansatz müssen jedoch Kunde und Händler ein Konto bei derselben, die elektronischen Münzen herausgebenden Bank besitzen und die entsprechende Ecash-Software einsetzen. Der Benutzerkreis ist somit noch geschlossen. Ziel ist eine weitergehende Übertragbarkeit des elektronischen Geldes, insbesondere auch zwischen Banken. Hierzu sind neue Wege zur Online-Überprüfung bzw. zum Schutz gegen Mehrfachverwendung der digitalen Münzen zu beschreiten.

5 Ausgewählte branchenorientierte Anwendungssysteme

In den folgenden Kapiteln werden Grundzüge von Anwendungssystemen vorgestellt, die in verschiedenen Dienstleistungsbranchen eine besondere Rolle spielen. Wegen der großen Vielfalt des Dienstleistungssektors ist es dabei auch nicht annähernd möglich, einen Überblick, geschweige denn einen detaillierten Einblick in das gesamte Spektrum von Anwendungssystemen zu geben. Die Ausführungen beschränken sich deshalb auf einige ausgewählte Dienstleistungsbranchen, und auch dort können nur einzelne Beispielsysteme herausgegriffen und skizziert werden. Ziel ist es, mit dieser „Guided Tour" durch ausgewählte Bereiche der Dienstleistungslandschaft einen Eindruck von der Vielfalt der eingesetzten Anwendungssysteme zu vermitteln.

Am Beginn eines jeden Kapitels steht eine tabellarische Auflistung von Beispielsystemen, die in den einzelnen Phasen der Dienstleistungsprozesse der betrachteten Branche eingesetzt werden bzw. bei denen sich ein Einsatzpotential abzeichnet. Diese Beispiele können nicht den Anspruch auf Vollständigkeit erheben und auch nicht einzeln erläutert werden. In den Tabellen ist auch angegeben, inwieweit die beiden wichtigsten Self-Service-Zugangssysteme, das WWW und Self-Service-Terminals, in den verschiedenen Dienstleistungsphasen eingesetzt werden können. Ein ausgefüllter Kreis ● bedeutet ein breites Einsatzfeld, ein leerer Kreis O gibt an, daß nur beschränkte Möglichkeiten bestehen.

Eine etwas eingehendere Betrachtung erfolgt nur für einige ausgewählte, oftmals für die Branche typische Anwendungssysteme.

5.1 Bankdienstleistungen

5.1.1 Überblick

Das Dienstleistungsangebot von Banken läßt sich grob wie folgt einteilen:

- *Aktivgeschäft*
  Zeitlich befristete Überlassung von Finanzmitteln durch Gewährung von Krediten, Darlehen usw. an Kunden,
- *Passivgeschäft*
  Verwahrung und Anlage von Geldern für Kunden,
- *Dienstleistungsgeschäft*
  Zahlungsverkehr, Geldwechsel, Handel mit Edelmetallen usw.

Bankdienstleistungen werden im Back Office fast ausschließlich in einer Büroumgebung durchgeführt. Im wesentlichen werden Informationen bearbeitet, wobei das nominelle Gut „Geld" als besonderer Informationstyp betrachtet werden kann und, vom Bargeld abgesehen, als immaterielles Objekt vorliegt. Der Informationsanteil in Bankprodukten und in den entsprechenden Bearbeitungsprozessen ist entsprechend hoch.

Tabelle 5-1: Ausgewählte Anwendungssysteme in Banken

WWW	„Virtuelle Banken" – persönliche Authentifikation lediglich bei erstem Geschäftskontakt nötig		
Self-Service-Terminals	In der Beratungsphase z. T. Zuschalten eines Beraters per Videokonferenz (vgl. Abschnitt 5.1.4)		
Marketing	Kundenmanagementsysteme mit kundenindividuellen Bearbeitungsstrategien auf der Basis von z.B. Cross-Selling-Potentialen Database-/Direkt-Marketing-Systeme auf der Basis von Kundendatenbanken Außendienstunterstützungssysteme	●	●
Leistungsbereitstellung	Systeme zur Filialnetzoptimierung mit Hilfe von mikrogeographischen Systemen		
Information und Beratung	Informationssysteme zur Kreditüberwachung auf der Basis einer Kreditnehmerdatenbank Anlageberatungssysteme (vgl. Abschnitt 4.3.3)	●	●
Vereinbarung	Konfigurationssysteme für Kredite		○
Durchführung	Electronic Cash (vgl. Abschnitt 5.1.2) Homebanking (vgl. Abschnitt 5.1.2) Cash-Management-Systeme (vgl. Abschnitt 5.1.2) Elektronischer Interbanken-Zahlungsverkehr, S.W.I.F.T. (vgl. Abschnitt 5.1.2) Credit Scoring (vgl. Abschnitt 5.1.3) Workflow-Management-Systeme oder spezielle Systeme zur Kreditprüfung und -bearbeitung (vgl. Abschnitt 4.5.4) Neuronale Netze zur Kapitalmarktprognose und Kreditbeurteilung Börsenhandelssysteme Systeme zur Unterstützung von Discount Brokern Systeme zum Risikomanagement für den Eigenhandel mit WP	●	●
Abrechnung	Netting- und Poolingsysteme für Firmenkonten (vgl. Abschnitt 5.1.2) Abrechnungssysteme für die Mindestreservehaltung bei der LZB Automatische Leistungserfassung zur Abrechnung der Kontoführung		
Bezahlung	Automatische Abbuchung der Gebühren	●	●
Integrierte Systeme	Wertpapierhandelssystem Xetra (vgl. Abschnitt 6.3.1)		

5.1.2 Zahlungsverkehrssysteme

Dienstleistungen des Zahlungsverkehrs sind z.B. die Abwicklung von Überweisungen, Lastschriften oder Scheckeinreichungen. Grundsätze eines fortschrittlichen Zahlungsverkehrs sind:

- einmalige Erfassung des Zahlungsverkehrsauftrags,
- maschinelle Bearbeitung und Generierung einer elektronischen Zahlungsverkehrstransaktion,
- beleglose, elektronische Übermittlung,
- Nutzung nationaler und internationaler Zahlungsverkehrsnetze.

Abbildung 5-1 skizziert einige wesentliche Aspekte des Zahlungsverkehrs.

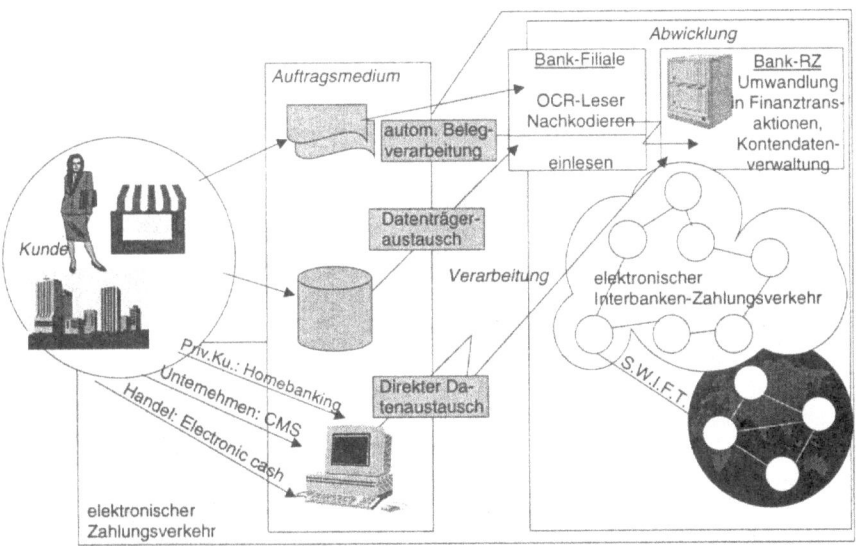

Abbildung 5-1: Computerunterstützter Zahlungsverkehr

Betrachtet man die *Kundenschnittstelle*, so gibt es verschiedene technische Möglichkeiten, einen Auftrag in das Zahlungsverkehrssystem der Bank einzuspeisen:

- Absenden eines Papierbelegs mit nachfolgender maschineller Belegbearbeitung,
- Absenden eines Datenträgers mit gespeicherten Zahlungsverkehrsaufträgen,
- elektronische Generierung von Aufträgen und Übermittlung über Kommunikationsnetze.

Zur rationellen Bearbeitung der immensen Belegflut setzte man im Bankbereich schon früh Belegerkennungs- und Sortiermaschinen ein. Überweisungsformulare werden z.B. über OCR (Optical Character Recognition)-Leser, Handschriftlesegeräte oder Scanner eingegeben, die Inhalte weitgehend automatisch erkannt und gegebenenfalls manuell nachcodiert. Im Rechenzentrum der Bank erfolgt dann die Sollbuchung als Teil der Kontendatenverwaltung und die Erzeugung von Datensätzen für den elektronischen Zahlungsverkehr. Nach der Weiterleitung über das Interbanken-Kommunikationsnetz nimmt der Rechner der Empfängerbank ebenfalls im Rahmen der Kontendatenverwaltung die Habenbuchung vor.

Vielfach erzeugen Anwendungssysteme von Unternehmen, wie z.B. Lohn-/ Gehaltsabrechnungs-, Fakturierungs- oder Buchhaltungsprogramme, keine ausgedruckten Belege mehr. Die Ausgabedaten werden als sogenannte Zahlungsverkehrsdatei auf einen Datenträger, wie z.B. Diskette oder Magnetband, geschrieben. Hierzu existieren Standards wie das sogenannte Datenträgeraustauschformat. Danach ist eine typische Zahlungsverkehrsdatei aufgebaut aus

- einem *Dateivorsatz*, der Absender, Empfänger, Erstelldatum und andere organisatorische Angaben enthält,
- einer Reihe von *Zahlungsaustauschsätzen*, die in einem formatierten Teil Einzelheiten über die auszuführenden Aufträge und in einem variablen Teil Textinformationen enthalten,
- einem *Dateinachsatz*, der Abstimmungs- und Kontrolldaten, wie z.B. Anzahl der Datensätze und Prüfsummen, umfaßt.

Die Zahlungsverkehrsdateien werden im Bankrechenzentrum eingelesen, geprüft, zusammengeführt und in Finanztransaktionen umgewandelt. Man spricht von Magnetbandclearing bzw. Diskettenclearing.

Werden die Aufträge für Finanztransaktionen schon an der Kundenschnittstelle elektronisch generiert und dann über Kommunikationssysteme in den elektronischen Zahlungsverkehr der Banken eingespeist, so spricht man von einem integrierten EFTS (Electronic Funds Transfer System). Bei Privatkunden kann der Einstieg in das EFTS z.B. über Selbstbedienungsterminals, Online-Dienste oder das Internet stattfinden, im Handel stehen Electronic-Cash-Systeme zur Verfügung (vgl. auch Abschnitt 4.7.3).

Für Privatkunden wurde in Deutschland der HBCI-Standard (Homebanking Computer Interface) entwickelt. Er soll als allgemeiner, bankenübergreifender Standard das Homebanking in offenen Netzen wie dem Internet ermöglichen.

Im Unterschied zu den bisher vorherrschenden, meist auf T-Online basierenden Verfahren wird mit HBCI eine von der konkreten Anwendungsimplementierung unabhängige Schnittstelle definiert, über die der Kunde mit dem HBCI-Server seiner Bank in Verbindung treten kann. Die Sicherheit beruht hier nicht mehr auf vom Benutzer geheimzuhaltenden PINs und TANs, sondern auf digitalen Signaturen (vgl. Abschnitt 3.2.6). Der entsprechende private Schlüssel des Kunden soll dabei in Zukunft auf dessen GeldKarte gespeichert werden. Über HBCI lassen sich neben klassischen Homebanking-Funktionen wie Zahlungsverkehr, Festgeldanlagen oder Scheckbestellungen auch z.B. Wertpapiergeschäfte abwickeln.

Wichtige Eigenschaften des Standards sind:

- *Dienstunabhängigkeit*
  HBCI ist eine reine Datenschnittstelle und unabhängig von bestimmten Transportdiensten, wie z.B. T-Online.
- *Endgeräteunabhängigkeit*
  Homebanking soll nicht nur mit einem PC, sondern auch über neue Geräte aus der Heimelektronik (z.B. Web-TV) möglich sein.
- *Sicherheit*
  Durch Verwendung allgemein anerkannter und leistungsstarker Signatur- und Verschlüsselungsverfahren ist HBCI auch für unsichere Netze geeignet.
- *Multibankfähigkeit*
  Ein Kunde kann mit seiner Homebanking-Software mit beliebigen Kreditinstituten kommunizieren.
- *Offenheit*
  Es werden anerkannte internationale Normen, Standards und Verfahren berücksichtigt.

Firmenkunden einer Bank können sich eines Cash-Management-Systems (CMS) bedienen. Bei CMS handelt es sich ursprünglich um Dienstleistungen der Banken zur Unterstützung der Finanz- und Liquiditätsdispositionen von (meist größeren) Unternehmen, die eine Vielzahl von verstreuten Konten verteilter Unternehmenseinheiten zu pflegen haben. Das Cash Management umfaßt Planung, Disposition und Kontrolle der liquiden Mittel unter dem Gesichtspunkt der Gewährleistung der Zahlungsfähigkeit. Zu einem CMS gehört in der Regel auch die Schnittstelle zu einem EFTS, um direkt elektronische Finanztransaktionen initialisieren zu können. Man kann verschiedene Realisierungskonzepte unterscheiden:

- Das CMS ist auf der Rechenanlage der Bank installiert. Der Kunde hat über ein Dialogterminal direkten Zugriff. Dem CMS und dem Kunden stehen stets die aktuellen Kontostände und sonstige Informationen aus dem Banksystem zur Verfügung.
- Das CMS ist auf der Rechenanlage des Firmenkunden installiert. Die Kontendaten und sonstigen Informationen werden in einem bestimmten zeitlichen Rhythmus aus dem Bankrechner an den Firmenrechner übertragen.
- Zwischen Bank und Unternehmen besteht keine direkte Verbindung. Das CMS wird von einem Serviceunternehmen betrieben, das z.B. von mehreren Banken gemeinsam gegründet wird (Third-Party-Konzept). Die Kontendaten werden über ein Kommunikationsnetz in den CMS-Rechner eingespeist. Der Kunde greift über ein Dialogterminal auf das CMS-System des Betreibers zu.

CMS sind als

- reine Informationssysteme,
- als Informations- und Transaktionssysteme sowie
- als Informations-, Transaktions- und Decision-Support-Systeme

einsetzbar. Wird das CMS im Unternehmen betrieben und mit bestehenden Anwendungssystemen verknüpft, so spricht man von Treasury Work Stations (TWS). Eine direkte Verknüpfung ist z.B. mit der Finanzbuchhaltung sinnvoll.

110   5 Ausgewählte branchenorientierte Anwendungssysteme

Die Basis eines CMS bildet die Bereitstellung von Informationen über die verschiedenen Firmenkonten. Hierzu gehören Salden, Umsätze und Details der einzelnen Buchungen. Bei verschiedenen Währungen informieren CMS über Kassa- und Terminkurse der Hauptwährungen sowie über aktuelle Marktentwicklungen mit Analysen und Prognosen. Darüber hinaus werden Informationen über Geld-, Edelmetall- und Wertpapiermärkte, Konjunktur- und Marktberichte usw. angeboten.

In der Regel bieten CMS die Möglichkeit, Zahlungen auf in- und ausländischen Konten auszulösen. Dabei werden vorab Zahlungsforderungen und -verbindlichkeiten zwischen verschiedenen Unternehmenseinheiten multilateral verrechnet. Man spricht von *Netting*. Dies bewirkt, daß an bestimmten Stichtagen nur noch die Nettosalden z.B. zwischen Mutter- und Tochtergesellschaften übertragen und damit die Transaktionskosten vermindert werden. Beim sogenannten *Pooling* werden verstreute Zahlungsmittelbestände regelmäßig bei einer Hauptbankverbindung („concentration account") zusammengeführt; die anderen Konten bleiben auf einen Nullsaldo bzw. einen niedrigen positiven Sockelbetrag eingestellt. Dadurch ergibt sich die Möglichkeit, das größere konzentrierte Geldvolumen besser zu disponieren bzw. zu günstigeren Konditionen zinsbringend anzulegen. Wegen der Unterstützung der Zahlungsabwicklung und der Generierung von Finanztransaktionen werden CMS häufig prinzipiell den Zahlungsverkehrssystemen zugeordnet.

Fortgeschrittene CMS bieten verschiedene Möglichkeiten zur Entscheidungsunterstützung bei der Finanzdisposition. Für die kurzfristige Liquiditätsplanung existieren z.B. Programme, die auf der Basis der erwarteten Ein- und Auszahlungen den zukünftigen Cash Flow für einen bestimmten Zeitraum darstellen. Im Rahmen der Unterstützung von Kapitalbeschaffungsentscheidungen einerseits und Kapitalanlageentscheidungen andererseits werden Systeme angeboten, die es ermöglichen, mit Hilfe von What-if-Analysen verschiedene Alternativen zu vergleichen. Bereits laufende Kredite und Geldanlagen werden dabei mit Programmbausteinen zum Investment- und Debtmanagement ausgewertet. In analoger Weise können im Bereich des Währungsmanagements neben der täglichen Berechnung offener Währungspositionen verschiedenste Szenarien analysiert werden, wie z.B. die Auswirkung von Wechselkursschwankungen auf die Liquiditätssituation oder den zukünftigen Cash Flow.

Nachdem Zahlungsverkehrsaufträge über eine Kundenschnittstelle in Papierform, auf Datenträger oder wie bei Home Banking, Electronic Cash oder CMS direkt elektronisch in das IV-System der Kundenbank eingegeben wurden, sind diese Transaktionen weiter zu bearbeiten bzw. über den Interbanken-Zahlungsverkehr an die Empfängerbank weiterzuleiten. In Deutschland stehen als Kommunikationsinfrastruktur hierfür folgende Netze zur Verfügung:

- Das Netz der Landeszentralbank (LZB) mit der Zentrale in Frankfurt und einer Hauptstelle (LZB-Vorstand) in jedem Clearinggebiet. Die Clearinggebiete spiegeln dabei eine besondere regionale Gliederung Deutschlands wieder. Das Clearinggebiet ist durch die erste Ziffer der Bankleitzahl (BLZ) identifiziert. Eine weitere Untergliederung erfolgt durch Clearingbezirke und Bankplätze (zweite und dritte Ziffer der BLZ).

5.1 Bankdienstleistungen

- Eigene Netze der Bankgruppen mit jeweils einer Zentrale und mehreren Gebietshauptstellen. So unterhalten z.B. die Großbanken wie Deutsche Bank oder Dresdner Bank sowie die Sparkassen, die Volks- und Raiffeisenbanken usw. jeweils ein „internes" Zahlungsverkehrsnetz. Die Bankgruppe ist durch die vierte Stelle der BLZ gekennzeichnet.

Ein Zahlungsverkehrsauftrag innerhalb einer Bankgruppe wird in der Regel innerhalb des entsprechenden Banknetzes abgewickelt. Erfolgt eine Überweisung zwischen Banken unterschiedlicher Gruppen, so wird die Transaktion über das LZB-Netz geleitet. Bleibt man dabei im gleichen Clearinggebiet, läuft die Transaktion über den Rechner des zugehörigen LZB-Vorstands. Bei gebietsübergreifendem Zahlungsverkehr vermittelt die LZB-Zentrale in Frankfurt die Transaktion (vgl. Abbildung 5-2).

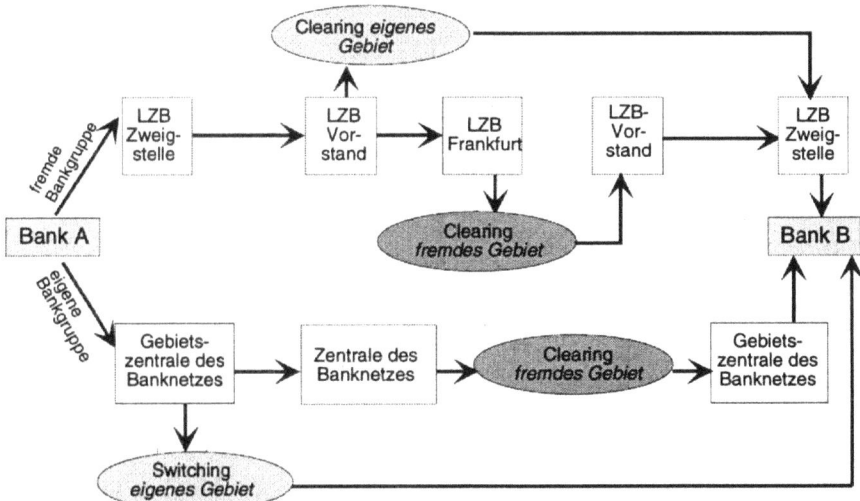

Abbildung 5-2: Interbanken-Zahlungsverkehr in Deutschland

Zur Abwicklung des Zahlungsverkehrs zwischen Banken auf internationaler Ebene greift man auf das sogenannte S.W.I.F.T. (Society for Worldwide Interbank Financial Telecommunication)-System zurück. Das heutige S.W.I.F.T.-System ist als strukturiertes Kommunikationsnetzwerk realisiert. Man unterscheidet:

- System Control Centers (SCC), die das Netzwerkmanagement mit Steuerungs- und Kontrollaufgaben übernehmen,
- Slice Processors (SP), die als Knotenrechner im Netzwerk Nachrichten speichern, weiterleiten, ausliefern und Daten für die Leistungsabrechnung festhalten,
- Regional Processors (RP), die für die Banken die Zugangsschnittstelle zum System darstellen.

5 Ausgewählte branchenorientierte Anwendungssysteme

Die meisten Nachrichten im S.W.I.F.T.-System betreffen internationale Bank-zu-Bank-Zahlungen, Geld-, Devisen- und Wertpapierhandelsgeschäfte sowie Akkreditive. Jede Nachricht besteht aus dem eigentlichen Nachrichtentext sowie einem elektronischen Umschlag (Envelope), der sich in Header und Trailer gliedert. Der Header beinhaltet die Adresse der Empfängerbank, die Identifikation des Absenders, den Nachrichtentyp und Prioritätscode, Zeit und Datum des Nachrichteneingangs sowie eine fünfstellige Kontrollnummer. Der Trailer dokumentiert den Übertragungsweg der Nachricht, indem die einzelnen Übertragungsrechner entsprechende Daten, z.B. über Zwischenspeicherungen, Verzögerungen oder Wiederholungen, anfügen. Zur Sicherung der Datenübertragung werden Prüfinformationen in Form von Hash-Werten erzeugt. Abbildung 5-3 skizziert den Weg einer Transaktion im S.W.I.F.T.-System.

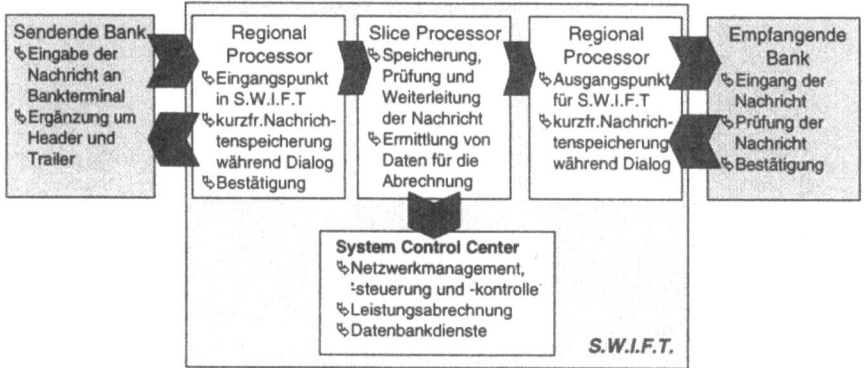

Abbildung 5-3: S.W.I.F.T.-Nachrichtenfluß

5.1.3 Kreditprüfungssysteme

Kreditprüfungssysteme dienen zur Unterstützung der Entscheidung, ob die Bank einen Kreditantrag annehmen, d.h. dem Kunden einen bestimmten Geldbetrag zur Verfügung stellen, oder den Antrag ablehnen soll. Es bestehen somit gewisse Analogien zur Bonitätsprüfung des Kunden bei einer allgemeinen Auftragsbearbeitung. Zur Beurteilung der Kreditwünsche von Privatkunden sind Punktebewertungsverfahren unter der Bezeichnung Credit Scoring verbreitet. Hierbei werden meist soziodemographische Kundenmerkmale durch entsprechende Punktevergabe „benotet" und die Punkte zu einem Scoring-Wert summiert. Es wird unterstellt, daß zwischen diesen ausgewählten Merkmalen und der Bonität des Kunden ein (indirekter) Zusammenhang besteht.

Um geeignete Merkmale und weitere Anhaltspunkte für das Bewertungsverfahren zu finden, wird auf erfaßte Daten schon abgewickelter Kredite zurückgegriffen. Diese „Erfahrungsdatenbank" muß sowohl gute Kredite enthalten, d.h. solche, die einen Gewinn erbracht haben, als auch schlechte Kredite, d.h. solche, die notleidend geworden sind und zu einem Verlust geführt haben. Für die Kreditnehmer

5.1 Bankdienstleistungen

sind in dieser Datenbank die Ausprägungen einer Reihe von Merkmalen festgehalten.

Beim Credit Scoring geht man nun wie folgt vor:

- Die in der Erfahrungsdatenbank gespeicherten Merkmale werden auf ihre Trennschärfe hinsichtlich guter und schlechter Kredite hin untersucht. Es werden diejenigen Merkmale selektiert, die eine hohe Trennschärfe aufweisen. Zu diesem Zweck ist z.B. das Verfahren der Diskriminanzanalyse aus dem Bereich der multivariaten Statistik einsetzbar.
- Den einzelnen Merkmalen wird eine Gewichtung zugeordnet, deren Werte sich ebenfalls aus den Ergebnissen der Diskriminanzanalyse ableiten lassen. Diese Gewichtung bestimmt die Anzahl der potentiell zu vergebenden Punkte bei der Bewertung eines Merkmals. Zum Beispiel vergibt man bei Zutreffen eines sehr trennscharfen Merkmals bis zu 20 Punkte, bei Vorliegen eines weniger trennscharfen nur 5 Punkte.
- Man ermittelt einen sogenannten Ausscheidungsfaktor, der die Punktegrenze darstellt, ab der mit dem Scoring-Verfahren bewertete Kreditanträge akzeptiert werden. Zur Bestimmung des Ausscheidungsfaktors dienen wiederum Informationen aus der Erfahrungsdatenbank. Ein Computerprogramm berechnet für jeden abgewickelten Kredit im nachhinein den zugehörigen Scoring-Wert. Da für jeden Kredit auch der erzielte Gewinn bzw. Verlust gespeichert ist, kann das System durch Variation der Punktegrenze diejenige fiktive Punktegrenze für eine Kreditannahme bestimmen, bei der in der Vergangenheit der Gewinn maximal gewesen wäre (vgl Abbildung 5-4). Diese „optimierende" Punktegrenze dient als Ausscheidungsfaktor zur Beurteilung zukünftiger Kreditwünsche.

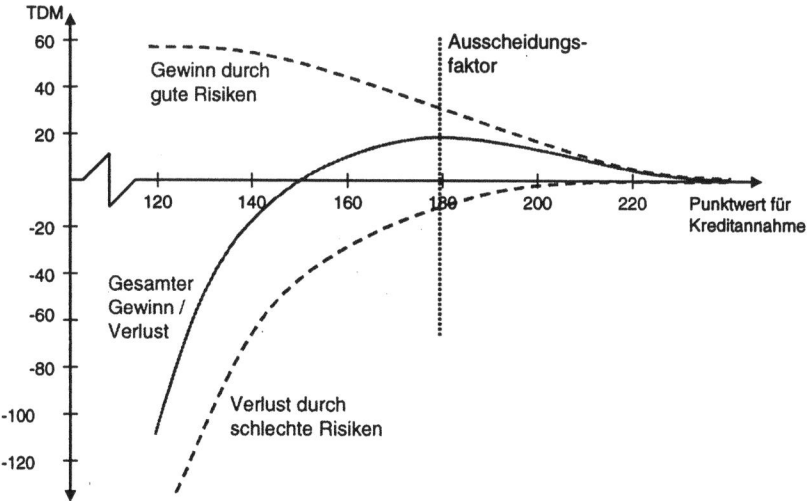

Abbildung 5-4: Bestimmung des Ausscheidungsfaktors

- Bei einem neuen Kreditantrag erfragt ein Kreditsachbearbeiter zunächst Angaben zu den einzelnen Bonitätsmerkmalen, bewertet diese nach dem vorgegebenen Bepunktungsschema und gibt diese Werte in das Credit-Scoring-Programm ein. Das Programm errechnet den Scoring-Wert und vergleicht diesen mit dem Ausscheidungsfaktor. Bei Überschreiten dieser Punktegrenze wird eine Annahmeempfehlung ausgegeben bzw. automatisch der Kreditvertrag generiert und ausgedruckt. Im anderen Fall erzeugt der Computer eine Ablehnungsmeldung. Ist der errechnete Scoring-Wert für den aktuellen Kredit sehr nahe am Ausscheidungsfaktor, so ist die Wahrscheinlichkeit nicht vernachlässigbar, daß man ein schlechtes Risiko annimmt oder ein gutes Risiko ablehnt. Aus diesem Grund führt man häufig ein sogenanntes kritisches Intervall um den Ausscheidungsfaktor ein. Fällt der Scoring-Wert in dieses Intervall, so erfolgt eine manuelle Nachprüfung durch den Sachbearbeiter. Die Software kann die Größe des kritischen Intervalls unter Annahme der Normalverteilung der guten und schlechten Risiken so bestimmen, daß nur ein vorgegebener Prozentsatz der Kredite automatisch fälschlicherweise angenommen oder abgelehnt wird. Diese akzeptierte Irrtumswahrscheinlichkeit ist bei der Konfigurierung des Credit-Scoring-Systems als Parameter einzugeben.

In neuerer Zeit versucht man, zur Beurteilung von Privatkreditanträgen auch Expertensysteme oder künstliche neuronale Netze einzusetzen. Die Expertensysteme arbeiten mit einer Wissensbasis, die verknüpfte Beurteilungs- und Entscheidungsregeln zur Kreditbewertung enthält. Ausprägungen von Bonitätsmerkmalen sind als Eingabedaten zu erfassen und gehen in die „Wenn"-Teile von Regeln ein. Nach unter Umständen mehreren Schlußfolgerungsstufen erhält man als Endergebnis eine Gesamtbeurteilung. Dabei werden in einer Baumstruktur viele Regeln verknüpft und zusammengeführt, indem die „Dann"-Teile als Eingaben für die „Wenn"-Teile anderer Regeln fungieren.

Auch bei dem Einsatz von künstlichen neuronalen Netzen werden zunächst Merkmale ausgewählt, die Indizien für die Kreditwürdigkeit sind. Das Netz wird zunächst mit möglichst vielen Beispielfällen aus der Erfahrungsdatenbank trainiert. Hierzu gibt man einerseits das Risikomuster, d.h. die Merkmalsausprägungen, als Eingabevektor und andererseits das Ergebnis, d.h. ob die Kreditabwicklung zu einem guten oder schlechten Ergebnis geführt hat, vor. Ist das Netz ausreichend trainiert, so liefert es bei der Eingabe eines neuen Risikomusters einen zugeordneten Ausgabewert, der meist als Zahl zwischen 0 und 1 bestimmt wird. Das Spektrum zwischen 0 und 1 wird in einen Annahmebereich, einen Ablehnungsbereich und ein kritisches Intervall zerlegt, was je nach Ergebnis zu einer Annahme, Ablehnung oder zur manuellen Überprüfung des Kreditantrages führt.

Im Rahmen der Kreditwürdigkeitsprüfung von Firmenkunden nimmt die Unternehmensanalyse eine zentrale Position ein. Es stehen Programmpakete zur Verfügung, die aus den Daten der Jahresabschlüsse, insbesondere aus Bilanzen und Gewinn- und Verlustrechnungen, eine Reihe von Auswertungen generieren. Hierzu gehören u.a. die Berechnung betriebswirtschaftlicher Kennzahlen, wie z.B. zur Bilanz- und Finanzierungsstruktur, Liquidität und Ertragssituation, sowie Vergleichsrechnungen, wie z.B. Branchen- und Periodenvergleiche. Bei der Interpretation von Bilanzen und Gewinn- und Verlustrechnungen können Expertensysteme eine weitergehende Unterstützung als konventionelle Software leisten. Über entsprechende Regelsysteme kann das System Schlüsse aus der Jahresabschlußanalyse ziehen und z.B. beurteilen, ob sich das Unternehmen in einer Wachstums- oder Schrumpfungsphase befindet. Die Beurteilung kann dabei so weit getrieben werden, daß der Computer ein ausführliches Gutachten in verbaler Form ausgibt. Darin sind auf der Basis der errechneten Analyseergebnisse Ursachenvermutungen, Schlußfolgerungen und Gesamtbewertungen in Form von automatisch generierten Texten enthalten. In diesem Fall spricht man auch von Expertisesystemen.

5.1.4 Selbstbedienung im Bankbereich

Neben dem Vertrieb von Bankprodukten über Filialen haben sich verschiedene Möglichkeiten entwickelt, bei denen der Kunde im direkten Kontakt mit einem Anwendungssystem der Bank Dienstleistungen in Auftrag geben bzw. in Anspruch nehmen kann. Abbildung 5-5 skizziert einige Möglichkeiten dieser Art von Selbstbedienung.

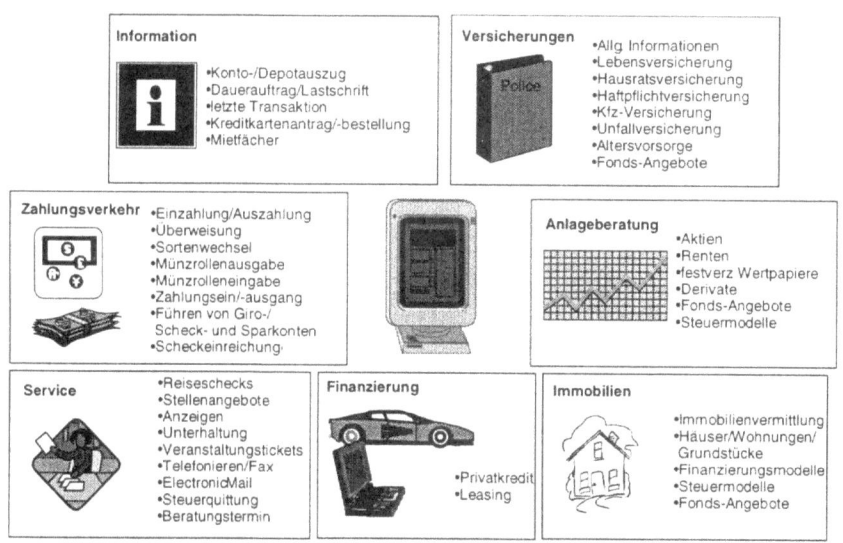

Abbildung 5-5: Potentiale von Selbstbedienungssystemen im Bankbereich

Die über diese Wege angebotenen Dienstleistungen beinhalten zunächst Produkte aus dem Kerngeschäft, wie z.B. den Zahlungsverkehr, Kreditvergabe und Geldanlage. Es zeichnet sich ab, daß im Rahmen der Diversifizierung der Banken zukünftig auch bestimmte Versicherungen, die Vermittlung von Immobilien und weitere Serviceleistungen integriert werden. Insbesondere beim Homebanking, z.B. über das Internet, als auch bei dem Einsatz von Selbstbedienungsterminals setzt man mehr und mehr multimediale Präsentationssysteme ein, wie z.B. zur

Darstellung von Immobilienangeboten oder zur Visualisierung von Chancen und Risiken im Anlagebereich.

5.2 Versicherungsdienstleistungen

5.2.1 Überblick

Versicherungsunternehmen gehören ebenso wie Banken zur Finanzdienstleistungsbranche. Ihre Geschäftstätigkeit ist deshalb weitgehend durch den Umgang mit dem Objekt „Geld" geprägt. Operative Anwendungssysteme unterstützen neben der Buchhaltung und Kostenrechnung insbesondere die Abrechnung von Versicherungsprämien und -leistungen, die Verwaltung der Vielzahl von unternehmensinternen Kundenkonten und allgemein den Zahlungsverkehr.

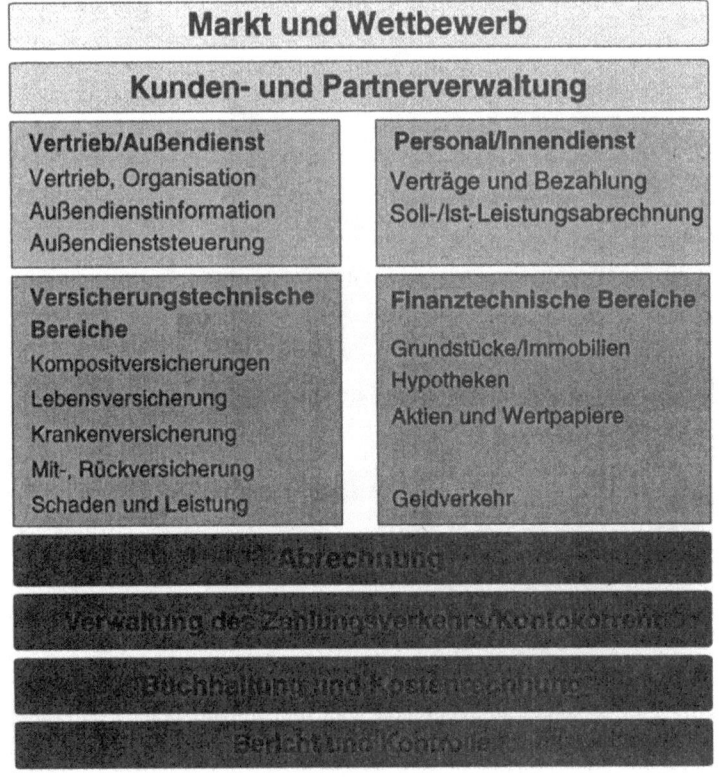

Abbildung 5-6: Exemplarische Unternehmensbereiche einer Versicherung

5.2 Versicherungsdienstleistungen

Tabelle 5-2: Ausgewählte Anwendungssysteme in Versicherungen

WWW			
Self-Service-Terminals	Vertragsabschluß möglich bei wenig erklärungsbedürftigen Versicherungsprodukten mit großem Kundenpotential		
Marketing	Vertriebsinformationssysteme, z.B. mit Zugriff auf externe Datenbanken Systeme zur Kundensegmentierung, z.B. mit Hilfe neuronaler Netze Mikrogeographische Systeme, z.B. zur Kundenakquisition (vgl. Abschnitt 4.1.2) Database-Marketing Außendienststeuerungs-, und -unterstützungssysteme (vgl. Abschnitt 5.2.3) Vertriebsunterstützungssysteme Vertrieb über Telekommunikationsmedien (vgl. Abschnitt 4.1.6)	●	
Leistungsbereitstellung	Produktplanungssysteme zur Entwicklung neuer Versicherungsprodukte Personalplanungssysteme Systeme zur Prognose von Schadensvolumina (z.B. mit neuronalen Netzen)		
Information und Beratung	Systeme zur Feststellung des Produkt- und Deckungsbedarfs in Selbstbedienung	●	●
Vereinbarung	Konfigurationssysteme zur individuellen Gestaltung und Tarifierung von Versicherungsleistungen Tarifierungssysteme mit Tarifdatenbank und Tarifkalkulationsprogrammen Systeme zur Angebotserstellung und Antragsbearbeitung (Computer-Aided-Selling-Systeme) Risikoprüfung mit Expertensystemen, neuronalen Netzen oder Fuzzy-Systemen	●	○
Durchführung	Dokumenten-Managementsystem für Vertragsverwaltung, Regulierung, Liegenschaftsverwaltung, Personalwesen, Einkauf und Rechnungsprüfung Verwaltungs- und Abrechnungssysteme für Immobilien, Wertpapiere und Kredite Depotanalyse- und -dispositionssystem WMS zur Schadensfallbearbeitung (vgl. Abschnitt 5.2.4)		○
Abrechnung	Provisionsabrechnungssysteme für den Außendienst		
Bezahlung	Bezahlung mit Kreditkarte (vgl. Abschnitt 4.7.4)	●	●
Integrierte Systeme	Versicherungs-Anwendungs-Architektur (vgl. Abschnitt 5.2.2)		

Im Vergleich mit anderen Unternehmen kann man bestimmte Aufgaben identifizieren, die für eine Versicherung besonders typisch oder bemerkenswert sind:

- *Produktion von Versicherungsleistungen*
  Hierzu ist die Behandlung des gesamten Lebenszyklus von Versicherungsleistungen zu rechnen, d.h. ausgehend von der Produktplanung mit Tarifierung

bzw. Prämienfestsetzung über die Antragsbearbeitung mit Risikoprüfung, die Vertragspflege und Kundenbetreuung bis hin zur Schadensprüfung und -bearbeitung sowie Rückversicherung.

- *Organisation und Steuerung des Vertriebs*
  Der Vertriebsbereich von Versicherungsunternehmen ist meist stark ausgebaut und umfaßt neben den internen in der Regel zahlreiche freie Außendienstmitarbeiter sowie ein Netzwerk von Agenturen und sonstigen regionalen Anlaufstellen. Wichtige Aufgaben sind die Versorgung des Außendienstes mit Informationen, die Steuerung und Erfolgskontrolle sowie die Gestaltung und Anwendung entsprechender Entgeltsysteme, die oft auf Provisionskonzepten und Sonderprämien aufgebaut sind.

- *Finanztechnische Dispositionen*
  Neben der operativen Abwicklung des Geldverkehrs spielt hier insbesondere die Anlage von Finanzmitteln zur Risikovorsorge und zur Erzielung von Kapitalerträgen eine Rolle. Wie im Geldanlagebereich einer Bank sind hier unter speziellen Rahmenbedingungen Immobilien-, Wertpapier- und Geldmarktgeschäfte zu tätigen. Ein Beispiel für die Strukturierung der Unternehmensbereiche einer Versicherung zeigt Abbildung 5-6.

Bei den Dienstleistungsprozessen dominiert die Erfassung, Bearbeitung und Weitergabe von Informationen. Entsprechend groß sind die Potentiale für den Einsatz von Informations- und Kommunikationssystemen. Bei der Durchführung des Massen- und Routinegeschäfts im Back-Office-Bereich sind die Anwendungen schon weit fortgeschritten. In neuerer Zeit werden zunehmend Anwendungssysteme für Planungs-, Steuerungs- und Kontrollaufgaben sowie zur Unterstützung des Außendienstes entwickelt und eingeführt.

5.2.2 Versicherungs-Anwendungs-Architektur

Im Gegensatz zu anderen Branchen fehlt im Versicherungsbereich ein umfassendes Angebot an Standardsoftware. Die Aufgabe der Erstellung von fachlichen und technischen Konzepten für Anwendungssysteme liegt noch weitgehend bei den Versicherungsunternehmen selbst. Aus wirtschaftlichen Gründen ist es aber nicht sinnvoll, in großem Umfang Parallelentwicklungen zu betreiben. Vor diesem Hintergrund hat die Gesellschaft der Deutschen Versicherungswirtschaft im Jahr 1992 mit der Erarbeitung einer unternehmensübergreifenden und flexiblen Anwendungsarchitektur begonnen, die den Weg hin zu einem offenen Markt für Softwarebausteine weisen soll. Ziel ist, diese Bausteine aus verschiedenen Quellen, wie z.B. eigene Entwicklungsabteilung, externe Softwarehersteller oder andere Versicherungsunternehmen, beziehen und über standardisierte Schnittstellen frei kombinieren zu können.

Die angestrebte generelle Versicherungs-Anwendungs-Architektur soll den Rahmen vorgeben, innerhalb dessen

- ein übergreifendes Konstruktionsprinzip herrscht,
- die Anwendungen für den Entwickler transparent sind,

5.2 Versicherungsdienstleistungen

- durch Normung von Schnittstellen die Integration von Anwendungen unterstützt wird,
- für generelle Aufgaben Standardbausteine definiert sind und
- die späteren Systeme sich gegenüber dem Endbenutzer ähnlich verhalten.

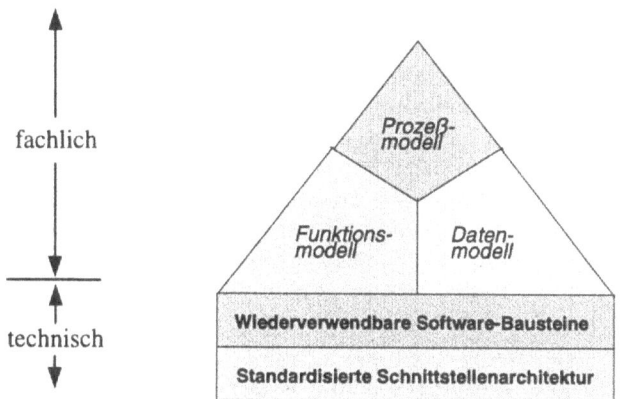

Abbildung 5-7: Hauptbestandteile der Versicherungs-Anwendungs-Architektur

Die vorgeschlagene Versicherungs-Anwendungs-Architektur besteht aus fachlichen Modellen und technischen Komponenten (vgl. Abbildung 5-7).

Basis des fachlichen Konzeptes ist ein umfangreiches Datenmodell, das auf dem Entity-Relationship-Ansatz beruht. Abbildung 5-8 zeigt einen Ausschnitt mit einigen wichtigen Entitytypen.

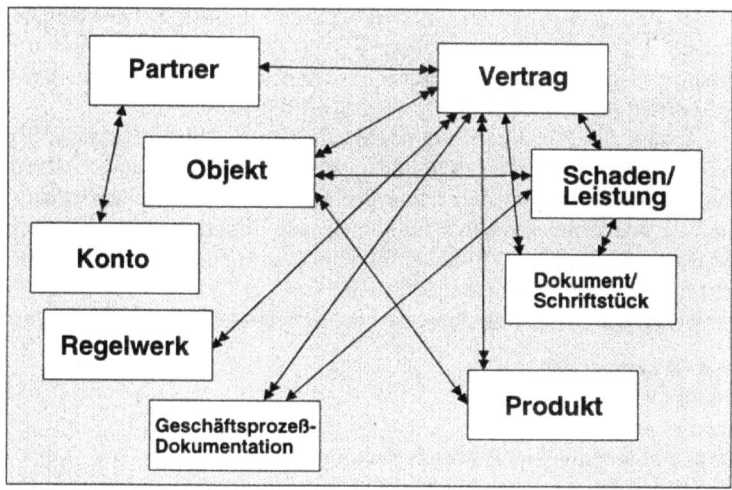

Abbildung 5-8: Ausschnitt aus dem Datenmodell der Versicherungs-Anwendungs-Architektur

Darin werden unter *Partnern* eines Versicherungsunternehmens sowohl die Kunden wie auch die internen und externen Mitarbeiter und auch Unternehmen verstanden, zu denen eine Geschäftsbeziehung besteht. *Produkte* sind Versicherungs- und Finanzdienstleistungsprodukte sowie sonstige Dienstleistungen. *Verträge* werden über Produkte, wie z.B. eine Lebensversicherung, geschlossen. Sie umfassen den sogenannten Einzelvertrag, die Police und die versicherte Gefahr. Daneben existieren eine Reihe weiterer vertraglicher Abmachungen, wie z.B. Agentur- oder Kaufverträge. Bei der Bearbeitung von Ansprüchen gegen das Versicherungsunternehmen spielt der Entitätstyp *Schaden/Leistung* die zentrale Rolle. Er enthält Informationen über den Schadensfall, das Schadensereignis, den Leistungsanspruch und die Leistungsbuchung. Bei einem *Objekt* handelt es sich um Personen oder Sachen, die mittels eines Vertrages unter Versicherungsschutz gestellt werden. Das *Konto* dient zur Zusammenführung und Verdichtung von wertbezogenen Daten aus den funktionalen Unternehmensbereichen. So entstehen Beitrags-, Provisions- und Leistungskonten, auf die vor allem das Controlling und das Rechnungswesen zugreifen. Unter *Regelwerk* sind generelle Richtlinien und Verfahrensweisen zusammengefaßt, wie z.B. Versicherungsbedingungen, das Tarifwerk und die Provisionsregelung. Teil- und Endergebnisse der verschiedenen Dienstleistungen sowie in die Prozesse eingehende Belege, Gutachten usw. sind auf *Dokumenten/Schriftstücken* als Informationsträger festgehalten. Diese können in papiergebundener oder auch elektronischer Form vorliegen. In der *Geschäftsprozeß-Dokumentation* sind Einzelheiten zur Abwicklung eines konkreten Geschäftsprozesses gespeichert, wie z.B. Auslöser, beteiligte Personen und Bearbeitungstermine.

Neben dem Datenmodell enthält die Versicherungs-Anwendungs-Architektur auch ein Funktionsmodell in der Gestalt eines detailliert aufgegliederten Funktionsbaumes.

Ziel ist, daß in der feinsten Gliederungsstufe die „Blätter" des Baumes in entsprechende zu realisierende Software-Bausteine umgesetzt werden können. Abbildung 5-9 zeigt stark vereinfachend einen kleinen Ausschnitt, bei dem der Zweig „Leistungen erstellen" etwas weiter verfolgt wurde.

Der Ansatz des Prozeßmodells besteht darin, die Ablaufstruktur von verschiedenen Geschäftsprozessen so zu dokumentieren, daß den einzelnen Aktivitäten des Prozesses Anwendungsbausteine aus der Realisierungssicht zugeordnet werden können, die wiederum Elementarfunktionen aus Funktionssicht entsprechen (vgl. Abbildung 5-10). Bei Bedarf können in einem Anwendungsbaustein auch mehrere Elementarfunktionen zusammengefaßt sein.

Die wesentlichen Geschäftsprozesse eines Versicherungsunternehmens sind:

- Produkt entwickeln,
- Produkt vertreiben,
- Antrag bearbeiten,
- Vertrag bearbeiten und Bestände verwalten,
- Schaden und Leistung bearbeiten,
- Abrechnung mit Kunden durchführen,
- Abrechnung mit Dritten durchführen.

5.2 Versicherungsdienstleistungen

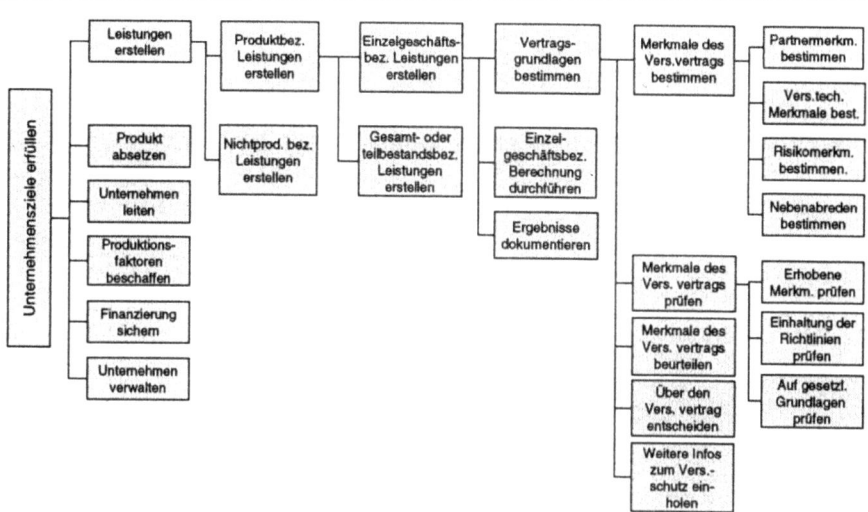

Abbildung 5-9: Ausschnitt aus dem Funktionsmodell der Versicherungs-Anwendungs-Architektur

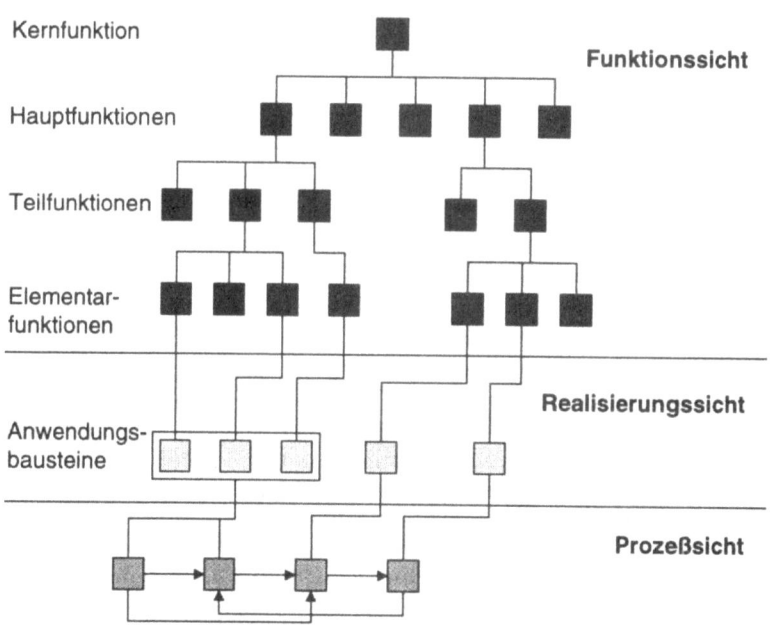

Abbildung 5-10: Funktions-, Realisierungs- und Prozeßsicht

Die technische Struktur der Versicherungs-Anwendungs-Architektur ist in Abbildung 5-11 dargestellt. Die *Entkopplungs-*und *Schnittstellenschicht* verbindet

122 5 Ausgewählte branchenorientierte Anwendungssysteme

die Anwendungen mit den systemtechnischen Gegebenheiten der im Einzelfall vorhandenen Hardware und Systemsoftware. Auf Anwendungsebene wird zwischen Workflow-Management, DV-Vorgangssteuerung und Dialogsteuerung einerseits und den konkreten Anwendungsbausteinen auf der Arbeitsebene andererseits unterschieden. Das *Workflow-Management* gliedert Geschäftsprozesse in Teilprozesse und ordnet diesen Funktionselemente der Organisation zu.

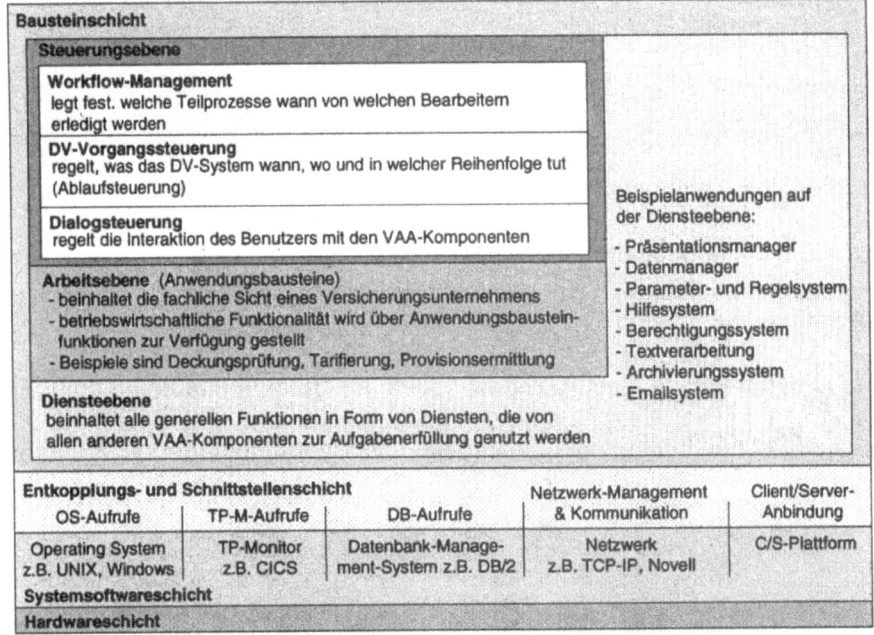

Abbildung 5-11: Technische Struktur der Versicherungs-Anwendungs-Architektur

Die strukturierten Teilprozesse werden an die *DV-Vorgangssteuerung* weitergegeben. Nach deren Abwicklung werden darauffolgende Teilprozesse, abhängig vom aktuellen Stand der Bearbeitung, initialisiert. Teilprozesse können völlig manuell von Sachbearbeitern, mit weitgehender Unterstützung von Software-Bausteinen oder auch völlig automatisch abgewickelt werden. Hierzu führt das *Workflow-Management* Zuständigkeits-, Berechtigungs- und Freigabeprüfungen durch und stellt Arbeits- und Postkorbfunktionen bereit. Die *DV-Vorgangssteuerung* begleitet und kontrolliert die Bearbeitungsabläufe innerhalb der Teilprozesse. Sie stößt Anwendungs- bzw. Funktionsbausteine an und sorgt eventuell für die Verknüpfung mit angegebenen oder benötigten Daten. Die *Dialogsteuerung* ermöglicht und regelt die Interaktion des Benutzers mit den Anwendungen der *Arbeitsebene*. Die *Diensteebene* beinhaltet mehrfach verwendbare Funktionen für die Steuerungs- und Arbeitsebene.

In Tabelle 5-3 sind einige Anwendungsbausteine der Arbeitsebene beispielhaft aufgeführt und mit wichtigen Bezugsobjekten des Datenmodells verknüpft.

Tabelle 5-3: Ausgewählte Anwendungsbausteine der Versicherungs-Anwendungs-Architektur

Geschäftsobjekt	Anwendungsbausteine
Versicherungsvertrag	Angebotsbearbeitung Annahme und Unterschrift Vertragsänderung und –fortschreibung, Vertragsstornierung Tarifierung und Beitragsrechnung Provisionierung Berechnung fremder Anteile
Partner	Partnerbeziehungen /-rolle pflegen Partnerdaten pflegen Kommunikationsdaten pflegen (Adreßverwaltung)
Schaden / Leistung	Schadensereignis erfassen, melden, anlegen Schadensanlage durchführen Anspruchsbearbeitung durchführen Aufwandsermittlung durchführen Regulierung durchführen
Geschäftsprozeßdokumentation	Geschäftsprozeßakte führen (anlegen, bearbeiten, schließen) Logbuch erstellen
Produkt	Produkt entwickeln, definieren, pflegen
Konto	Abrechnung des Kontos (Provision, Beitrag, Gehalt, Schaden) Buchung durchführen Geldeingang verarbeiten Geldausgang verarbeiten Dokumentation von Geld- und Güterbewegungen
Versicherungsobjekt	Objektdaten pflegen Objektbeziehungen pflegen (Standorte)
Dokument, Datenträger, Schriftstück	Eingehende Dokumente verwalten und archivieren Ausgehende Dokumente erstellen, verwalten und versenden Archiv verwalten

5.2.3 Unterstützung des Außendienstes im Versicherungsvertrieb

Außendienstmitarbeiter von Versicherungen werden zunehmend mit portablen Computern (Notebooks) ausgestattet. Der Rechner dient dabei einerseits als Datenspeicher und elektronisches Nachschlagewerk, andererseits als Rechenhilfe und Konfigurierungsinstrument bei der Gestaltung des Versicherungsantrages. Die Prüfung des Antrages und Ausstellung der Versicherungspolice erfolgt meist konventionell im Back-Office-Bereich des Unternehmens.

Unter anderem können im Versicherungsvertrieb folgende Funktionen unterstützt werden:

- Planung von Kundenkontakten und Organisation der Wiedervorlage mit Hilfe eines Termin-Management-Systems,
- Erstellung individueller Anschreiben an die Kunden mit Hilfe von Textverarbeitungssystemen und einer Textbaustein-Bibliothek,
- Selektieren von Informationen über Versicherungsmöglichkeiten, -bedingungen, -leistungen usw. mit Hilfe einer Produktdatenbank,

- Durchführung von Alternativrechnungen beim Kunden, z.B. bezüglich Prämien, Laufzeiten und Auszahlungsbeträgen mit Hilfe einer Tarifdatenbank,
- Erfassung der benötigten Kundendaten und Zusammenstellung des Versicherungsantrages mit Hilfe eines Antragskonfigurierungsprogramms,
- Übermittlung des Antrags an die Zentrale mit Hilfe von Kommunikationssoftware zur eventuellen Online-Prüfung,
- Ausdruck von Schriftstücken für den Kunden vor Ort mit Hilfe eines im Notebook integrierten Druckers.

Für die Planung der Kundenkontakte und die individuelle Vorbereitung sowie Durchführung des Kundendialogs greift der Außendienstmitarbeiter auf Kundenstammdaten sowie gegebenenfalls auch auf selbsterstellte Kundenprofile zu. Diese können auch „weiche" Daten zur Einschätzung der Versorgungs- und Finanzlage und zur persönlichen Situation, wie z.B. berufliche Stellung, familiäre Situation oder Hobbies enthalten.

Man strebt an, neben der Auftragserstellung auch die Antragsprüfung elektronisch beim Kunden durchzuführen. Hierzu werden zunehmend Expertensysteme eingesetzt. Vorreiter waren Rückversicherungsgesellschaften, die inzwischen ihre Systeme am Markt auch Erstversicherern anbieten. Das Expertensystem analysiert im Kundendialog verschiedenste Voraussetzungen, wie z.B. die Versicherbarkeit bei Lebensversicherungen, und generiert daraus einen individuell maßgeschneiderten Antrag. Dazu simuliert das System die Vorgehensweise eines Risikoprüfers, arbeitet systematisch einen dynamischen, d.h. während des Dialogs zusammengestellten Fragenkatalog ab und fragt bei kritischen Sachverhalten gezielt nach. Anfänglich wurden derartige Systeme vor allem im Back Office eingesetzt und unterstützten Entscheidungen in sehr komplexen und schwierigen Grenzfällen. Heutige, für normale Risiken entwickelte Systeme können den größten Teil aller Anträge vollautomatisch prüfen, tarifieren und policieren.

5.2.4 Schadensfallabwicklung

Die Bearbeitung von Schadensmeldungen und Leistungsansprüchen findet in der Regel im Back-Office-Bereich statt. Im Normalfall erfolgen Schadensprüfung und Leistungsabwicklung nach einem strukturierten, vorgebbaren Ablaufschema. Dabei werden unterschiedliche Informationen benötigt, wie z.B.:

- Vertragsakte mit der Beschreibung des versicherten Risikos,
- Informationen zur Police und zur Prämienzahlung,
- eventuelle Vorkorrespondenz,
- Schadensmeldung mit der Beschreibung des Schadenshergangs, eventuellen Skizzen und Fotos,
- Berichte und Protokolle von Polizei oder Feuerwehr, die Fotos oder Videos enthalten können,
- Berichte von Sachverständigen in schriftlicher Form oder als Diktat auf Tonbandkassette.

5.2 Versicherungsdienstleistungen 125

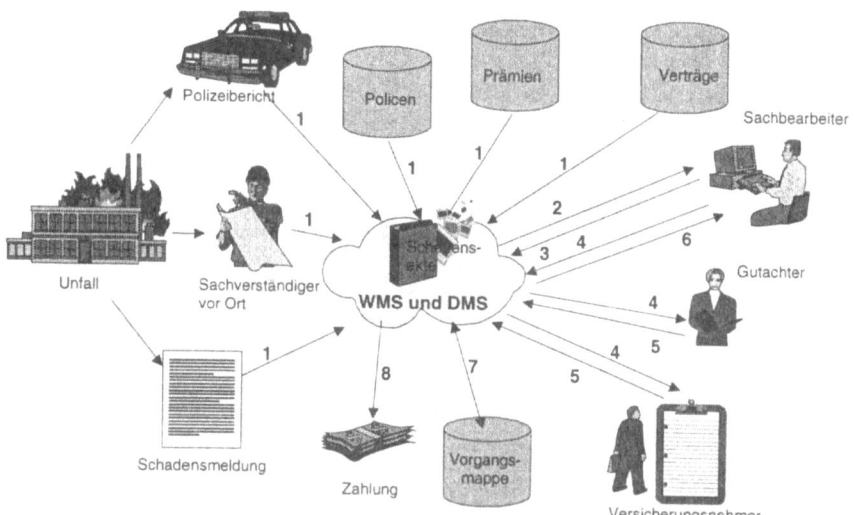

Abbildung 5-12: Workflow- und Dokumenten-Management-System bei der Schadensfallabwicklung

Zur Unterstützung des Abwicklungsprozesses bieten sich Workflow-Management-Systeme an (vgl. Abschnitt 3.4.3 und Abbildung 5-12). Bei einer fortgeschrittenen Anwendung werden möglichst alle benötigten Informationen in elektronische Form überführt und als Schadensakte z.B. in einem Dokumenten-Management-System (vgl. Abschnitt 3.4.1) abgespeichert (1). Der Sachbearbeiter greift über seinen PC und das lokale Netzwerk im Back Office auf die Akte des Schadensfalls mit dem Vertrag, der Police und z.B. das am Unfallort gedrehte Video sowie den Bericht des Sachverständigen zu (2). Der Sachbearbeiter kann elektronische Notizen oder gesprochene Anmerkungen hinzufügen (3). Er stellt z.B. fest, daß zur Beurteilung des Falles noch ein technisches Gutachten und ein vom Versicherungsnehmer ausgefüllter Fragebogen notwendig ist. Daher leitet er die Akte über das Workflow-Management-System in den elektronischen Postkorb des Gutachters und veranlaßt den Ausdruck eines Fragebogens mit einem standardisierten Begleitschreiben (4). Der Gutachter erhält alle fallspezifischen Informationen aus der Akte, erstellt das Gutachten und legt die Akte wieder im Dokumenten-Management-System ab. Parallel dazu füllt der Versicherungsnehmer den Fragebogen aus und sendet ihn zurück (5). Eine Terminüberwachungskomponente des Workflow-Management-Systems veranlaßt die Wiedervorlage der Akte beim Sachbearbeiter, sobald auch der Fragebogen in elektronische Form übergeführt wurde (6). Die während der Vorgangsabwicklung durchgeführten Aktivitäten werden in einer speziellen Vorgangsmappe dokumentiert, die auch vom Dokumenten-Management-System verwaltet werden kann (7). Wird dem Workflow-Management-System ein positives Ergebnis der Schadensprüfung gemeldet, so initialisiert es die Leistungsabrechnung sowie die Zahlung an den Versicherungsnehmer (8).

5.3 Personen- und Güterverkehrsdienstleistungen

5.3.1 Überblick

Güterverkehrsdienstleistungen werden von Unternehmen erbracht, die im Auftrag von anderen Unternehmen oder von Privatpersonen den Transport von Sachgütern ausführen. Hierzu gehören hauptsächlich Speditionen, wobei häufig auch mehrere Speditionen zusammenwirken, um die durchgehende Beförderung eines Gutes von einem Standort A zu einem Standort B zu bewerkstelligen. Daneben existieren Unternehmen, die man Integrators nennt, die diese Dienstleistung aus einer Hand im Rahmen sogenannter Door-to-Door-Konzepte anbieten. Weiterhin haben sich Unternehmen auf bestimmte Transportarten spezialisiert oder bieten den Gütertransport zusätzlich zu Personenverkehrsdienstleistungen an, wie z.B. Fluggesellschaften oder die Bahn.

Tabelle 5-4: Ausgewählte Anwendungssysteme im Güterverkehr

WWW	Unterstützung der Durchführung z. B. durch Frachtverfolgung		
Self-Service-Terminals			
Marketing	Database Marketing		
Leistungsbereitstellung	Personal- und Fuhrparkplanung Zwischenlagerplanung Personal- und Fuhrparkverwaltung Verkehrsnetzsimulator: Simulation und Verbesserung der Auslastung eines Verkehrsnetzes regelmäßig befahrener Verbindungen		
Information und Beratung	CD-ROMs mit allen verfügbaren Routings von Linienflugzeugen Verpackungsinformationssysteme	●	●
Vereinbarung	Multiagentensysteme (vgl. Abschnitt 5.3.2) Konfigurationssysteme		○
Durchführung	Tracking und Tracing über GPS (Global Positioning System) und digitale Straßenkarten (vgl. Abschitte 4.5.3 und 5.3.3) Mobile Datenspeicher (über kurze Entfernung per Funk auszulesen) für Container und Transportbehälter Barcodetable-Systeme Slotmanagementsysteme für Luftfracht Tourenoptimierung mit neuronalen Netzen	○	●
Abrechnung	Erstellung von Sammelrechnungen		
Bezahlung	CyberCash (vgl. Abschnitt 4.7.5)		●
Integrierte Systeme	Flottenmanagementsysteme		

An Gütertransportdienstleistungen werden oft spezifische Anforderungen gestellt. Die Fahrtrouten zur Erfüllung der Aufträge sind möglichst kostengünstig zu planen. Die Kapazitäten der Fahrzeuge, z.B. Lastkraftwagen, sollen möglichst gut ausgenützt und Leerfahrten reduziert werden. Man muß möglichst kurzfristig im laufenden Betrieb auf neue Aufträge oder auf Umdispositionen reagieren können.

5.3 Personen- und Güterverkehrsdienstleistungen

Hierzu ist eine Lokalisierung der Fahrzeuge „in Echtzeit" und eine direkte Kommunikation mit den Fahrern notwendig. Bei der Einsatzsteuerung sind gesetzliche Vorschriften, z.B. bezüglich der Ruhezeiten der Fahrer, zu beachten. Oft fordert der Kunde auch, daß ein Auftrag innerhalb einer vorgegebenen Zeit abgewickelt wird, um z.B. Just-in-time-Konzepten zu genügen oder verderbliche Waren rechtzeitig auszuliefern.

Bei Personenverkehrsdienstleistungen ist zwischen der Unterstützung des Individualverkehrs und der Durchführung des Personentransports durch Unternehmen zu unterscheiden. Sieht man von Charteraufträgen ab, erfolgt die Angebotsplanung bei Unternehmen zur Personenbeförderung bzw. im öffentlichen Verkehr durch die Ermittlung von kosten- und ertragsoptimalen Routen. Daraus ergeben sich in der Regel über längere Zeiträume gültige Fahrpläne. Im Rahmen dieser Fahrpläne kann eine Anpassung an den Bedarf meist nur noch durch Kapazitätsänderungen der eingesetzten Fahrzeuge erfolgen. Im laufenden Betrieb ist die Kommunikation zwischen Leitstelle und Fahrern bzw. Fahrgästen wichtig, um z.B. über Ausnahmesituationen (Verspätungen, Sonderfahrten usw.) zu informieren.

Tabelle 5-5: Ausgewählte Anwendungssysteme im Personenverkehr

WWW			
Self-Service-Terminals	Neuere Anwendungen sind z.B. Tracing-Informationen zur Standortverfolgung des Fahrzeugs		
Marketing	T-Online als Vertriebsmittel für Fahrkarten	●	●
Leistungsbereitstellung	Personaleinsatz- und Fuhrparkplanung Fahrplanerstellung und Routenplanung Dienstplanung mit evolutionären Algorithmen (vgl. Abschnitt 4.2.4)		
Information und Beratung	Telefonische Zugauskunft über Sprachein- und -ausgabe Anzeigetafeln zur Fahrgastinformation Elektronische Fahrplan- und Verkehrsauskunft (EVA) CD-ROMs zur Fahrplaninformation und -beratung	●	●
Vereinbarung	Elektronisches Ticket-System: Ausdruck und flexible Konfiguration von Fahrausweisen (z.B. Gültigkeitsdauer von Zeitfahrkarten, Ausschlußzeiten) für den ÖPNV direkt an den Verkaufsstellen	●	●
Durchführung	Rechnergestützte Zugüberwachung (RZü): automatische Zuglaufverfolgung mit Hilfe von Streckenspiegelmonitoren Verkehrslenkungssysteme: Anzeige von Fahrempfehlungen oder -vorschriften für Autofahrer über Wechselverkehrszeichen Rechnergestützte Betriebsleitsysteme (vgl. Abschnitt 5.3.4) Tracking und Tracing des Verkehrsmittels (vgl. Abschnitt 4.5.3) Auftragsplanung und -übermittlung sowie Navigationssysteme für Taxis Wegleitsysteme für den Individualverkehr Integration von öffentlichem und Individualverkehr	●	○
Abrechnung	Erfassung von Autobahngebühren		○
Bezahlung	Kartengestützte Zahlungsverfahren, elektronische Geldbörse und Kundenkarten (vgl. Abschnitt 4.7.2)	●	○

Für den Individualverkehr werden zunehmend elektronische Dienstleistungen z.B. in Form von Navigations-, Verkehrsinformations- und Verkehrsleitsystemen angeboten. Navigationssysteme helfen, die optimale Route zu einem individuellen Ziel zu finden. Grundlage hierfür ist die computergestützte Bestimmung des aktuellen Standorts, z.B. über GPS (Global Positioning System), und der Zugriff auf digitale Straßenkarten. Verkehrsinformationssysteme versorgen den Fahrer mit Meldungen über die aktuelle Streckenbelastung, Unfälle, Staus usw. Verkehrsleitsysteme steuern in Abhängigkeit von erfaßten Verkehrsflußdaten variable Gebots- und Verbotsschilder und versuchen dadurch, das gesamte Verkehrsaufkommen zu regulieren.

5.3.2 Auftrags- und Routenplanung im Güterverkehr

Die Abwicklung von Transportaufträgen im Güterverkehr geschieht häufig arbeitsteilig durch mehrere kooperierende Speditionsunternehmen, von denen jedes über einen eigenen Fuhrpark von Lkws verfügt, die im Rahmen der Aufträge feindisponiert werden müssen. Die Auftragsplanung und -abstimmung erfolgt konventionell über zentrale Entscheidungsunterstützungssysteme. Neuere Ansätze versuchen, dezentrale und marktorientierte Koordinationsmechanismen einzuführen, die von einem Multiagentensystem (vgl. Abschnitt 3.3.2) unterstützt werden können (vgl. Abbildung 5-13).

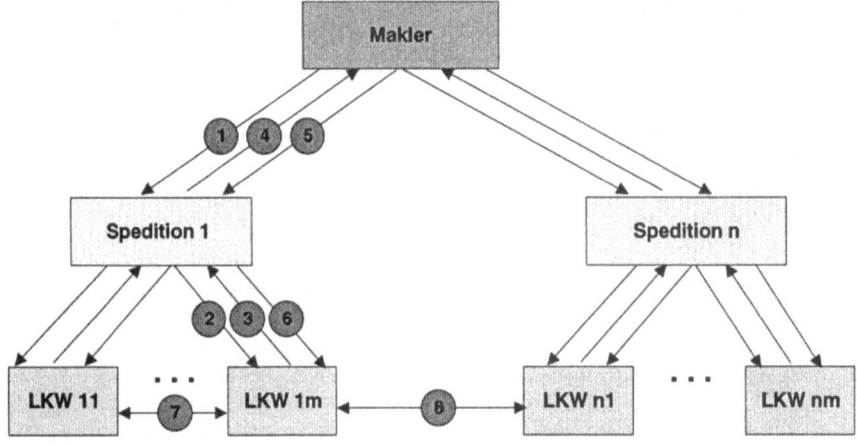

1, 2: Auftragsauschreibung
3: Angebot für Teilauftrag
4: Angebot für Gesamtauftrag
5: Zusage/Ablehnung für Gesamtauftrag
6: Zusage/Ablehnung für Teilauftrag

Nach der Auftragsvergabe: Verhandlung über Teilaufträge
7: zwischen kooperierenden Agenten
8: zwischen konkurrierenden Agenten

Abbildung 5-13: Multiagentensystem zur Auftragsabstimmung

Transportaufträge und die Aufforderung, ein Gebot abzugeben, werden den Speditionsagenten von einem zentralen Makleragenten mitgeteilt. Die Speditionsagenten leiten die Auftragsdaten an ihre Lkw-Agenten weiter. Jeder Lkw-Agent berechnet, zu welchen Kosten er den Auftrag oder einen Teil des Auftrags übernehmen kann, und meldet das Ergebnis an seinen Speditionsagenten zurück. Dieser wählt den oder die günstigsten Lkws aus und schickt ein Gesamtgebot für den Auftrag an den Makleragenten. Die günstigste Spedition erhält den Zuschlag, die anderen erhalten einen Ablehnungsbescheid. Zusage oder Ablehnung werden vom Speditionsagenten den Lkw-Agenten mitgeteilt. Ist auf diese Art eine Anfangslösung gefunden, kann sie durch Verhandlungen über Teilaufträge zwischen den Agenten verbessert werden. So ist es eventuell möglich, durch Abspaltung eines Teilauftrags von Spedition 1 und dessen Übergabe an eine andere Spedition den Nutzen für beide Speditionen zu erhöhen.

Für die Ermittlung einer möglichst kostengünstigen Route für ein Bündel von Transportaufträgen gibt es vielfältige Ansätze. Die Problemstellung entspricht dem sogenannten „Travelling-Salesman-Problem", bei welchem für einen Handelsreisenden eine möglichst kurze Rundreise durch eine größere Zahl von Städten geplant werden muß. Schon bei relativ geringer Komplexität ist dabei die exakte rechnerische Ermittlung eines Optimums nicht mehr möglich. Deshalb setzt man sogenannte heuristische Verfahren ein. Neuere Hilfsmittel sind dabei Methoden des Soft Computing. Hierzu zählen u.a. Fuzzy-Expertensysteme, künstliche neuronale Netze oder Genetische Algorithmen. Die Reihenfolge der zu besuchenden Städte wird bei Verwendung eines Genetischen Algorithmus als „Gene" auf einem digitalisierten „Chromosom" codiert. Durch Vertauschen von Genabschnitten, Rekombination von verschiedenen Genen und Mutationen wird versucht, zu besseren Lösungen als den jeweils bisher generierten zu kommen. Die Qualität der Lösung läßt sich dabei leicht durch Bestimmung der Gesamtstrecke der Rundreise in der vorgegebenen Städtereihenfolge bestimmen. Durch wiederholte genetische Veränderungen und Selektion der jeweils besseren Lösung kann man dem Optimum auf eine relativ effiziente Weise nahekommen.

5.3.3 Tracking und Tracing im Güterverkehr

Der Güterverkehr kann als raumüberbrückende Dienstleistung charakterisiert werden (vgl. Tabelle 4-1). Die Kontrolle bei der Ausführung dieser Dienstleistungen bezieht sich in der Regel auf die Information über den aktuellen Standort des Leistungsobjektes und einen anschließenden Soll-Ist-Vergleich. Bei einer Soll-Ist-Abweichung kann z.B. versucht werden, den Transport zu beschleunigen oder Folgeaktivitäten anzupassen. Auch bei Umdispositionen ist eventuell eine dynamische Steuerung notwendig, z.B. bei kurzfristigen neuen Eilaufträgen für eine Spedition. Zur Kontrolle und Steuerung müssen Daten zwischen Transportmittel und Zentrale über eine Kommunikationsverbindung ausgetauscht werden. Soll der Kunde selbst Zugang zu der Tracing-Information haben, so ist die Einrichtung spezieller Auskunftsysteme in Selbstbedienung, z.B. über das Internet, möglich.

Abbildung 5-14 skizziert Kommunikationsmöglichkeiten zur Standorterfassung der Transportmittel sowie zur Unterstützung der Transportsteuerung. Das IV-System in der Leitzentrale ist dabei über verschiedene Stufen von der reinen Informationsdarstellung bis hin zu automatischen Steuerungsentscheidungen ausbaubar.

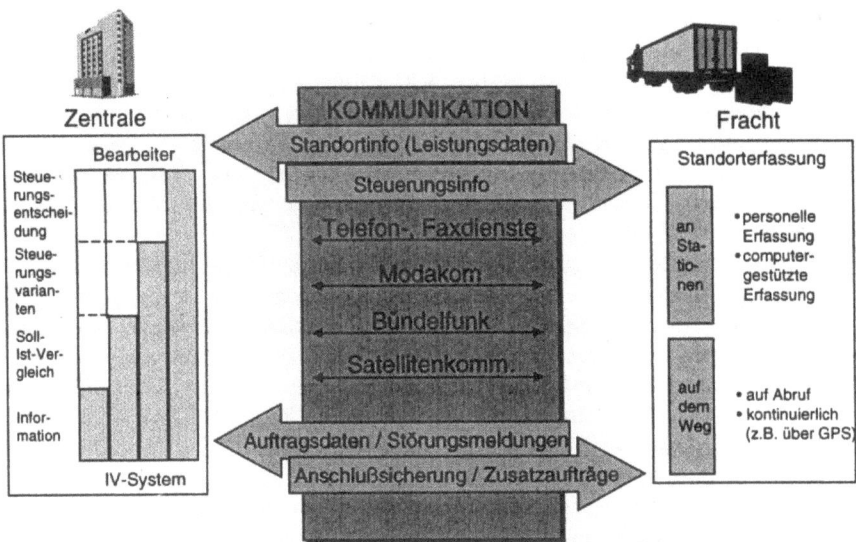

Abbildung 5-14: Informationsaustausch im Güterverkehr

Schon weitgehend üblich ist die Sprachkommunikation unter Verwendung von Mobiltelefonen, über die heute auch per Telefax Dokumente ausgetauscht werden können. Eine weitergehende Unterstützung zur automatischen Datenübertragung bietet z.B. der Modakom-Dienst (Mobile Datenkommunikation) oder spezielle Bündelfunkdienste in Deutschland. Neue Systeme arbeiten mit GPS und Satelliten-Mobilfunk, vor allem im internationalen Rahmen und bei Beförderung auf dem See- und Luftweg. Über GPS wird der Standort des Transportmittels bis auf einige Meter exakt bestimmt und automatisch an die Leitstelle übertragen. Hierzu stehen u.a. INMARSAT-Satellitendienste (International Maritime Satellite Organization) zur Verfügung. Ergänzend zu INMARSAT, das mit wenigen geostationären Satelliten arbeitet, sind derzeit auch satellitengestützte Kommunikationssysteme mit vielen erdnäheren Satelliten im Aufbau (LEO-Systeme: Low Earth Orbit). Als erstes derartiges System wurde im November 1998 Iridium in Betrieb genommen.

5.3.4 Betriebsleitsystem für den öffentlichen Personennahverkehr

Die Steuerung und Überwachung des laufenden Betriebes im öffentlichen Nahverkehr wird durch ein computergestütztes Betriebsleitsystem unterstützt. Dieses ist hierarisch strukturiert (vgl. Abbildung 5-15). Die Transportmittel, hier Busse und Bahnen, verfügen über integrierte Bordinformationssysteme, die Bordrechner und spezielle Peripherie wie Entwertersteuerung und Ansage- bzw. Anzeigemöglichkeiten umfassen. Das Bordinformationssystem bestimmt eventuell auch den exakten Standort des Transportmittels über GPS und übermittelt die entsprechenden Daten an eine Leitstelle. Die Standortbestimmung kann auch durch Infrarot-Ortsbaken an Haltestellen erfolgen, über die ein Identifikationssignal des Fahrzeuges aufgefangen und weitergeleitet wird.

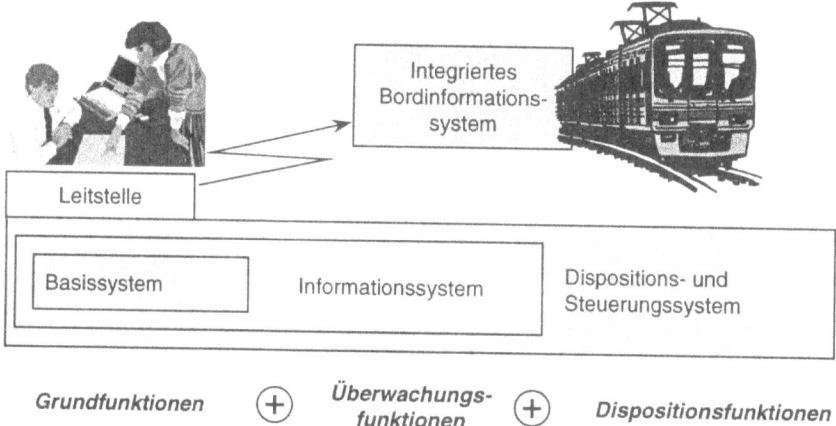

Abbildung 5-15: Grundstruktur eines Leitsystems für den öffentlichen Personennahverkehr

Das *Basissystem* in der Leitstelle baut auf der Standorterfassung der Fahrzeuge auf. Daneben realisiert das Basissystem den Informationsaustausch zwischen der Zentrale und den Fahrzeugen im Sprach- und Datenverkehr (vgl. Abbildung 5-16). Das *Informationssystem* liefert verdichtete Daten bzw. Ausnahmemeldungen sowohl für die Disponenten in der Leitstelle als auch für die Fahrzeugführer. In der Leitstelle wird der Betriebszustand in der Regel durch grafische und tabellarische Bildschirmanzeigen in der Art eines elektronischen Leitstandes dargestellt.

Auf der Basis der erfaßten Ist-Situation wird in der Leitstelle ein Soll-Ist-Vergleich durchgeführt. Erkennt der Rechner signifikante Abweichungen, so generiert das Informationssystem entsprechende Ausnahmemeldungen. Darüber hinaus wird das *Dispositions- und Steuerungssystem* aktiviert, das Maßnahmen zur Behebung der Abweichung vorschlägt bzw. automatisch durchführt. Hierzu gehören z.B. kurzfristige Umdispositionen im Fahrplan, der Einsatz von Sonderfahrten, die Verzögerung von Fahrzeugen zur Anschlußsicherung oder die direkte Beeinflussung von Lichtsignalanlagen, um beispielsweise bei Verspätungen eine „grüne Welle" zu schalten. Informationen für die Fahrgäste können automatisch auf entsprechenden Bildschirmen oder Displays an den Haltestellen ausgegeben werden. Der Fahrzeugführer erhält über ein integriertes Bordinformationssystem ihn betreffende Meldungen auf dem Display seines Terminals im Führerstand angezeigt.

Die Daten der Betriebsereignisse werden gespeichert. Sie stehen zur Verfügung, um Betriebsdokumentationen durch einen Berichtsgenerator zu erzeugen oder um statistische Auswertungen durchzuführen.

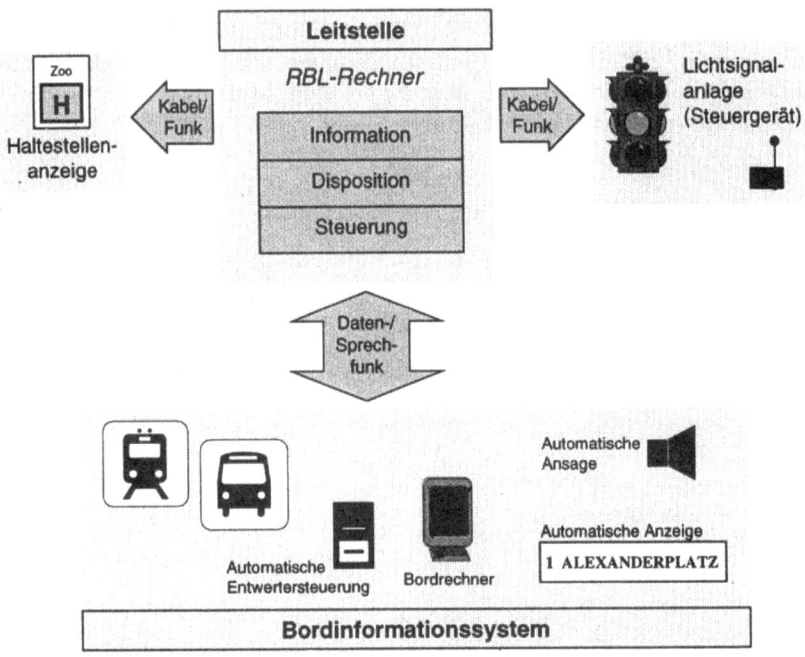

Abbildung 5-16: Steuerung des öffentlichen Personennahverkehrs

5.4 Touristikdienstleistungen

5.4.1 Überblick

Im Touristikbereich können drei Kategorien von Dienstleistern unterschieden werden:

- Anbieter von Touristikprodukten und -produktpaketen,
- Reisemittler bzw. Vertriebsorganisationen, z.B Reisebüros,
- Betreiber von computergestützten Reisevertriebssystemen.

Die Leistungsanbieter produzieren Basisleistungen, die man in Transportleistungen, Beherbergungsleistungen und sonstige Serviceleistungen einteilen kann. Zu Transportleistungen zählen z.B. Flüge, Bahn- und Busfahrten sowie Schiffs- und Fährverbindungen. Beherbergungsleistungen werden von Hotels, Pensionen, Gasthäusern, Clubdörfern usw. erbracht. Weitere Dienstleistungen sind z.B. die Reservierung von Mietwagen, die Buchung von Sport- und Kulturveranstaltungen oder Abenteuer- und Sightseeing-Touren, der Abschluß von Reiserücktritts-, Gepäck-, Auslandskrankenversicherungen usw.

Tabelle 5-6: Ausgewählte Anwendungssysteme im Touristikbereich

WWW	Oft multimediale Präsentation von z.B. Reisezielen	
Self-Service-Terminals		
Marketing	Live Cams: Liveübertragungen von Sehenswürdigkeiten Systeme zur Unterstützung des Database-/Direkt-Marketing	●
Leistungsbereitstellung	Personaleinsatzplanung z.B. in Hotels und Gastronomiebetrieben Yield-Management-Systeme bei Fluggesellschaften (vgl. Abschnitt 4.2.3) Warenwirtschaftssysteme in der Gastronomie (vgl. Abschnitt 4.2.5) Kapazitätsmanagement in Hotels: Verfügbarkeits- und Auslastungssteuerung	
Information und Beratung	Fahrplanauskunft EUROTOP-Projekt: elektronischer Reisekatalog Städte- oder Gebietsinformationen für den Endkunden: oft multimedial, hypermedial, unter Verwendung von CD-ROMs CBR(Case Based Reasoning)-gestützte Erarbeitung einer Reise in Reisebüros unter Eingabe von gewünschtem Reisetyp, Region, Transportmittel und Preis Beratungssystem für Reisebüros unter Verwendung eines Kundenfragebogens und XPS-Funktionalitäten	● ●
Vereinbarung	Computergestützte Reservierungssysteme im Hotel: Terminplan, Zimmerplan und Reservierung (vgl. Abschnitt 5.4.2) Mobile Kellner-Terminals in der Gastronomie: Eingabe der Bestellung am Tisch, Übermittlung der Auftragsdaten per Funk Vereinbarungssystem in Reisebüros (vgl. Abschnitt 4.4.3) Silent Auctions: Verkauf von Last-Minute-Flug-Angeboten über PC-gestützte Auktionen Konfigurationssysteme	● ●
Durchführung	Unterstützung der Leistungserbringung in Gastronomie, Hotellerie durch integrierte Verarbeitung der Auftragsdaten (vgl. Abschnitt 5.4.3)	○
Abrechnung	Automatische Leistungserfassung zur Abrechnung z.B. über elektronische Kassensysteme und mobile Kellner-Terminals in der Gastronomie Automatische Leistungserfassung über Chipkartensysteme in der Hotellerie	
Bezahlung	Electronic-Cash-Systeme und Kreditkartenbezahlung, auch über Internet (vgl. Abschnitte 4.7.3 und 4.7.4)	● ●
Integrierte Systeme	Destination Marketing Systems (DMS) – Verbindung der Funktionalitäten von Präsentations-, Auskunfts-, Beratungs- und Reservierungssystemen mit Systemen, die den Anbieter z.B. bei der Angebotsgestaltung oder im Direct Marketing unterstützen Hotelmanagement-Systeme	

Die Touristik-Dienstleistungsbausteine werden den Endkunden auf verschiedenen Wegen zugänglich gemacht (vgl. Abbildung 5-17).

Eine Reihe von Basisleistungen kann der Endkunde in direktem Kontakt mit dem Anbieter vereinbaren. So ist es z.B. möglich, sich zum Stadt- oder Airport-Büro einer Fluggesellschaft zu begeben, um einen Flug zu buchen oder durch einen Anruf bei einem Hotel ein Zimmer zu reservieren. Heute werden viele Touristik-Dienstleistungen im WWW angeboten, wobei auch eine Leistungsvereinbarung möglich ist. Der Kunde gibt dabei z.B. bei einer Hotelbuchung seine Kreditkartennummer als Sicherheit an.

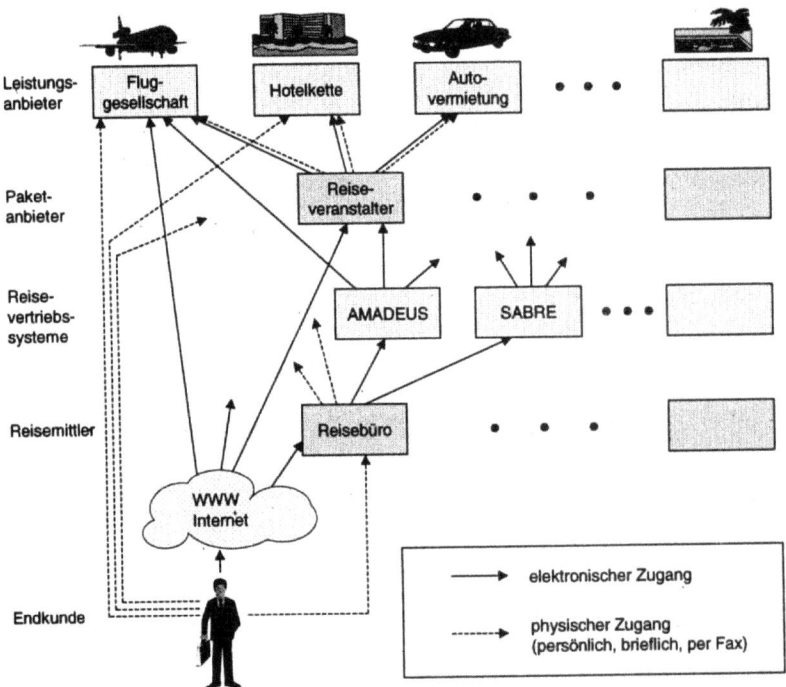

Abbildung 5-17: Dienstleister im Touristikbereich

Sogenannte Reiseveranstalter schnüren Leistungsbündel, indem sie Basisleistungen verschiedener Anbieter aufkaufen und daraus integrierte Produkte, insbesondere Pauschalreisen, zusammenstellen. Auch diese Produktpakete sind vielfach über das Internet zugänglich. Sowohl Einzelleistungen der Leistungsanbieter als auch Produkte der Reiseveranstalter werden daneben elektronisch über sogenannte computergestützte Reisevertriebssysteme (CRS) zugänglich gemacht. Regionale CRS vermitteln dabei touristische Leistungsangebote, die auf eine Gemeinde oder eine geographische Region beschränkt sind, von der datenbankgestützten Zimmervermittlung eines Fremdenverkehrsamtes bis zu Pauschalarrangements zum Kennenlernen eines Landesteils. Nationale CRS bieten eine flächendeckende Kommunikationsinfrastruktur, über die insbesondere Reisemittler auf die Rechner bzw. Server der Anbieter zugreifen können. Ein derartiges System in Deutschland ist START (benannt nach der implementierenden Studiengesellschaft zur Automatisierung für Reise und Tourisitk). Globale CRS stellen auf extrem leistungsfähigen Rechenanlagen ein breit gefächertes Leistungsangebot verschiedenster weltweit operierender Touristikunternehmen und Veranstalter dar. Auf sie kann der Reisemittler über spezifische globale Datennetze und nationale Zugangssysteme, wie z.B. START, zugreifen. Darüber hinaus erfolgt eine schrittweise Öffnung der CRS-Funktionalität für beliebige Nachfrager über das Internet. Beispiele für globale CRS sind SABRE oder AMADEUS (vgl. Abschnitt 6.3.2).

5.4.2 Leistungsvereinbarung über Reisevertriebssysteme

CRS-Anbieter haben sich zu einem wichtigen Faktor im Touristikbereich entwickelt. Sie sind Intermediäre zwischen Leistungsanbietern bzw. Reiseveranstaltern und den Reisebüros. Die Kernfunktionalität eines computergestützten Reisevertriebssystems besteht aus:

- *Angebotsdarstellung*
  In der Anbahnungsphase können Übersichten über verschiedenste Produkte bzw. Dienstleistungen erzeugt werden. Diese Angebote umfassen z.B. Flüge, Busreisen, Hotelzimmer, Mietwagen usw. Neben Produktbeschreibungen, von Flugverbindungsdaten bis hin zu multimedialen Präsentationen, gehören zur Angebotsdarstellung insbesondere auch Angaben über die Verfügbarkeit der Produkte bzw. Produktvarianten, wie z.B. Anzahl der noch buchbaren Plätze in den verschiedenen Klassen eines Fluges. Das Angebot wird dabei entweder über das CRS vom Server des Anbieters abgefragt oder in der Datenbank des CRS selbst gespeichert und bereitgestellt. AMADEUS bietet beispielsweise ein Inventory-System, in dem die aktuellen Flugverbindungen und Verfügbarkeiten von einer großen Zahl von Fluggesellschaften vorgehalten werden. In der Vereinbarungsphase selektiert der Kunde bzw. das Reisebüro für den Kunden geeignete Angebote und ruft hierfür weitere, ausführlichere Angaben ab.
- *Tarifierung*
  Sind die Angebotspreise starr, so sind sie in der Angebotsdarstellung enthalten. Häufig müssen sie jedoch individuell berechnet werden. Dies ist z.B. der Fall, wenn sich ein Flug aus mehreren Segmenten zusammensetzt, Sondertarife wie bei Studenten anwendbar sind oder der Preis vom System an das aktuelle Nachfrageverhalten angepaßt wird (vgl. Yield-Management-Systeme, Abschnitt 4.2.2).
- *Reservierung*
  Bei der Reservierung bzw. Buchung wird eine elektronische Auftragsspezifikation in Form eines sogenannten Passenger Name Records (PNR) aufgebaut. Der PNR beschreibt dabei sämtliche Teilleistungen, die im Zusammenhang eines Reiseereignisses vereinbart wurden, also z.B. Flug-, Hotel- und Mietwagenreservierungen mit den entsprechenden Einzelanforderungen. Der PNR wird in einer PNR-Datenbank entweder im CRS oder im System des Leistungsanbieters abgespeichert. Bei der PNR-Verwaltung durch das CRS haben die Leistungsanbieter in der Regel direkten Zugriff durch Online-Verbindungen. Bei regionalen CRS folgt die Weiterleitung der Buchungen zum

136 5 Ausgewählte branchenorientierte Anwendungssysteme

Leistungsanbieter, z.B. zum Hotel, jedoch oft noch konventionell über Fax, Brief oder Telefon.

- *Ticketing*
Das CRS erzeugt das elektronische Ticket-Image. Das Reisebüro kann diese Ticketdaten abrufen und vom CRS gesteuert auf einem speziellen Drucker ausdrucken.

Neben diesen Kernfunktionen bietet ein globales CRS eine Vielzahl von Zusatzleistungen. Hierzu gehört die Bereitstellung von allgemeinen Reiseinformationen über Klima und aktuelles Wetter, Visum- und Impfbestimmungen, Nahverkehrsverbindungen am Zielort, Sehenswürdigkeiten usw. Andere Komponenten unterstützen Back-Office-Aufgaben des Reisebüros, wie z.B. die Terminverfolgung aller Vorgänge und Wiedervorlage, die Kundendatenverwaltung und die Überwachung der Bezahlung.

Das Ergebnis der Vereinbarungsphase sind somit PNR-Daten, die in einer Datei oder Datenbank abgelegt sind. Die Spezifikation der Leistungen erfolgt dabei in codierter Form (vgl. Abbildung 5-18).

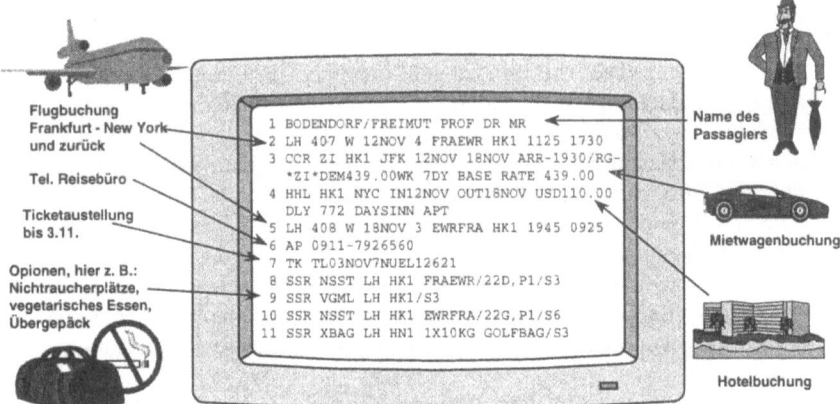

Abbildung 5-18: Beispiel eines Passenger Name Record

Die Spezifikation der Leistungsart geschieht durch Transaktionscodes. In Abbildung 5-18 werden z.B. verwendet:

Inhalt	Code	Bedeutung
Fluggesellschaft	LH	Lufthansa
Mietwagen	CCR	Cars – Car Request
Hotel	HHL	Hotels – Hotel List
Reisebüro	AP	Address and Phone
Ticketausstellung	TK TL	Ticket Timelimit
Sonderwünsche	SSR	Special Service Request
Nichtrauchersitz	NSST	Non Smoking Seat
Vegetarisches Essen	VGML	Vegetarian Meal
Übergepäck	XBAG	Excess Baggage

5.4.3 Leistungserfassung in Gastronomie und Hotellerie

Die Vorgangsabwicklung in der Gastronomie beruht darauf, daß Kundenwünsche (Bestellungen) elektronisch erfaßt und anschließend direkt an die entsprechenden Leistungsstellen weitergegeben werden. Die Auftragserfassung geschieht dabei in der Regel über computergestützte Registrierkassen. Im Rahmen der Leistungserstellung sind die erfaßten Bestelldaten eventuell zu korrigieren, z.B. bei nicht mehr verfügbaren Speisen oder Getränken bzw. bei Umbestellungen. Die Daten dienen dann der Rechnungserstellung im Front Office sowie als Eingabedaten für Back-Office-Systeme, z.B. für ein Warenwirtschaftssystem oder für die Provisionsabrechnung des Bedienungspersonals (vgl. Abbildung 5-19).

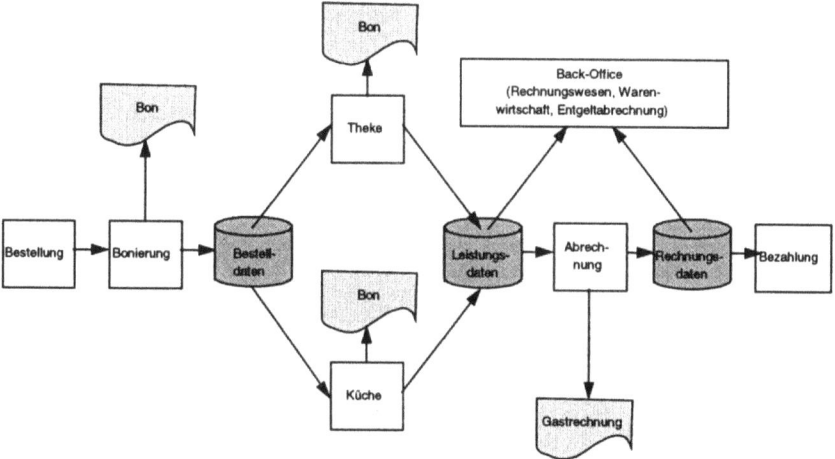

Abbildung 5-19: Vorgangsabwicklung in der Gastronomie

Ähnliche Systeme sind im Verpflegungsbereich von Hotels, Kurbetrieben oder Krankenhäusern zu finden.

In Hotelbetrieben fallen Leistungsdaten sehr unterschiedlicher Art über einen längeren Zeitraum verteilt an. Es stellt sich die Aufgabe, diese Daten vom „Check-in" bis zum „Check-out" in einem elektronischen Speicher zu sammeln, auf den dann verschiedene Anwendungsprogramme zugreifen können. Diese Leistungserfassung geschieht durch personenbezogene Guest Name Records (GNR). Abbildung 5-20 skizziert den groben Ablauf.

Im Rahmen der Zimmerreservierung erfolgt eine Vormerkung und Vorerfassung von Auftragsdaten, wie z.B. gewünschte Aufenthaltsdauer, Verpflegung (Frühstück, Halbpension oder Vollpension) und sonstige Wünsche. Beim Check-in legt das System automatisch ein Gastkonto (GNR) an, in dem für die gesamte Aufenthaltsdauer Belastungen und Entlastungen gesammelt werden. Zur elektronischen Identifikation und personenbezogenen Leistungserfassung können Codekarten ausgegeben werden, die auch den Zimmerschlüssel ersetzen. Mit Hilfe entsprechender Kartenleser sind dann in Anspruch genommene Leistungen direkt dem betreffenden GNR zuzuordnen und dort verbuchbar. Telefon- und Pay-TV-Gebühren werden automatisch eingetragen. Eine Verbindung zum Gastronomiesystem erlaubt die Online-Verbuchung der Restaurantleistungen.

Durch die ständige Aktualisierung des Gastkontos kann das System zu jedem Zeitpunkt eine vollständige Rechnung erzeugen. Der Check-Out-Vorgang wird so erheblich erleichtert sowie beschleunigt und kann sogar im Self Service mit Hilfe des Fernsehgerätes als Terminal im Gastzimmer durchgeführt werden.

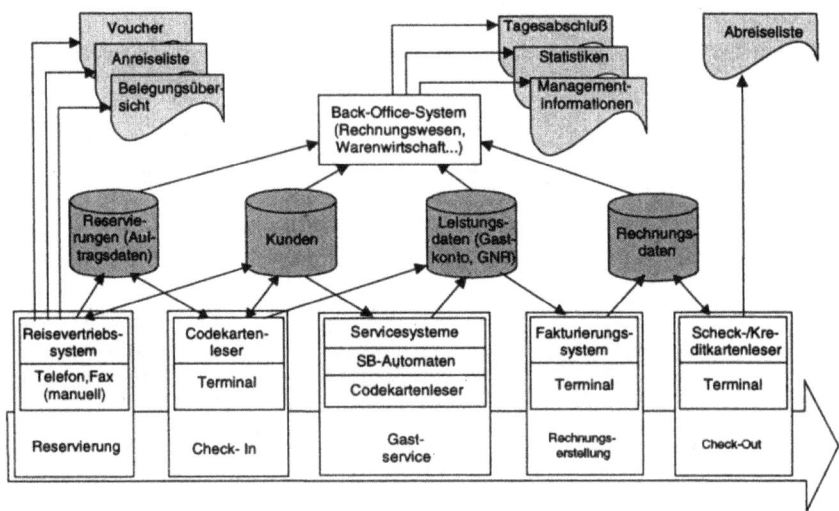

Abbildung 5-20: Vorgangsabwicklung in der Hotellerie

5.5 Medizinische Dienstleistungen

5.5.1 Überblick

Zu den medizinischen Dienstleistungsbetrieben gehören alle Institutionen, die der Förderung, Erhaltung und der Wiederherstellung der Gesundheit dienen. Diese umfassen

- *Anbieter*, die Gesundheitsleistungen produzieren, wie z.B. Krankenhäuser, Arztpraxen und Rettungsdienste,
- *Träger* dieser Leistungen, wie z.B. Kranken- und Unfallversicherungen,
- *öffentliche Verwaltungen*, wie z.B. Gesundheitsfachverwaltungen oder Gesundheitsämter,
- *Produzenten* von Vorleistungen oder begleitenden Leistungen, wie z.B. Forschungsinstitutionen.

5.5 Medizinische Dienstleistungen

Tabelle 5-7: Ausgewählte Anwendungssysteme im medizinischen Bereich

WWW	„Virtuelle Krankenhäuser", v.a. Information und Beratung		
Self-Service-Terminals			
Marketing	Mikrogeographische Standortanalyse für Privatkliniken		
Leistungsbereitstellung	Wartezimmerverwaltung in Arztpraxen OP-Planung in Krankenhäusern (Personal, Hilfsmittel) Materialwirtschaft in Krankenhäusern: Lager, Apotheke, Küche Personaldienstplanung, Bettenbedarfsplanung (vgl. Abschnitt 5.5.4)		
Information und Beratung	Multimediale Systeme zur Patientenaufklärung, Therapieberatung	●	●
Vereinbarung	Chipkartenlesegeräte für Patientendaten	●	
Durchführung	Gesundheitsinformationssysteme zur epidemiologischen Analyse: regionalisierte Analyse umweltbezogener Gefährdungspotentiale Unterstützung der Arztbriefschreibung für Arztpraxen Abfrage von Medikamentendatenbanken während der Rezeptschreibung: Informationen zu Präparaten und Kontraindikationen Nachschlagewerke: Dokumentationen aller großen Fachrichtungen für niedergelassene Ärzte, wie z.B. Risikoberechnungen Dokumentationssysteme für Arztpraxen Systeme zur Diagnosestellung: Expertsysteme, die auf Basis von Symptomen oder Befunden die Diagnoseentscheidung unterstützen Screening-, Labordiagnose-, Konsultationssysteme Dokumentationssysteme in Krankenhäusern (vgl. Abschnitt 5.5.2) Systeme der Telemedizin (vgl. Abschnitt 5.5.3) Pflegesysteme („bedside terminals") in Krankenhäusern	○	
Abrechnung	Systeme zur Krankenkassenabrechung und Privatliquidation für Arztpraxen Systeme zur Leistungsabrechnung, Ambulanz- und Arztabrechnung und zur privatärztlichen Liquidation in Krankenhäusern		
Bezahlung	CyberCash (vgl. Abschnitt 4.7.5) zur Bezahlung z.B. psychiatrischer Behandlung	●	
Integrierte Systeme	Informationssystem der betrieblichen Krankenkassen in den Bereichen Melde-, Beitrags-, Leistungs-, Finanzwesen usw. Klinikkommunikationssysteme, die ein betriebswirtschaftliches und ein Untersuchungs- und Behandlungssystem umfassen Einsatzleitsysteme für Rettungsdienste: Eingang des Notrufs, Alarmierung, Anfahrt (Routenermittlung), Rückfragen, Versorgung, Transport des Patienten, Abrechnung Integrierte Medizintechniksysteme in Arztpraxen: Übergabe von Daten aus Meßgeräten direkt in die Krankenakte, Zusammenführung der Ergebnisse im Praxiscomputer, Anzeige der Befunde multimedial an allen Arbeitsplätzen		

Im folgenden stehen Anbieter von medizinischen Dienstleistungen und hier insbesondere Kliniken und Krankenhäuser im Vordergrund. Bei medizinischen

140 5 Ausgewählte branchenorientierte Anwendungssysteme

Dienstleistungen ist der Mensch als Leistungsobjekt der externe Faktor. Zu den Aufgabenbereichen eines Klinikums oder Krankenhauses gehören insbesondere die *Klinikadministration* mit der Patientenverwaltung und -abrechnung, der Material- und Anlagenwirtschaft, der Finanzbuchhaltung, Kostenrechnung usw. sowie der *medizinische Betrieb* mit dem ärztlichen Bereich, dem Pflegebereich und der medizinischen Forschung.

Die Informationsverarbeitung im Klinikbetrieb wird auch von der Medizinischen Informatik vorangetrieben. Sie konzentriert sich vor allem auf die Informationsspeicherung und -auswertung (medizinische Dokumentation und Statistik) sowie die technische Unterstützung von Diagnose und Therapie durch den Einsatz computergestützter Geräte. Im Zusammenwirken mit der Wirtschaftsinformatik wird eine ganzheitliche Unterstützung der betriebswirtschaftlichen, logistischen, diagnostischen, therapeutischen und pflegerischen Geschäftsprozesse angestrebt. Hierzu ist der Aufbau eines integrierten Klinikinformations- und -kommunikationssystems notwendig.

5.5.2 Datenbasen im Klinik- und Krankenhausbetrieb

Die patientenbezogene Dokumentation von medizinischen und nicht-medizinischen Informationen ist ein Kerndatenbestand. Hierzu gehören:

- *Patientenstammdaten*, z.B. Name, Geburtsdatum, Versicherung,
- *medizinische Leistungsdaten*, z.B. zu Diagnose- und Therapiemaßnahmen sowie zu Behandlungsergebnissen und Komplikationen,
- *pflegerische Leistungsdaten*, z.B. Protokollierung des Patientenbefindens (Körpertemperatur, Blutdruck usw.), von Medikation und Pflegemaßnahmen,
- *allgemeine Leistungsdaten*, z.B. Unterbringungs-, Verpflegungs- und Verwaltungsleistungen.

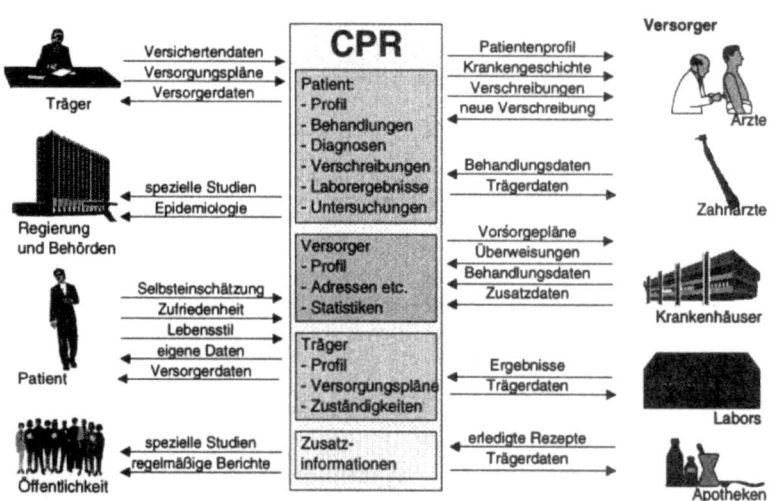

Abbildung 5-21: Der Computerized Patient Record

5.5 Medizinische Dienstleistungen

An vielen Stellen werden schon elektronische Krankenblätter bzw. Krankenakten mit begrenztem Umfang geführt. Abbildung 5-21 skizziert die Vision eines umfassenderen Computerized Patient Record (CPR), mit dem Kliniken, Krankenhäuser, Arztpraxen, Apotheken und eventuell öffentliche Stellen arbeiten können.

Technisch realisierbar wäre dieser z.B. durch Speicherung der Daten auf eine Chipkarte, die der Patient bei sich führt. Allerdings ist nicht zuletzt aus Datenschutzüberlegungen eine baldige Realisierung zumindest in Deutschland unwahrscheinlich.

Zunehmend denkt man daran, auch multimediale Daten in die elektronische Dokumentation aufzunehmen, d.h. auch Röntgenbilder, Herz- oder Lungengeräusche, Verlaufsgrafiken oder sogar Videosequenzen zu integrieren. Abbildung 5-22 zeigt hierzu das Beispiel eines multimedialen Cardiac Catheterization Record (CCR).

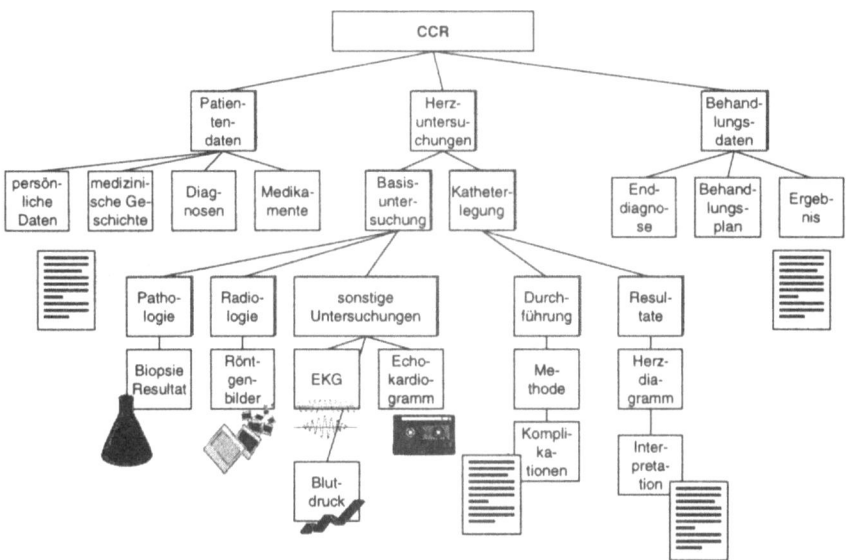

Abbildung 5-22: Multimedialer Cardiac Catheterization Record

Um zentrale Daten für unterschiedlichste Stellen elektronisch verwendbar zu machen, ist eine Standardisierung notwendig. Ein erster Schritt ist die Verschlüsselung von Beschwerden, Diagnosen und Therapien gemäß medizinischer Begriffsordnungen. So verwendet man beispielsweise für Diagnosen den ICD-Schlüssel (International Classification of Diseases, Internationale Klassifikation der Krankheiten, Verletzungen und Todesursachen). Ein technischer Standard für die Formatierung und den Austausch medizinischer Diagnosedaten ist der von Anwendern und Herstellern gemeinsam erarbeitete DICOM-Standard (Digital Imaging and Communications in Medicine). Damit können auch Resultate bildgebender Verfahren, wie z.B. Röntgenaufnahmen oder Sonogramme kompatibel

142   5 Ausgewählte branchenorientierte Anwendungssysteme

zwischen Diagnosegeräten wie z.B. Computertomographen und anderen Rechnern verschiedenster Kliniksysteme übertragen werden.

Ein Krankenhausinformationssystem (KIS) hat die Aufgabe, die patientenbezogenen Stamm- und Leistungsdaten für verschiedene Anwendungen verfügbar zu machen (vgl. Abbildung 5-23).

Beispiele für nicht-medizinische Anwendungen sind Warenwirtschaftssysteme für Medikamente, Verbandmittel, Blutkonserven in der Klinikapotheke oder für Nahrungsmittel und Wäsche. Daneben sind erfaßte Einzelleistungen die zentrale Basis für die Fakturierung und die Kosten-/Leistungsrechnung.

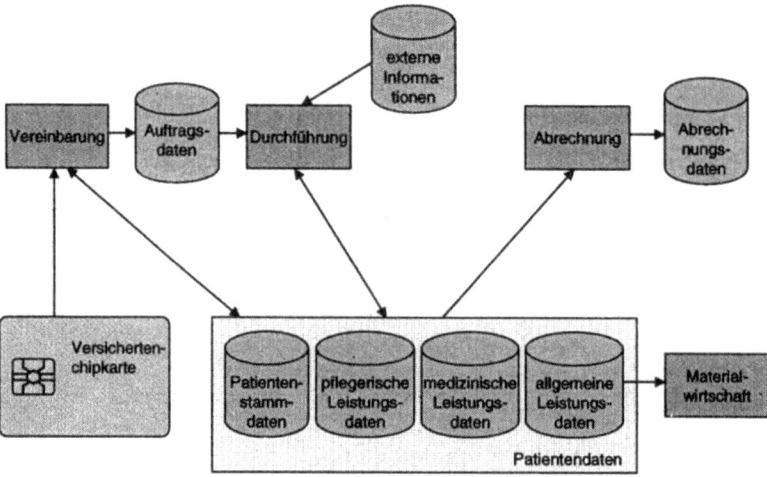

Abbildung 5-23: Datenfluß eines Krankenhausinformationssystems

5.5.3 Verteilte Anwendungen und Telemedizin

Durch eine Vernetzung von Universitätskliniken, Krankenhäusern, niedergelassenen Ärzten und Labors können verteiltes Spezialwissen und Befunde elektronisch ausgetauscht werden. Beispiele hierfür sind (vgl. Abbildung 5-24):

- Über *Telekonsultationen* können weit entfernte Experten bei der Beurteilung von Krankheitsbildern oder Verletzungen zu Rate gezogen werden. Dies ermöglicht z.B. für Allgemeinmediziner in entlegenen Gebieten erst die Besprechung mit einem Facharzt. Für Patienten läßt sich die zusätzliche Belastung vermeiden, die durch den Transport zum Experten entstehen würde. Daneben sind Mehrfachuntersuchungen vermeidbar. In Notfällen kann es zu einer wesentlichen Zeitersparnis bei der Befundstellung kommen. So stehen z.B. verschiedene europäische Universitätskliniken zur Verbesserung der Diagnose vor Ort im Bereich der Notfallmedizin über Daten-, Video- und Sprachverbindungen in Kontakt.

5.5 Medizinische Dienstleistungen

- Mit Hilfe von Techniken, die zur Steuerung von Weltraumrobotern entwickelt wurden, ist ein Chirurg in der Lage, *ferngesteuerte Eingriffe* an einem räumlich entfernten Patienten vorzunehmen. Der Chirurg bewegt dabei „virtuelle" Instrumente, Sensoren erfassen die Bewegungen, der Computer überträgt die Daten über ein Kommunikationsnetz zum Roboter, der die entsprechenden Bewegungen vollautomatisch ausführt. Diese Technik wurde z.B. bei endoskopischen Eingriffen (z.B. Magenspiegelung) bereits mit Erfolg erprobt. Gegenüber der menschlichen Hand arbeitet der Roboter mit sehr viel feinerer Instrumentenführung und auf Dauer zitterfrei.
- Bei der *mobilen Patientenüberwachung* wird die Distanz zwischen Krankenhaus bzw. Arzt und Patient durch Datenfernübertragung überbrückt. Der Patient bzw. seine Biosignale werden in der häuslichen Umgebung überwacht und die Daten an die behandelnde Stelle z.B. über Mobilfunknetze übermittelt. Neben dem Vorteil der Vermeidung längerer Krankenhausaufenthalte ist oft auch die Beobachtung unter Alltagsbedingungen aufschlußreich. Eine Anwendung in diesem Bereich ist die Überwachung von Säuglingen, die als SIDS-gefährdet gelten (Sudden Infant's Death Syndrome).

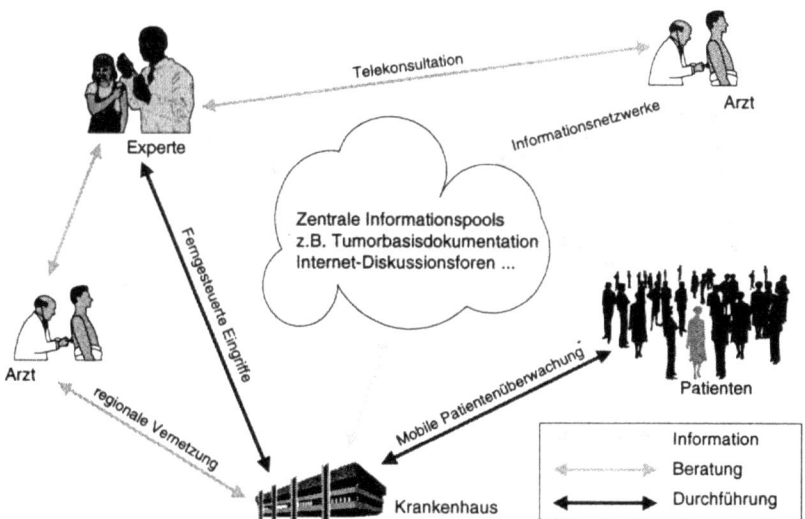

Abbildung 5-24: Beispiele telemedizinischer Vernetzung

5.5.4 Planung des Leistungspotentials von medizinischen Versorgungseinrichtungen

Um eine optimale Versorgung eines Gebietes mit Klinikdienstleistungen zu ermöglichen, sind umfangreiche Planungsprozesse notwendig. Ein Ansatz ist, als Planungseinheit Betten heranzuziehen. Bei der Bettenbedarfsplanung wird hierarchisch vorgegangen. D.h., zunächst ist die Gesamtbettenzahl einer Region festzulegen, anschließend die Bettenzahl eines Krankenhauses und abschließend die Verteilung auf die Abteilungen. Aus der Bettenzahl läßt sich dann eine grobe Abschätzung für den Personalbedarf ableiten.

Ein computergestütztes interaktives System zur Prognose des Bettenbedarfs basiert auf einem Modell, das die Wechselwirkung verschiedener Einflußgrößen abbildet (vgl. Abbildung 5-25). Zentrale Determinante ist in diesem Modell die Krankenhaushäufigkeit, die zusammen mit z.B. der Verweildauer der Patienten zu einem Gesamtbedarf an Betten in der Region führt. Zu dem Bedarf an Betten in einem Krankenhaus oder einer Abteilung gelangt man über die Berechnung des Versorgungsgrads, d.h. des Anteils, den z.B. eine spezielle Institution an der Versorgung des Gesamtgebiets hat.

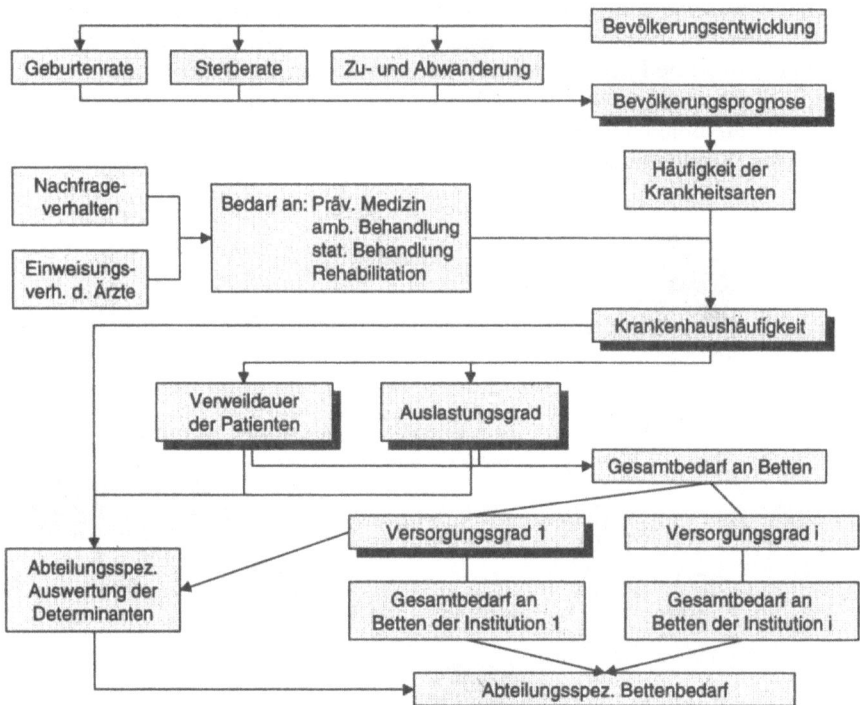

Abbildung 5-25: Determinanten der Bettenbedarfsplanung

Das System ermittelt zunächst die Determinanten des regionalen Bettenbedarfs in der Vergangenheit (vgl. Abbildung 5-26). Für die anschließende Prognose sind neben vorhandenen meßbaren Einflußgrößen andere Faktoren zu schätzen. Dazu stellt das System unterschiedlichste Berechnungs- und Analysemethoden zur Verfügung. Aus den Wechselwirkungen der Systemparameter kann es anschließend den Bettenbedarf pro Region, Krankenhaus oder Abteilung berechnen. Über eine Reihe von What-if-Simulationen können unter verschiedenen Rahmenbedingungen zu erwartende Bettenbedarfe ermittelt und Sensibilitätsanalysen des Zukunftsszenarios durchgeführt werden.

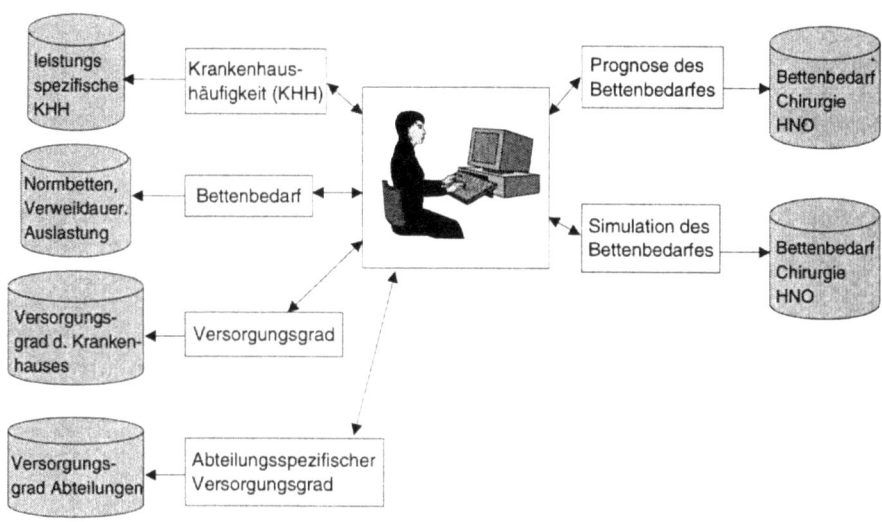

Abbildung 5-26: Simulationssystem zur Bettenbedarfsplanung

5.6 Informations- und Beratungsdienstleistungen

5.6.1 Überblick

Unternehmen, die sich den Informationsdienstleistern zurechnen lassen, beschäftigen sich mit der Sammlung, Ordnung, und gegebenenfalls auch Weiterverarbeitung von Informationen sowie insbesondere ihrer Bereitstellung oder Verteilung an die Kunden. Meist bestehen diese Informationen aus multimedialen Inhalten. Man bedient sich verschiedener Trägermedien, wie z.B. Papier, CD-ROM oder Speicher auf einem Serverrechner. Zum elektronischen Informationstransport stehen Netze, wie z.B. das Internet, und Telekommunikationsdienstleistungen zur Verfügung.

Informationsdienstleister sind z.B. Anbieter externer Datenbanken, Zeitschriftenverlage oder Fernseh- und Rundfunkanstalten. Davon zu unterscheiden sind Informationsverarbeitungs-Dienstleister, die IV-Anwendungen bzw. -verfahren für andere Unternehmen abwickeln. Beispiele sind Service-Rechenzentren, die von IV-Outsourcingstrategien profitieren.

Beratungsdienstleistungen unterscheiden sich von Informationsdienstleistungen dadurch, daß die Leistung problemspezifisch und individuell für einen konkreten Kunden produziert wird. Die Beratung kann sich dabei auf unterschiedlichste Problembereiche beziehen, wie bei der Unternehmens-, Steuer-, Finanzierungs-, Geldanlage- oder IV-Beratung.

Tabelle 5-8: Ausgewählte Anwendungssysteme der Beratungsdienstleister

WWW	Alle Front-Office-Phasen möglich, z.B. Consulting on Demand: Problemlösung über Videokonferenz zwischen Kunde und Berater		
Self-Service-Terminals	Meist nur in den ersten Phasen des Dienstleistungsprozesses, da im weiteren oft persönlicher Kontakt notwendig		
Marketing	Marktforschung: Durchführung von Befragungen	●	●
Leistungsbereitstellung	Personalplanung und -verwaltung		
Information und Beratung	Intelligente Checklisten um dem konkreten Beratungsbedarf des Kunden herauszuarbeiten Simulation von Gebäuden und dem städtebaulichen Umfeld bei Architekten Auskunftssysteme mit integriertem „Call-me-now"-Button zur Anforderung eines persönlichen Beratungsgesprächs	●	●
Vereinbarung	XPS-gestützte Konfiguration und Kalkulation von Beratungsleistungen		●
Durchführung	Mobiles Büro (Notebook mit Funkmodem und Drucker, Handy usw.) zur Nutzung im Kundenunternehmen Workflow-Management-System für Steuerberater: elektronisches Auftragsbuch, Auftragsformular enthält Mandantennummer, Auftragsnummer, Arbeitsbeginn, Hilfsmittel usw. Remote Consulting: Customizing einer Softwareinstallation direkt am System im Fernzugriff Durchführung von elektronischen Befragungen (z.B. Computer Aided Telephone Interviewing (CATI), elektronische Testmarktsimulationen) CAD-Systeme für Architekten mit automatischer Kalkulation XPS für die Planung der Haustechnik, z.B. Wasser, Elektrik (für Architekten), Simulation von Prozeßanlagen Steuerrechtsdatenbanken Volltextdatenbanken für Rechtsanwälte und Richter: Abruf von Gerichtsurteilen und sonstigen juristischen Informationen „Telesec" – Dienst zur rechtsverbindlichen elektronischen Übertragung von Dokumenten an Gerichte. Voraussetzung: Chipkartenlesegerät am PC		●
Abrechnung	Softwarepakete für Anwälte und Notare zur Unterstützung von Gebührenabrechnung, Forderungsbearbeitung, Mahnverfahren, Zwangsvollstreckungen, Aktenverwaltung und Buchhaltung Steuerberater: Automatische Leistungserfassung aus dem WMS zur Honorarabrechnung Automatische Leistungserfassung und -abrechnung nach Gebührenordnung für Architekturbüros		
Bezahlung	Bezahlungsverfahren im Internet (vgl. Abschnitte 4.7.4 und 4.7.5)		●
Integrierte Systeme	IDVS (Integriertes-Datev-Verbund-System) (vgl. Abschnitt 5.6.4) Integrierte Unterstützung von IV-Beratungen (vgl. Abschnitt 5.6.3)		

5.6 Informations- und Beratungsdienstleistungen

Tabelle 5-9: Ausgewählte Anwendungssysteme der Informationsdienstleister

WWW	Alle Front-Office-Phasen möglich, z.B. Abonnement von Zeitschriften und Datenbankdiensten sowie elektronische Übermittlung		
Self-Service-Terminals	Alle Front-Office-Phasen möglich, z.B. bei Informationsdienstleistungen zu Wetter, Erdbeben, Kultur		
Marketing	Telekommunikationssysteme als Vertriebsmittel bei Verlagen oder Video on Demand Individualisierte Zeitschriftenproduktion (vgl. Abschnitt 4.1.4)	●	●
Leistungsbereitstellung	Werbezeitenplanung (evtl. mit Yield-Management-Komponente) in Fernsehanstalten Programmzusammenstellung im Hörfunk Netzinfrastrukturplanung und -administration		
Information und Beratung	Systeme zur Sendersuche im Hörfunk, über Suchkriterien wie „klassische Musik" oder „Nachrichten"		●
Vereinbarung	Konfigurationssystem für digitale Zeitschriften (vgl. Abschnitt 4.1.4)	●	●
Durchführung	Digitale Archive und Retrieval-Komponenten z.B. für Filmmaterial Abonnenten- bzw. Kundendatenverwaltung incl. Kundenprofile Desk-Top-Publishing-Programme Dezentrale Zeitschriftenproduktion: Trennung von Redaktion, Bildbearbeitung und Druck Umweltinformationssystem (vgl. Abschnitt 5.6.2)		●
Abrechnung	Automatische Leistungserfassung zur Abrechnung bei Datenbankanbietern, nach Anzahl und Dauer der Zugriffe usw. Automatische Leistungserfassung und Abrechnungssysteme für elektronische Zeitschriften, pro Artikel und über Zeiträume kumuliert		
Bezahlung	Bezahlungsverfahren im Internet (vgl. Abschnitte 4.7.4 und 4.7.5)		●
Integrierte Systeme	Systeme zur Unterstützung aller Phasen z.B. für „e-zines": vollelektronische, multimediale Zeitschriften		

5.6.2 Unternehmensübergreifende Umweltinformationssysteme

Die Wechselwirkung eines Unternehmens mit der natürlichen Umwelt wird vor dem Hintergrund der zunehmenden Verknappung natürlicher Ressourcen und der wachsenden Belastung von Luft, Wasser und Boden immer kritischer betrachtet. Zur Steuerung bzw. Regulierung der umweltrelevanten betrieblichen Aktivitäten benötigt man quantitative Daten z.B. über Energie- und Rohstoffverbrauch sowie über Abfälle, Entsorgungsstoffe und Emissionen (vgl. Abbildung 5-27).

148 5 Ausgewählte branchenorientierte Anwendungssysteme

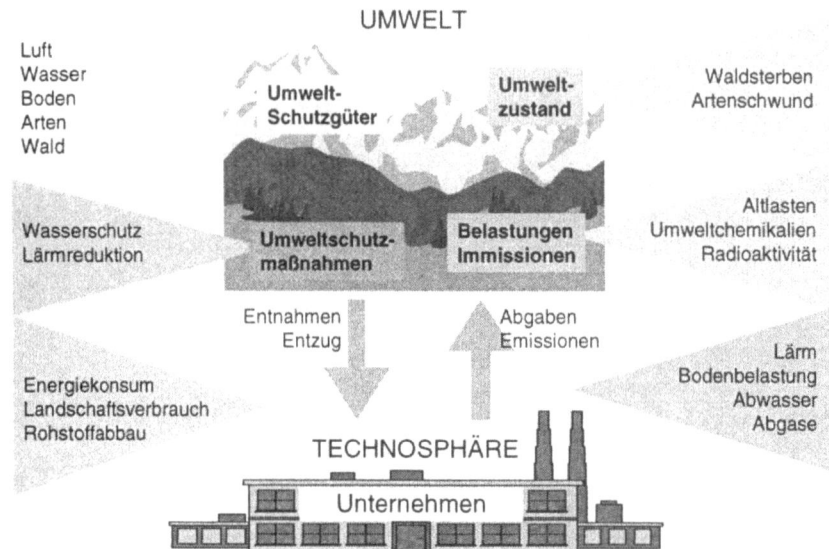

Abbildung 5-27: Wechselwirkung zwischen Unternehmen und natürlicher Umwelt

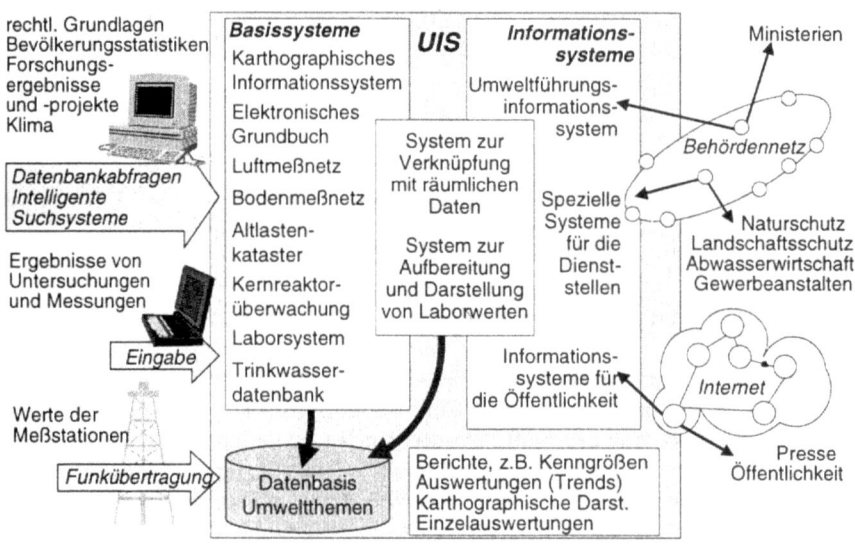

Abbildung 5-28: Aufbau eines Umweltinformationssystems

In einem Umweltinformationssystem (UIS) werden diese quantitativen Basisdaten z.B. durch Fernübertragung von Meßwerten oder Abfrage anderer Informationssysteme regelmäßig erfaßt. Darüber hinaus erfolgt eine raumbezogene Verknüpfung und geographische Zuordnung der Informationen, so daß kartographische Auswertungen möglich werden (vgl. Abbildung 5-28).

Unterschiedliche Informationssysteme greifen selektiv auf die Basisdaten zu und bereiten sie themen- bzw. zielgruppenspezifisch auf. Zuständige Stellen in Ministerien erhalten beispielsweise Auswertungen über ein spezielles Führungsinformationssystem. Dienststellen in der Wasser- und Abfallwirtschaft, der Gewerbeaufsicht oder im Landschaftsschutz haben über Behördennetze Zugriff auf entsprechend zugeschnittene Systeme. Unternehmen, aber auch die allgemeine Öffentlichkeit können vielfach über das Internet auf Umweltinformationen zugreifen, die zunehmend Verweise auf Umweltschutzgesetze, -richtlinien, -grenzwerte, -abgaben und Gebühren enthalten.

5.6.3 Unterstützungssysteme in Unternehmensberatungen

Der Prozeß zur Erzeugung einer Beratungsdienstleistung soll am Beispiel der IV-Beratung betrachtet werden. Hier lassen sich vier Phasen unterscheiden:

- Projektsteuerung,
- Analyse,
- Modellierung und
- Implementierung.

Das Schwergewicht der Beratung liegt dabei immer weniger auf der Gestaltung von IuK-Technologie und Software, sondern stärker auf betriebswirtschaftlich-organisatorischen Empfehlungen, wie z.B. bei der Optimierung von Geschäftsprozessen oder bei der Unterstützung des Lean Managements.

Bei der Projektsteuerung arbeitet man mit Projektmanagementsystemen und integrierter Consulting-Software, mit deren Hilfe ein Vorgehensplan für ein individuelles Projekt erarbeitet und dessen Einhaltung kontrolliert werden kann.

In der Analysephase ist z.B. sowohl auf der Ebene der Geschäftsprozesse als auch auf der Ebene der Informationsflüsse der Unterschied zwischen Ist-Situation und Soll-Zustand mit Hilfe von erweiterbaren Referenzmodellen darstellbar. Eng verknüpft damit ist die problemspezifische und kundenindividuelle Erstellung von Prozeß-, Organisations-, Funktions- und Datenmodellen. Hierfür stehen verschiedenste Softwarewerkzeuge zur Verfügung. Auf der Basis der verfeinerten Modelle ist wiederum mit Auswertungs- und Simulationsprogrammen eine verfeinerte Schwachstellen- bzw. What-if-Analyse durchführbar.

In der Implementierungsphase zielt die IV-Unterstützung vor allem auf die Dokumentation des zu realisierenden Systems. Dabei können für alle Funktionen, die IV-technisch unterstützt werden sollen, Anforderungen an die einzusetzende Software hinterlegt werden. Prototypisch erstellte Bildschirmmasken spiegeln die Vorstellungen bezüglich der Benutzerschnittstelle wider.

5.6.4 Rechnerverbund in der Steuerberatung

Ein Beispiel für die Nutzung eines umfassenden Rechnerverbunds für Beratungsleistungen stellt die Steuerberatung dar. Eine Dienstleister-Kunde-Beziehung be-

5 Ausgewählte branchenorientierte Anwendungssysteme

steht hierbei einerseits zwischen der DATEV eG und Steuerberatungskanzleien und andererseits zwischen Steuerberatungskanzleien und Mandanten als Kunden (vgl. Abbildung 5-29). Die DATEV ist eine eingetragene Genossenschaft, die für ihre Mitglieder, die Steuerberater, IV-Dienstleistungen erbringt. Beratungs- und Serviceunterstützung kann darüber hinaus auch den Mandanten direkt angeboten werden, wobei diese Leistungen dann im Namen des Steuerberaters ausgeführt werden.

Die Informations-, Rechen- und Logistikleistungen der DATEV werden mit Hilfe eines Rechnerverbundes zwischen der Kanzlei und der DATEV (2) erbracht. Gegebenenfalls werden Mandanten als Endabnehmer der Beratungsleistung (1) und Dritte als Informationsempfänger (4, 5, 6) direkt einbezogen. Im Szenario der Abbildung 5-29 erfaßt der Mandant seine Buchungsbelege z.B. über ein Buchhaltungsprogramm und übermittelt die Buchungssätze in elektronischer Form an den Steuerberater. Alternativ können die Belege auch postalisch an die Kanzlei gesandt und dort gebucht werden. Zur Erbringung von Beratungsdienstleistungen greift die Kanzlei auf die Informationsverarbeitung der DATEV zurück (2). Das DATEV-Rechenzentrum stellt dabei nicht nur Rechenleistung zur Verfügung, sondern übernimmt auch Logistikaufgaben, z.B. den Papierversand von Auswertungen (3). Darüber hinaus übermittelt die DATEV Informationen in elektronischer Form an Dritte. Dabei werden auch gesetzliche Auflagen, denen der Mandant nachkommen muß, erfüllt. So gehen An- und Abmeldungen von Arbeitnehmern bei Krankenkassen an die Sozialversicherungsträger (4). Kreditinstitute erhalten Angaben über Finanztransaktionen, z.B. Gehaltsüberweisungen (5). Ein anderes Beispiel ist die Übermittlung von Umsatzsteuervoranmeldungen an die Finanzverwaltung nach besonderen Vereinbarungen (6).

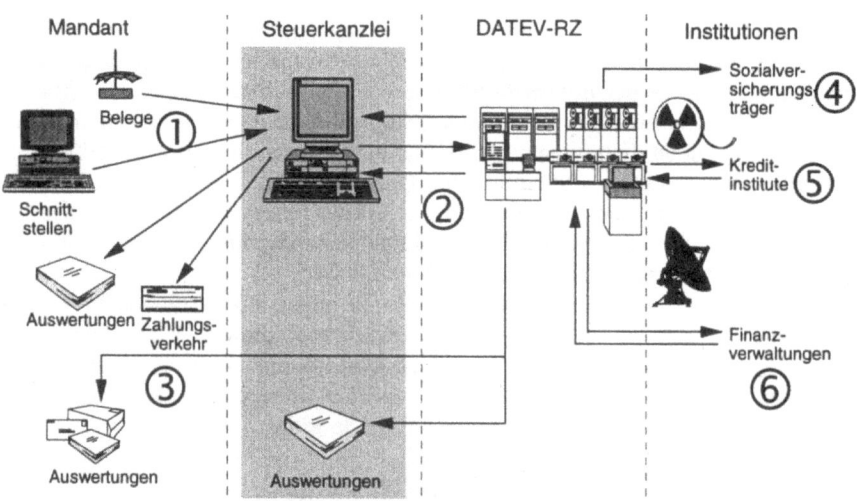

Abbildung 5-29: Informationsflüsse in der Steuerberatung

5.7 Telekommunikationsdienstleistungen

5.7.1 Überblick

Telekommunikationsdienstleister sind für den Transport von Informationen zuständig. Dazu bieten sie unabhängig vom Inhalt, der transportiert werden soll, Netze oder Dienste an. Man unterscheidet zwischen Leitungs-, Funk- und Satellitennetzen. Durch die Deregulierung des Telekommunikationsmarktes wächst die Zahl der Netz- und Diensteanbieter ständig.

Mit dem Aufbau und dem Betrieb von physischen Netzstrukturen sind z.B. Aufgaben der Leistungspotentialplanung, der Errichtung und Schaltung von Übertragungsleitungen und Funkstrecken sowie des Netzwerkmanagements verbunden. Unter Nutzung dieser Infrastruktur werden Basisdienste angeboten, die auf den reinen Informationstransport fokussiert sind. Diese können durch sogenannte Mehrwertdienste ergänzt bzw. „veredelt" werden, wie z.B. durch den Zusatzservice von Mail- oder Voiceboxen.

Tabelle 5-10: Ausgewählte Anwendungssysteme der Telekommunikationsdienstleister

WWW			
Self-Service-Terminals	Kommunikationsterminals, z.B. in Flughäfen		
Marketing	Simulationssysteme zur Optimierung der Tarifstruktur	●	
Leistungsbereitstellung	Netzkonfigurationssysteme Gateways zur Verbindung leitungsgebundener Netze mit Funk- und Satellitennetzen System zur Planung der notwendigen Stationen für Funknetze Systeme zur Dienstekonfiguration		
Information und Beratung	CD-ROMs zur Information und Beratung beim Aufbau von Corporate Networks Call-Center-Lösungen Kostenvergleichsprogramme zu Mobilfunkverträgen	●	●
Vereinbarung	Vertragskonfigurationssysteme im Bereich des Mobilfunks	●	●
Durchführung	Systeme zur Konfiguration von TK-Anlagen Netzwerkmanagementsysteme (vgl. Abschnitt 5.7.2) Automatische Telefon-Auskunftsdienste (Suche und Ansage) Unterstützung von Mehrwertdiensten (Einzelverbindungsnachweis, Übermittlung von Taktimpulsen usw.)	●	
Abrechnung	Automatische Leistungserfassung zur Abrechnung nach Verbindungszeit oder Datenvolumen	●	
Bezahlung	Chipkarte oder Kreditkarte an öffentlichen Telefonen	●	

5.7.2 Netzwerkmanagement und Dienstekonfiguration

Das Netzwerkmanagement umfaßt eine Reihe von Aufgaben, die durch mehrere Softwaresysteme mit gemeinsamer Datenbank unterstützt werden können (vgl. Abbildung 5-30).

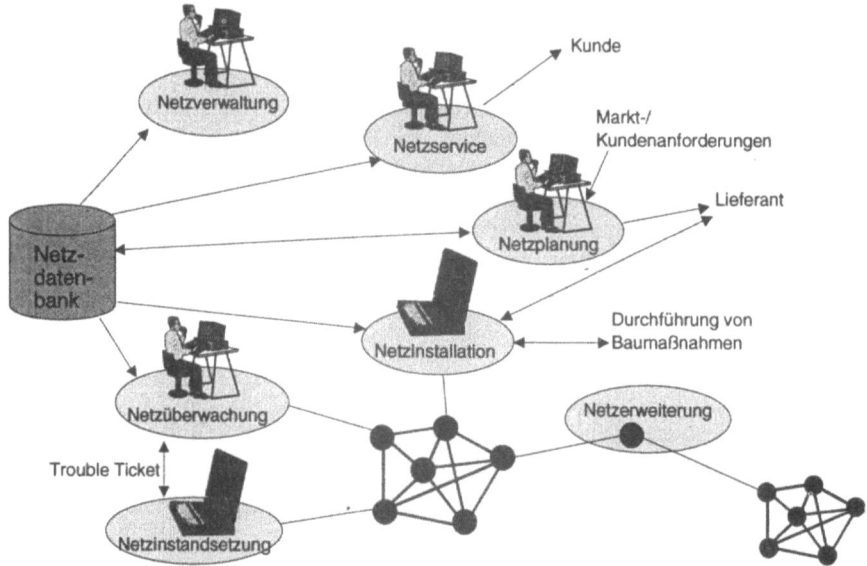

Abbildung 5-30: Aufgaben des Netzwerkmanagements

- Zur *Netzplanung* setzt man Optimierungsprogramme ein, die eine möglichst günstige Netzkonfiguration auf der Basis von Verkehrsanforderungen berechnen und das Gesamtnetz mit allen Standorten, Netzelementen und -konfigurationen entwerfen helfen.
- Die *Netzinstallation* bezieht sich auf den physischen Aufbau neuer und die Erweiterung vorhandener Netze und umfaßt somit die Planung, Durchführung und Überwachung der Baumaßnahmen, der Inbetriebnahme sowie von Systemtests.
- Die *Netzverwaltung* dokumentiert den laufenden Netzbetrieb, führt notwendige Anpassungs- und Modifikationsmaßnahmen durch und pflegt die Datenbasis.
- Die *Netzüberwachung* empfängt Störungsmeldungen, führt im Fehlerfall Ferndiagnosen durch und gibt gezielte Auftragsanweisungen für Reparatur- bzw. Instandhaltungsmaßnahmen. Daneben übernimmt sie auch präventive Aufgaben, wie z.B. Performance-Messungen.
- Zur *Netzinstandsetzung* setzt man computerunterstützte Systeme vor Ort ein, z.B. Leitungstester, Diagnoseprogramme und Testdatengeneratoren, die auf einem portablen Rechner installiert sind.

5.7 Telekommunikationsdienstleistungen

- Die *Netzservices* bilden die Schnittstelle zum Kunden. Die angebotenen Dienste müssen ohne große zeitliche Verzögerung einsetzbar sein. Dies wird beim Datentransport durch eine Verbindungskonfiguration ermöglicht, die automatisch die Wegesuche durch das Netz übernimmt.
- *Netzerweiterungen* werden dadurch erleichtert, daß das Netzwerkmanagement unter bestimmten Voraussetzungen auch dem Kunden selbst die Überwachung und Steuerung seines Teilnetzes ermöglicht.

Ein wichtiges Differenzierungsmerkmal im Wettbewerb der Telekommunikationsanbieter liegt in der Zusammenstellung von Bündeln von Mehrwertdiensten. Diese Serviceleistungen werden auf dem Basisnetz bzw. den Basisdiensten aufgebaut und durch leistungsfähige Servicerechner realisiert (vgl. Abbildung 5-31). Ein „service management system" (SMS), das ebenfalls auf einem Server installiert ist, verwaltet die implementierten Dienste und ermöglicht dem Kunden über spezifische Zugangsschnittstellen, die gewünschten Dienste gezielt aufzurufen und in einem vorgegebenen Rahmen selbst zu steuern. Wird ein Mehrwertdienst angefordert, so werden „service logic programs" (SLP) im „service control point" (SCP) über die „service switching points" (SSP) im Basisnetz angesprochen. Neue Dienste können mit Hilfe eines „service creation environment" (SCE) flexibel aufgebaut und integriert werden. Die SCE-Software unterstützt die Entwicklung neuer Dienste über eine grafische Benutzeroberfläche sowie durch die Verwendung von in Softwarebibliotheken gespeicherten Funktionsbausteinen. Mit Hilfe umfangreicher Testfunktionen bis hin zur Simulation der gesamten Dienstabwicklung durch Modellierung der Netzumgebung ist der Dienst vor seiner Freigabe verifizierbar. Bei der Freigabe wird er an das SMS übergeben, das die Aktivierung der SLPs veranlaßt und damit den neuen Dienst flächendeckend über SSPs zur Verfügung stellt.

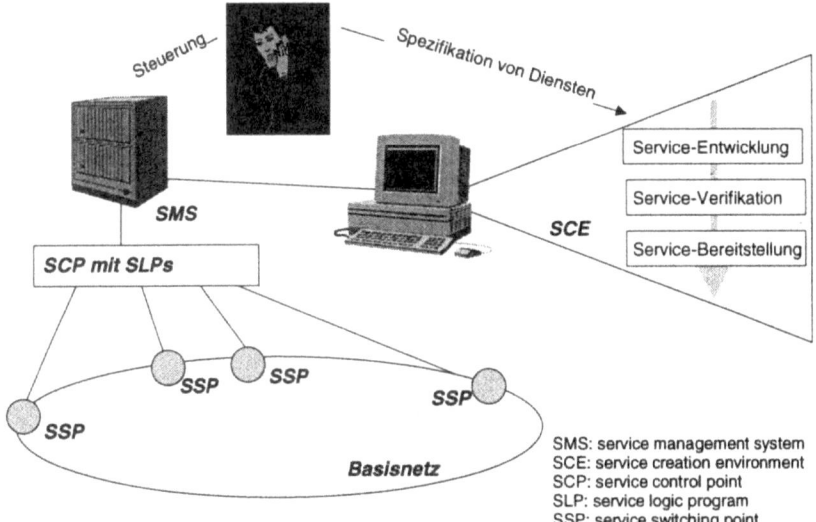

Abbildung 5-31: Konfiguration von Telekommunikationsdiensten

5.8 Dienstleistungen in der öffentlichen Verwaltung

5.8.1 Überblick

Die öffentliche Verwaltung kümmert sich um Aufgaben des Gemeinwesens auf der Basis von erlassenen Gesetzen, Verordnungen und anderen Rechtsvorschriften. Zur Ausführung der operativen Tätigkeiten bedient sie sich einer Behördenstruktur, die die sogenannten „Organe der Exekutive" umfaßt. In dieser Struktur werden die drei Hauptebenen Bund, Länder und Kommunen unterschieden.

In Kommunalverwaltungen sind Aufgaben der öffentlichen Verwaltung z.B. weiter untergliederbar in

- die Ordnungsverwaltung, z.B. durch Einwohner-, Gesundheits-, Standes- und Ordnungsämter,
- die Bauverwaltung, z.B. durch Hoch- und Tiefbau- sowie Bauordnungs- und Stadtplanungsämter,
- die Schul- und Sozialverwaltung, z.B. durch Schul-, Jugend-, Senioren-, Sport- und Pflegeämter,
- die Finanzverwaltung, z.B. durch Stadtkasse und Stadtkämmerei, Liegenschafts- und Steuerämter.

In neuerer Zeit versucht man, neben der amts- bzw. funktionsbezogenen auch eine prozeßorientierte Sichtweise einzuführen. Dies entspricht auch mehr dem Aufgabenverständnis des Bürgers, der bislang bei vielen Anliegen mehrere unterschiedliche Funktionsstellen adressieren muß und an einem kundenorientierten, integrierten Bearbeitungsvorgang interessiert ist. Abbildung 5-32 zeigt beispielhaft einen Ausschnitt des sich aus dem Aufgabenspektrum einer Kommune ergebenden Prozeßgefüges.

Abbildung 5-32: Prozeßarten in der Kommunalverwaltung

Tabelle 5-11: Anwendungssysteme in der öffentlichen Verwaltung

WWW	In ausgewählten Bereichen bereits Unterstützung des gesamten Dienstleistungsprozesses möglich.	
Self-Service-Terminals	Meist öffentliche Informationsterminals für z.B. Touristen, Self-Service-Terminals für Bürger	
Marketing	Städtepräsentation	●
Leistungsbereitstellung	Personal-, Fuhrpark- und Immobilienverwaltung Personaleinsatzplanung	●
Information und Beratung	Call-Center-Lösungen mit automatischer Ermittlung der Zuständigkeiten Informations- und Beratungssysteme in allen Leistungsbereichen, z.B. Stelleninformationssysteme, Systeme zur Berechnung von Sozialhilfe und Wohngeld Unterstützung in Bürgerämtern und -büros (vgl. Abschnitt 5.8.3) XPS zur Analyse von Antragsmöglichkeiten	● ●
Vereinbarung	Online-Antragsstellung für bestimmte Verwaltungsleistungen Ticketverkauf für Veranstaltungen	● ●
Durchführung	Data-Warehouse-Konzepte als Informationsbasis Verwaltungsnetze zur Informationsversorgung unterschiedlicher Verwaltungsebenen und Interessengruppen Automatisierte Antragsverfahren und -bearbeitung Automatisierte Mahnverfahren Geographische Stadt-Informationssysteme (vgl. Abschnitt 5.8.5) Dokumenten- und Workflow-Management-Systeme, z.B. für das elektronische Grundbuch (vgl. Abschnitt 5.8.2) Systeme für das Einwohnerwesen, z.B. Ummeldung des Wohnsitzes (vgl. Abschitt 5.8.4)	● ●
Abrechnung	Steuer- und Abgabeprogramme zur Berechnung von Gewerbe-, Grund-, Hundesteuer usw. Automatische Leistungserfassung aus WMS zur Gebührenberechnung Haushaltsmanagement- und Kassensystem	●
Bezahlung	Bezahlung mit elektronischer Geldbörse oder Electronic Cash am „kommunalen Kiosk" (vgl. Abschnitte 4.7.2 und 4.7.3)	● ●

Geschäftsprozesse in der öffentlichen Verwaltung bestehen in der Regel aus den folgenden Phasen:

- *Behandlung von Eingängen*
  Eingänge können Auskunftsbegehren, Anträge auf Verwaltungsleistungen (z.B. Kraftfahrzeugzulassung) oder Geldleistungen (z.B. Kindergeld), die Entrichtung von Abgaben oder das Erbitten einer Genehmigung sein. Bei der Initiierung von Verwaltungsprozessen kann daneben unterschieden werden, ob die Initiative vom Bürger ausgeht, z.B. bei der Antragstellung oder bei Auskunftsersuchen, oder ob die Behörde etwas veranlaßt, wie z.B. bei der Erhebung von kommunalen Steuern und Gebühren.
- *Bearbeitung der Geschäftsvorfälle*
  Die sich aus den Eingängen ergebenden „Aufträge" bzw. Geschäftsvorfälle

werden in sogenannter Sachbearbeitung abgewickelt. Dies kann durch einen einzelnen Verwaltungsmitarbeiter oder in Arbeitsteilung zwischen mehreren Personen und auch Dienststellen geschehen. Eine Besonderheit ist, daß nicht selten auch kollektiv Entscheidungen getroffen werden, wobei verfahrensrechtliche Regeln bezüglich Arbeitsteilung, Nachvollziehbarkeit sowie Datenschutz und -sicherheit zu beachten sind.
- *Erstellung von Verfügungen*
  Neben der inhaltlichen ist eine formale Bearbeitung der Vorgänge notwendig. Auch hier ist eine Arbeitsteilung zwischen Bearbeitern, Mitzeichnenden, Schlußzeichnenden und eventuellen Schreibkräften verfahrensrechtlich verankert. Oft bestehen auch besondere Formvorschriften, z.B. bezüglich der Amtlichkeit von ausgehenden Schreiben.
- *Verwaltung von Akten*
  Die Verwaltungstätigkeit muß in Form von Akten dokumentiert werden. Diese umfassen alle amtlichen und vorfallsrelevanten Unterlagen mit allen Geschäftsgangvermerken.

5.8.2 Dokumenten- und Vorgangsbearbeitung

Die Verwaltung von Dokumenten in einer Behörde ist eine Teilaufgabe von hoher Bedeutung. Eine Registratur mit mehreren laufenden Kilometern Akten und über tausend Neuzugängen täglich ist keine Seltenheit. Der Einsatz der Informationsverarbeitung zur elektronischen Speicherung und zur Beschleunigung des Zugriffs auf diese umfangreichen Informationen kann die Verwaltungsarbeit wesentlich vereinfachen. Bei der Einführung eines computergestützten Dokumenten-Management-Systems können vier Ausbaustufen unterschieden werden:

- In den Registraturen wird nur die manuelle Karteiführung durch ein rechnergestütztes Verfahren zur Erfassung der Bestandsdaten von ein- und ausgehenden sowie internen Dokumenten ersetzt. Die Akten selbst werden nach wie vor in Papierform abgelegt.
- Über ein lokales Kommunikationsnetz erhält der Sachbearbeiter von seinem Büroarbeitsplatz aus elektronischen Zugriff auf die Verwaltungsdaten der Registratur. Er kann damit eine Dokumentrecherche oder eine konkrete Aktenanforderung über seinen Arbeitsplatzrechner an die Registratur weitergeben.
- Die Dokumente werden nicht nur elektronisch deskribiert bzw. indexiert, sondern auch elektronisch gespeichert. Dies geschieht durch Einscannen von Papierunterlagen (Imaging, vgl. Abschnitt 3.4.1). Damit kann auf Akten über Schlagworte, Aktenzeichen, aber auch eventuell über Volltextrecherchen zugegriffen werden. Lösch- und Aussonderungsvorgänge sind entsprechend der gesetzlichen Vorschriften automatisiert.
- Die Dokumentenverwaltung wird zu einem Dokumenten-Management-System ausgebaut, das mit einem Workflow-Management-System zusammenarbeitet. Das Computersystem unterstützt dann nicht nur das Erfassen, Ablegen und Wiederauffinden von Dokumenten, sondern steuert die Informationslogistik beim Bearbeitungsvorgang z.B. mit Hilfe einer automatisierten Aktenverfolgung und Vorlagewegbestimmung.

5.8 Dienstleistungen in der öffentlichen Verwaltung

Ein elektronisches Dokumentenmanagement hat im Bereich der öffentlichen Verwaltung hohen rechtlichen Ansprüchen zu genügen. Ein wichtiges Element ist oft die handschriftliche Unterschrift. Das Gesetz zur digitalen Signatur schafft die Rahmenbedingungen für den Einsatz elektronischer Unterschriften (vgl. Abschnitt 3.2.6). Bezüglich der praktischen Umsetzung steht man jedoch noch am Anfang und hat in verschiedenen Detailfragen noch Rechtsklarheit zu schaffen. Aus technischer Sicht muß darüber hinaus gewährleistet sein, daß man gespeicherte Dokumente nicht nachträglich elektronisch verändern kann.

Ein Beispiel für die Anwendung eines Dokumenten-Management-Systems ist das Elektronische Grundbuch. Das gesamte vorhandene Papiergrundbuch wird hierbei gescannt und auf optischen Speichern abgelegt. Diese sind in der Regel nur einmal beschreibbar, aber beliebig oft lesbar (CD-WORM: Compact Disc Write Once Read Many). Rechtspfleger, Notare, Banken und Versicherungen können über Kommunikationsnetze auf die gespeicherten Unterlagen zugreifen. Es handelt sich um eine geschlossene Benutzergruppe, die ein berechtigtes Interesse an den Daten nachweisen kann (vgl. Abbildung 5-33). Die Präsentation der Dokumente am Bildschirm entspricht dem Erscheinungsbild des konventionellen Grundbuches.

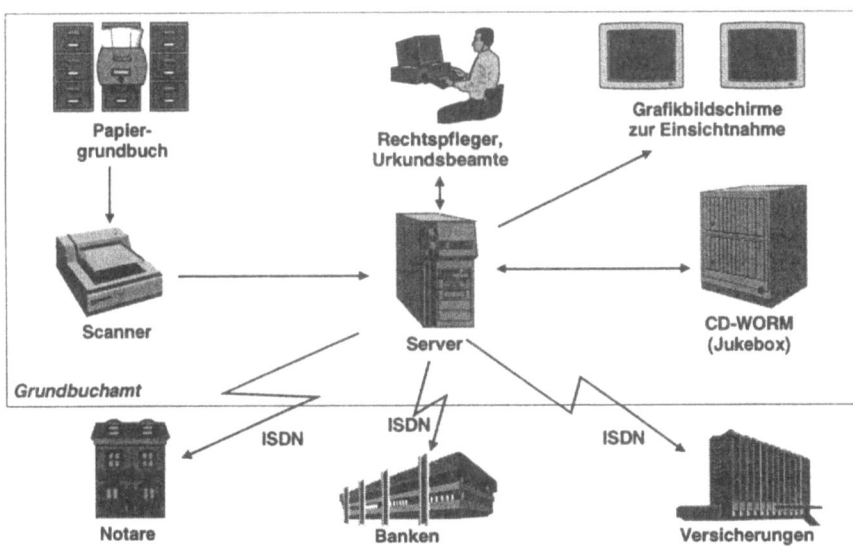

Abbildung 5-33: Zugriff auf das Elektronische Grundbuch

Neben den technischen hat man hier auch insbesondere rechtliche Verfahren anzupassen. So sind erweiterte Datenschutzmaßnahmen zu treffen. War es z.B. bisher in einem nach geographischen Aspekten geordneten Grundbuch unmöglich, gezielte Informationen zu allen Grundstücken eines bestimmten Besitzers zu bekommen, kann bei einem elektronischen Verfahren eine solche Abfrage gezielt und schnell durchgeführt werden.

Das Dokument bzw. die Vorgangsakte steht bei der öffentlichen Verwaltung im Mittelpunkt der Ablauforganisation. Die größtenteils gesetzlich vorgeschriebenen Bearbeitungsvorgänge sind standardisiert und gut strukturiert. Wenn eine entsprechende Informations- und Kommunikationsinfrastruktur gegeben ist bzw. ohne größere Schwierigkeiten geschaffen werden kann, bietet sich der Einsatz von Workflow-Management-Systemen an. Bei der Einführung sind durch die streng festgelegten Verfahrensweisen oft weit weniger organisatorische Eingriffe nötig als bei Privatunternehmen.

Die elektronische Akte wird vom WMS zunächst dem Sachbearbeiter bzw. den Sachbearbeitern z.B. über Electronic Mail zugestellt, die sich als erstes mit dem Vorgang beschäftigen müssen. Die Bearbeitung wird durch Software-Werkzeuge auf dem Arbeitsplatzrechner des Sachbearbeiters unterstützt. Das WMS leitet die Vorgangsmappe anschließend automatisch und ohne Zeitverlust an den nächsten Bearbeiter weiter. Durch die elektronische Vorgangsbearbeitung und den Einsatz eines WMS werden Medienbrüche, der zeitaufwendige physische Transport von Papieren, der Such- und Beschaffungsaufwand von Dokumenten und die aufwendige Überwachung von Wiedervorlagen vermieden. Durch die begleitende Protokollierung aller Vorgangsaktivitäten erhöht sich zudem die Transparenz der Abläufe, und die leitenden Mitarbeiter können Störungen oder Ineffizienzen im Ablauf schneller erkennen und korrigieren.

5.8.3 Computerunterstütztes Bürgeramt

Das Konzept des sogenannten Bürgeramtes zielt darauf ab, bei der Bearbeitung von Anliegen, bei denen ein persönlicher Kontakt mit dem Bürger notwendig ist, möglichst viele Dienstleistungen an einer einzigen Anlaufstelle zu erbringen. Im Idealfall kann der gleiche Sachbearbeiter durch Zugriff auf Datenbasen und Informationssysteme unterschiedlicher Ämter den kompletten Bearbeitungsprozeß abwickeln bzw. zumindest so in die Wege leiten, daß der Bürger keine anderen Dienststellen besuchen muß (One-Stop-Service). Zusätzliche Wege und der damit verbundene Zeitverlust können somit vermieden werden.

Um dies zu erreichen, ist zunächst eine Telekommunikationsinfrastruktur notwendig, die es dem Sachbearbeiter erlaubt, auf entfernte Daten und Anwendungen zuzugreifen. Er kann damit zunächst dem Bürger als Informationsbroker zur Verfügung stehen, d.h., ihm benötigte Informationen gezielt und gebündelt zusammenstellen. Um Bearbeitungsprozesse anzustoßen, sind darüber hinaus Auftragserfassungs- und Weiterleitungssysteme einzurichten. Das Wissen über die zur Behandlung der verschiedenen Anliegen notwendigen Prozesse wird im IV-System hinterlegt. Dies kann z.B. in Form von Workflow-Management-Systemen (vgl. Abschnitt 3.4.3) erfolgen, die gleichzeitig die Abwicklung eines angestoßenen Vorgangs weiter betreiben und steuern. Zur elektronischen Ablage von allgemeinem Know-how und Zusammenhangswissen sind zukünftig Knowledge-Management-Systeme (vgl. Abschnitt 3.4.2) denkbar. Neben diesen Unterstützungssystemen zum Informations- bzw. Wissens-Retrieval benötigen die Mitarbeiter im Bürgeramt elektronische Kommunikationsmittel, um mit den Spezialisten anderer Ämter und Dienststellen Informationen austauschen und interagieren zu können.

Das Bürgeramt kann als eine Art „Vertriebsorganisation" für Verwaltungsprodukte angesehen werden. Ähnlich wie ein Reisebüro Touristikdienstleistungen unterschiedlicher Anbieter zu einem Reisepaket zusammenstellt oder zumindest den Kontakt zu den Anbietern für Einzelbuchungen herstellt, bündelt das Bürgeramt Verwaltungsdienstleistungen unterschiedlicher Dienststellen bzw. gewährleistet auf elektronischem Weg eine direkte Verbindung zu den einzuschaltenden Behörden.

Es ist vorstellbar, daß eine Reihe von Verwaltungsdienstleistungen auch direkt in Selbstbedienung vom Bürger in Anspruch genommen oder angestoßen werden, ohne daß dieser sich zu einem Behördenschalter begeben oder mit einem Sachbearbeiter Kontakt aufnehmen muß. So haben beispielsweise viele Kommunen Informationsangebote im WWW aufgebaut, die über Selbstbedienungsterminals oder einen beliebigen Internetzugang abrufbar sind. Oft ermöglicht ein virtueller Service Desk neben dem Informationszugriff auch die Herstellung eines Kontakts zu Beratern über Electronic Mail oder eine spezielle Hotline. Bestimmte Anliegen oder Anträge sind bereits elektronisch einreichbar, wie z.B. die Bestellung von Reisepässen. Allerdings bereiten Identifikation und Authentifizierung beim elektronischen Kundenkontakt im Verwaltungsbereich noch größere Probleme als z.B. bei Banken, da meist ex ante keine vertraglichen Beziehungen vorliegen.

In bestimmten Fällen kann mit Hilfe von IV-Systemen das Antragsprinzip auch umgekehrt werden. Hier ergreift nicht der Bürger die Initiative, sondern das Amt fordert zu Rückmeldungen auf bzw. informiert aktiv und individuell über zu beanspruchende Leistungen. Z.B. können Anträge auf Erziehungsgeld auf der Grundlage der beim Standes- und Meldeamt gespeicherten Daten automatisch zugestellt werden.

5.8.4 Self-Service-Systeme für kommunale Verwaltungen

Der Grundgedanke kommunaler Self-Service-Konzepte ist, den Kunden von seiner Rolle als „passiver Antragsteller" zu befreien. In dieser Rolle hat er nach der meist schriftlichen Äußerung seines Anliegens eine unbestimmte Zeit zu warten, bis der Leistungsanbieter in der Lage ist, sich mit dem Wunsch zu beschäftigen und die Leistung zu erbringen (Bring-Prinzip). Mit dem Self-Service-Ansatz wird angestrebt, den Nachfrager aktiv in den Dienstleistungsprozeß einzubeziehen. Es soll möglich sein, Leistungen über elektronische Kommunikationsmedien anzustoßen, den Vorgang der Leistungserstellung zu beeinflussen sowie bestimmte Dienste selbstgesteuert und automatisiert abzurufen (Hol-Prinzip). Man geht von dem Anbieter bestimmten *Push-Prinzip* über zum nachfragerorientierten *Pull-Prinzip*, was auch mit dem Begriff „gezogene Wertschöpfungskette" charakterisiert wird (vgl. Abbildung 5-34).

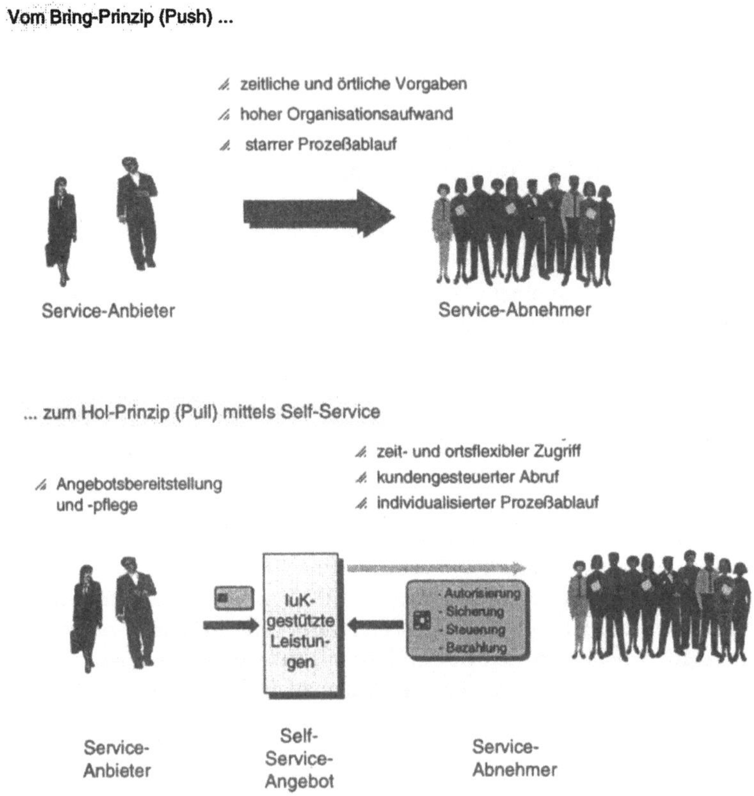

5 Ausgewählte branchenorientierte Anwendungssysteme

Vom Bring-Prinzip (Push) ...

- zeitliche und örtliche Vorgaben
- hoher Organisationsaufwand
- starrer Prozeßablauf

Service-Anbieter → Service-Abnehmer

... zum Hol-Prinzip (Pull) mittels Self-Service

- Angebotsbereitstellung und -pflege
- zeit- und ortsflexibler Zugriff
- kundengesteuerter Abruf
- individualisierter Prozeßablauf

Service-Anbieter — IuK-gestützte Leistungen (Autorisierung, Sicherung, Steuerung, Bezahlung) — Service-Abnehmer

Self-Service-Angebot

Abbildung 5-34: Prinzip des Self-Service-Ansatzes

Bei einer Self-Service-Architektur lassen sich drei Hauptkomponenten unterscheiden (vgl. Abbildung 5-35 und Abbildung 3-6, Abschnitt 3.2.3):

- Auf der Seite des Kunden ist ein *Zugangssystem* erforderlich, welches die Benutzeridentifikation und -autorisierung übernimmt und den Zugriff auf das Self-Service-Angebot ermöglicht.
- Die Steuerung und Kontrolle der Self-Service-Zugriffe sowie die Sicherung der Daten- und IV-Anwendungen werden über eine *Transaktions- und Sicherheitsplattform* gewährleistet.
- Self-Service-fähige *Anwendungssysteme* dienen auf der Seite des Leistungsanbieters im lokalen Verwaltungsnetz zur Bereitstellung und Abwicklung kommunaler Dienstleistungsprozesse.

5.8 Dienstleistungen in der öffentlichen Verwaltung

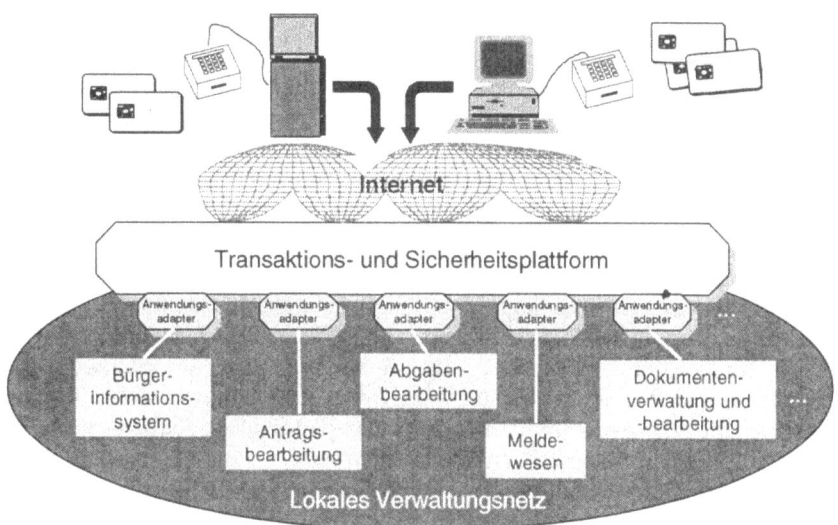

Abbildung 5-35: Self-Service-Architektur

Einer der häufigsten Vorgänge in der Kommunalverwaltung ist die Annahme und Bearbeitung von Anträgen. In vielen Fällen ist es möglich, auf derartige Anträge automatisiert oder zumindest teilautomatisiert zu reagieren. Ein Beispiel eines derartigen Vorgangs ist die Bearbeitung einer Auskunftsanfrage an das Einwohneramt, die sogenannte „*Einwohnerauskunft*". Gemäß Melderechtsrahmengesetz ist jede Person verpflichtet, ihren Wohnsitz bzw. ihre Wohnsitze beim Einwohneramt anzugeben. Die bei dieser Meldung spezifizierten Daten, die neben den Adreßangaben auch Namen, Geburtsdatum, akademische Grade usw. umfassen, werden im sogenannten Melderegister gespeichert. Bei einer Auskunftsanfrage wird versucht, eine konkrete Person eindeutig aus dem Melderegister zu ermitteln, um dann dem Anfragenden Informationen aus dem Datensatz (z.B. die neue Adresse nach einem Umzug) zur Verfügung zu stellen. Aus Kundensicht kann eine derartige Bearbeitung etliche Tage oder sogar Wochen beanspruchen.

Abbildung 5-36 skizziert die Systemarchitektur einer Self-Service-Anwendung zur elektronischen Abwicklung der Einwohnerauskunft.

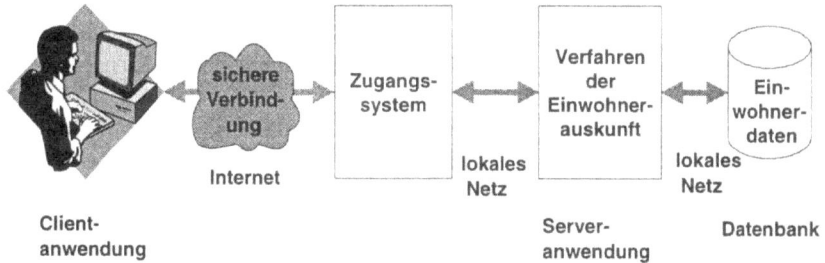

Abbildung 5-36: Systemarchitektur eines Self-Service-Auskunftsverfahrens

Die Anwendungssoftware der Einwohnerauskunft ist als zentrale Serverapplikation im Einwohneramt realisiert. Der Server fungiert als Schnittstelle zwischen der Client-Anwendung auf der Kundenseite und der Einwohnerdatenbank. Aus Gründen der Datensicherheit kann es sich bei dieser Datenbank um eine Kopie oder einen Auszug aus der Original-Datenbasis handeln.

Der Kunde sendet seine Anfrage über eine gesicherte Internetverbindung zu dem Zugangssystem auf der Anwenderseite. Dieses prüft die Identität und Autorisierung des Anfragers. Hierzu ist beispielsweise denkbar, auf der Client-Seite Chipkarten zu verwenden (vgl. Abschnitt 3.2.4). Das Zugangssystem leitet die Anfrage an die Serveranwendung weiter. Diese setzt die Auskunftsanfrage in eine Datenbankabfrage um, z.B. in Form eines SQL-Befehls (Structured Query Language). Das Datenbanksystem liefert die gewünschten Daten, die über die Serveranwendung, das Zugangssystem und die Client-Anwendung zum Anfragenden gelangen. Die Benutzerschnittstelle der Client-Anwendung basiert dabei ausschließlich auf einem Internet- bzw. WWW-Browser.

Durch das Angebot eines derartigen Self-Service-Systems kann sich die Bearbeitungsdauer einer Einwohnerauskunft auf einige Minuten oder sogar Sekunden reduzieren. Auf der Seite des Leistungsanbieters sind viele manuelle Bearbeitungsschritte durch Softwareaktionen substituierbar. Am Beispiel der Einwohnerauskunft wird deutlich, daß Gesichtspunkten der Datensicherheit und des Datenschutzes besondere Bedeutung zukommt. Das Zugangssystem hat hier entsprechend anspruchsvolle Verfahren umzusetzen (vgl. Abschnitt 3.2.6). Eine andere Herausforderung ergibt sich durch die Notwendigkeit der Gebührenerhebung. Es bietet sich an, im Rahmen der Internet-basierten Kommunikation zwischen Kunde und Self-Service-System auch eine elektronische Bezahlung zu ermöglichen (vgl. Abschnitt 4.7). Zum Beispiel ist eine automatische Abbuchung der Gebühren von der Chipkarte vorstellbar. Dies kann z.B. dadurch geschehen, daß auf der Chipkarte neben dem zur Authentifizierung notwendigen Zertifikat auch eine Geldbörsenfunktion installiert ist. Damit wird bei der Einwohnerauskunft und bei vielen anderen elektronischen Self-Service-Anwendungen die kommunale Dienstleistung zu einem vollständigen One-Stop-Service.

5.8.5 Geographische Stadt-Informationssysteme

Geographische Stadt-Informationssysteme basieren auf digitalen Katasterkarten. Diese ähneln Stadtplänen und beinhalten Vermessungs- und Grenzpunkte, Flurstücksgrenzen, Gebäudelinien und verschiedene Beschriftungen wie z.B. Straßennamen, Hausnummern, Kirchen, Schulen usw. Zusammen mit topologischen Angaben, Straßenbegrenzungslinien, Böschungsmarkierungen usw. entsteht eine digitale Stadtgrundkarte.

Um diese Stadtgrundkarte mit räumlichen Daten für verschiedenste Aufgaben verknüpfen zu können, müssen Lagekoordinaten in einem einheitlichen Bezugssystem festgelegt werden. Die Kataster- und Vermessungsverwaltungen der Bundesländer stellen zu diesem Zweck für die gesamte Bundesrepublik Fixpunkte bereit, deren Koordinaten im sogenannten Gauß-Krüger-Koordinatensystem vorliegen. In die in diesem Bezugssystem fixierte Stadtgrundkarte können für eine Vielzahl von

Anwendungen spezielle Zusatzinformationen mit den entsprechenden räumlichen Koordinaten eingetragen werden. Beispiele sind

- das Baumkataster, das die Standorte und den Zustand aller größeren Bäume im Stadtgebiet umfaßt,
- das Kanalkataster, das nicht nur das Kanalnetz, sondern auch dessen Schadstellen dokumentiert,
- das Straßenkataster mit zugehörigen Beleuchtungseinrichtungen, Verkehrssignalanlagen usw.,
- die Netze der Energie- und Wasserversorger,
- spezielle Pläne für Polizei und Feuerwehr mit Alarmanlagen, Feuermeldern usw.,
- Abwasserkataster, Gewerbekataster, Baulückenkataster, verschiedene Umweltkataster oder raumbezogene Bevölkerungsdaten, wie z.B. Ausländer- oder Beschäftigtenanteile in verschiedenen Stadtbezirken.

Diese Geo-Informationssysteme unterstützen unterschiedlichste Kommunalbehörden bei administrativen und planerischen Aufgaben. Die raumbezogenen Basisdaten können auch die Grundlage für anspruchsvollere Berechnungen und Simulationen sein. So ist es beispielsweise möglich, bei der Einleitung umweltschädlicher Stoffe in ein Abwasserleitungsnetz den Verursacher durch Zurückrechnen entgegen dem Gefälle einzugrenzen. Der Einfluß von baulichen Veränderungen auf das Ortsbild ist unter verschiedenen Blickwinkeln darstellbar. Die Geometriedaten der Stadtgrundkarte sind dabei auch in Virtual-Reality-Systemen nutzbar. Die Verkehrsführung kann durch Berücksichtigung unterschiedlicher Stauräume an den Ampeln verbessert werden. Durch die Verbindung soziodemographischer Daten mit der Stadtgrundkarte sind günstige Standorte für Supermärkte und Kindergärten bestimmbar.

Ein Geo-Informationssystem hat im Vergleich zu traditionellen Karten durch die Flexibilität der Computerprogramme und Datenverknüpfungen verschiedene Vorteile, wie z.B.:

- der Maßstab ist anwendungsspezifisch variierbar,
- die Art der Darstellung ist an unterschiedliche Bedürfnisse anpaßbar und kann so einerseits dem Fachmann vertraute „Signaturen" und andererseits für den Nicht-Fachmann leichter verständliche Beschriftungen anbieten,
- geänderte Informationen sind unmittelbar für alle Stellen verfügbar, so daß es z.B. nicht vorkommen kann, daß eine Fläche zur Bebauung freigegeben wird, die gerade von einer anderen Behörde als Naturschutzfläche ausgewiesen wurde,
- die digitale Karte ist flexibel konfigurierbar, indem gewünschte Informationen eingeblendet und nicht relevante Informationen ausgeblendet werden,
- die digitale Karte ist über Kommunikationssysteme nahezu von beliebigen Orten aus einsehbar, z.B. können die Daten auch per Funkübertragung in das Notebook eines mobilen Mitarbeiters übertragen werden.

5.9 Handelsdienstleistungen

5.9.1 Überblick

Die Aufgabe von Handelsbetrieben kann definiert werden als der Austausch von Waren und Dienstleistungen zwischen Wirtschaftssubjekten.

Tabelle 5-12: Anwendungssysteme im Handel

WWW	Vor allem für den Versandhandel bereits alle Phasen außer physischem Warenversand		
Self-Service-Terminals	Vor allem in der Informations- und Beratungsphase, z.B. unterstützt durch Suchmaschinen		
Marketing	Dynamische Preismaßnahmen im WWW, z.B. Sonderangebote Unterstützung der Marktforschung, z.B. im Madakom-Projekt (vgl. Abschnitt 5.9.2) Mikrogeographische Systeme zur Sortimentszusammenstellung Kundenkarten und Scannerkassen für personenbezogene Analysen und anschließende Direct-Mailing-Aktionen Data-Mining-Systeme zur Untersuchung des Kaufverhaltens Produktpräsentation auf kleinem Display am Einkaufswagen, ausgelöst durch Sensoren am Regal	●	
Leistungsbereitstellung	Regallayout-Planungssystem, Personaleinsatzplanung Systeme zur Lagerdisposition und -verwaltung sowie zur Bestelldisposition und Bedarfsprognose Mikrogeographische Systeme zur Standortplanung		
Information und Beratung	CD-ROMs zur multimedialen Information und Beratung mit Übergang ins WWW zur Bestellung SB-Weininformationssystem mit Barcode-Leser für die Flasche Multimediaterminals im Einzelhandel (vgl. Abschnitt 4.3.2)	●	●
Vereinbarung	Konfigurationssysteme zur Zusammenstellung individualisierbarer Produkte und Dienstleistungen	●	●
Durchführung	Elektronische Abwicklung der Versandlogistik im Großhandel mit Unterstützung der Kommissionierer, automatischer Überwachung der Mindesthaltbarkeitsdaten und drahtloser Kommunikation zwischen Dispositionsrechner und Gabelstaplern Abwicklung des Verkaufs digitaler und digitalisierter Produkte Einbezug von Waagensystemen in die Warenwirtschaft	○	
Abrechnung	Kundenkarten (vgl. Abschnitt 4.6.3)		
Bezahlung	GeldKarte und Electronic Cash, CyberCash (vgl. Abschnitte 4.7.2, 4.7.3 und 4.7.5)	●	
Integrierte Systeme	Warenwirtschaftssysteme (vgl. Abschnitt 5.9.2) Electronic Shopping Malls (vgl. Abschnitt 5.9.3)		

Es findet von der Produktion zum Konsum ein räumlicher, zeitlicher, quantitativer und qualitativer Übergang statt. Der Handel vermittelt als Intermediär zwischen Produzenten und Konsumenten. Er sorgt dafür, daß nachgefragte Waren vorrätig sind und den Kunden zur Verfügung stehen. Hierbei ist die zeitliche Veränderlichkeit, wie z.B. bei Saison- und Modeartikeln, sowie die Auswahl von geeigneten Bezugsquellen zu beachten.

Die Kunden wählen Waren aus und schließen einen Kaufvertrag darüber ab. Im Selbstbedienungseinzelhandel erfolgt dieser Abschluß z.B. mit der Erfassung der ausgesuchten Artikel an der Kasse. Die Rechnungsstellung und Bezahlung erfolgt meist unmittelbar bei der Abholung der Waren. Die Einkaufs- und Verkaufsvorgänge müssen in der Buchhaltung erfaßt werden. Bei Großhändlern oder Handelsketten mit Filialbetrieben werden weitergehende Anforderungen an die Intermediärfunktion gestellt. Z.B. sind vom Einkauf Bestellungen zentral zu planen und gebündelt durchzuführen. Anschließend müssen die Waren, die zunächst in Sammellagern ankommen, auf die Standorte der einzelnen Filialen verteilt werden. Großhändler und andere Händler, die die Waren an Kunden ausliefern, müssen ebenfalls im Bereich des Warenausgangs Transportleistungen bündeln und Sammellieferungen zusammenstellen. Operative Schnittstelle zwischen dem ein- und ausgehenden Warenstrom ist das Lager.

5.9.2 Warenwirtschaftssysteme

Integrierte Informationssysteme, die alle wesentlichen Funktionen des Handelsbetriebes unterstützen, werden als Warenwirtschaftssysteme bezeichnet. Abbildung 5-37 skizziert die wesentlichen Elemente eines Warenwirtschaftssystems. Dabei kann zwischen Grundfunktionen und Erweiterungsfunktionen unterschieden werden. Grundfunktionen sind:

- *Einkauf*
  Der zukünftige Bedarf wird z.B. mit Hilfe von Prognosesystemen geschätzt, Routinebestellungen werden vom Computer automatisch, komplexere Bestellungen im Dialog mit dem Einkaufs-Sachbearbeiter erzeugt.
- *Wareneingang*
  Eingehende Waren werden geprüft und mengen- sowie oft auch wertmäßig in elektronischen Warenbestandslisten, d.h. Bestandsdateien bzw. Bestandsdatenbanken, erfaßt.
- *Rechnungsprüfung*
  Lieferscheine und Rechnungen werden getrennt erfaßt und anschließend automatisch abgeglichen. Der Rechnungsbetrag wird den vereinbarten und gespeicherten Konditionen der Bestellung gegenübergestellt.
- *Lagerhaltung*
  Bestände, Zu- und Abgänge werden elektronisch erfaßt und ausgewertet.
- *Verkauf*
  Die verkauften Waren werden vom System möglichst direkt erfaßt, z.B. am Point Of Sale (POS) durch Scannerkassen.
- *Fakturierung*
  Auf der Basis der erfaßten Verkaufsdaten erstellt das System automatisch die Rechnung.
- *Debitoren- und Kreditorenbuchhaltung*
  Die Fakturierungs- und Rechnungsprüfungssoftware liefert auf direktem Weg die entsprechenden Daten für die Finanzbuchhaltung. Die Überwachung der

offenen Posten, die Erstellung von Mahnungen an Debitoren und von Zahlungsvorschlägen an Kreditoren sind automatisiert.

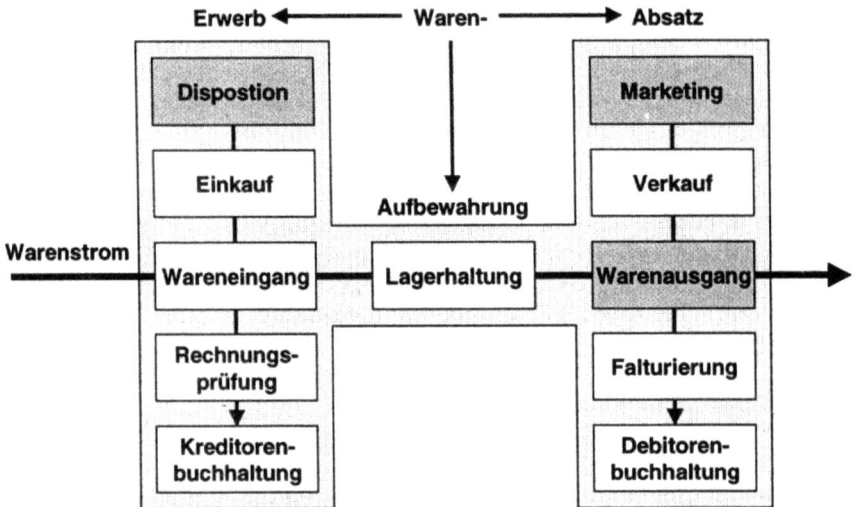

Abbildung 5-37 : Elemente eines Warenwirtschaftssystems

Erweiterungsfunktionen sind

- *Disposition*
  Bestellmenge und Bestellzeitpunkt sowie Sammelbestellungen für Filialen werden vom System optimiert.
- *Marketing*
  Das System wertet Verkaufsdaten und ihre zeitliche Entwicklung mit statistischen Methoden aus und kann Handlungsempfehlungen geben. Der Erfolg des Artikelsortimentes und der Verkaufsstrategie wird kontinuierlich über automatisierte Soll-Ist-Vergleiche kontrolliert.
- *Warenausgang*
  Lieferungen werden automatisch kommissioniert und eventuell gebündelt sowie entsprechend der vom System berechneten Tourenpläne ausgeliefert.

Ein Warenwirtschaftssystem besteht aus integrierten Softwarekomponenten. Die Integration entsteht dabei vor allem durch automatisierte Datenaustauschbeziehungen zwischen den verschiedenen Softwaremodulen. Verkäufe werden z.B. vom Kassenrechner erfaßt und von den gespeicherten Artikelbeständen elektronisch abgebucht. Beim Unterschreiten des vorgegebenen bzw. von der Software berechneten Mindestbestandes eines Artikels wird das Bestelldispositionsprogramm aktiviert. Dieses ermittelt die günstigste Bestellmenge und leitet die Auftragsdaten an die Einkaufssoftware weiter. Die dort erzeugten und an die Lieferanten z.B. mittels EDIFACT (Electronic Data Interchange for Administration, Commerce and Transport) elektronisch versandten Bestellungen werden gespeichert und nach Wareneingang sowohl mit den erfaßten Lieferdaten als auch mit den gelieferten Waren verglichen. Die Lieferdaten können z.B. ebenfalls im EDIFACT-Format vom Hersteller bereitgestellt werden. Die Lagerzugänge werden erfaßt und die geprüften Rechnungsdaten zur weiteren Bearbeitung an die Kreditorenbuchhaltung übermittelt.

Es zeigt sich, daß ein Warenwirtschaftssystem nicht nur interne Integrationsbeziehungen zwischen den einzelnen Funktionsbausteinen aufweist, sondern auch zwischenbetriebliche Informationsflüsse steuert. Abbildung 5-38 zeigt einige davon.

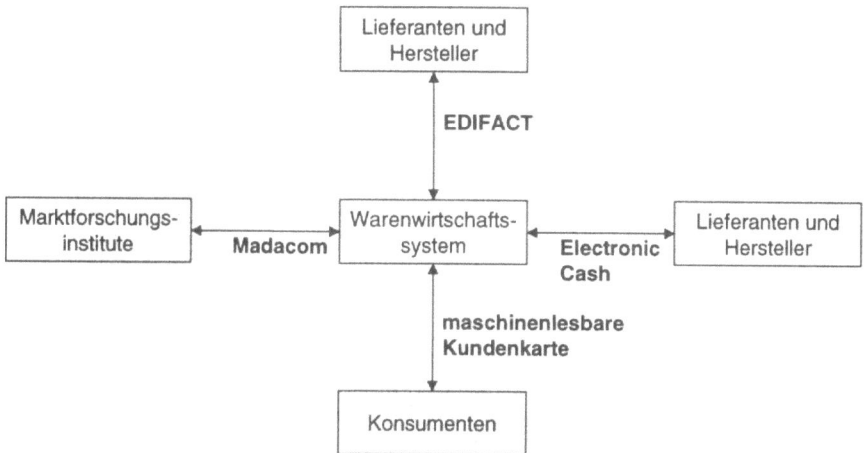

Abbildung 5-38: Beispiele zum zwischenbetrieblichen Datenaustausch im Handel

Der Informationsaustausch mit Lieferanten bzw. Herstellern z.B. in Form von Bestellungen, Lieferscheinen, Rechnungen usw. kann wie erwähnt über standardisierte elektronische Transaktionen im EDIFACT-Format abgewickelt werden. Ein automatisierter Datenaustausch mit Kunden ist bei Firmenkunden in ähnlicher Form denkbar. Bei privaten Konsumenten ist eine Identifikation und Erfassung kundenspezifischer Daten über computerlesbare Kundenkarten möglich. Vom Warenwirtschaftssystem erfaßte Verkaufsdaten sind insbesondere für Marktforschungsinstitute von großem Interesse. Hier kann das Handelsunternehmen als Lieferant von Umsatzdaten und auch als Käufer von Marktdaten und Nachfrageprognosen auftreten. Die Lieferung der Daten erfolgt dabei in der Regel elektronisch, z.B. über Madakom (Marktdatenkommunikationssystem). In vielen Fällen wird eine computergestützte bargeldlose Bezahlung angeboten, z.B. in Form von Electronic Cash. Entsprechende Umsatz- und Zahlungsverkehrsdaten werden von den betroffenen Banken weiterverarbeitet (vgl. Abschnitt 4.7).

5.9.3 Electronic Shopping Malls

Eine einheitliche Definition des Begriffes „Electronic Shopping Mall" hat sich noch nicht herausgebildet. In der Regel versteht man darunter virtuelle Einkaufszentren, die mit Hilfe von Informations- und Kommunikationstechnologie realisiert sind. Durch die Verbreitung von Internetzugängen und die Möglichkeiten des WWW sind diese elektronischen Einkaufswelten innerhalb kürzester Zeit in großer Zahl entstanden. Zielgruppen sind meist Privathaushalte und kleinere Firmen. Die Konditionen der Anbieter, die sich unter dem Dach einer Electronic Shopping Mall, d.h. meist einer gemeinsamen WWW-Adresse, versammeln, sind üblicherweise fest vorgegeben. Der Kunde hat die Wahl, das Gut oder die Dienstleistung zu den genannten Konditionen zu kaufen oder nicht.

In der *Anbahnungsphase* haben die Kunden die Möglichkeit, sich die Angebote z.B. in Form von elektronischen Produktkatalogen anzusehen und in einen virtuellen Einkaufskorb zu legen. Die Waren werden dabei meist in Bild und Text dargestellt und erläutert. Komplexere Produkte, wie z.B. Autos oder Möbel können durch dreidimensionale Darstellungen präsentiert werden. Hierzu stehen spezielle Modellierungssprachen zur Verfügung, wie z.B. die Virtual Reality Modelling Language (VRML). Dem Kunden wird auf diese Weise seine Auswahlentscheidung durch ein Betrachten des Gutes am Bildschirm von allen Seiten erleichtert. Zugangsmedien zu Electronic Shopping Malls sind neben dem Internet auch Online-Dienste, wie z.B. T-Online, oder das interaktive Fernsehen.

Die *Vereinbarungsphase* wird in Shopping Malls noch nicht sehr weitgehend unterstützt. Teilweise sind Baukastensysteme zu finden, die über Beratungs- und Auswahlkomponenten eine individuelle Konfiguration des gewünschten Produktes erlauben. So ist man beispielsweise nicht mehr gezwungen, ein komplettes und aus der Sicht des Kunden überdimensioniertes Softwarepaket für Büroanwendungen zu erwerben, sondern kann sich aus einzelnen Softwarebausteinen eine nahezu maßgeschneiderte Lösung zusammenstellen (vgl. Abschnitt 4.4.2). Einen anderen Unterstützungsansatz verfolgen Softwareagenten, die Angebote innerhalb einer Mall und auch mallübergreifend vergleichen und so dem Kunden einen besseren Marktüberblick verschaffen können. Ein weiteres Beispiel ist ein Musikanbieter, bei dem man über die Spezifikation von Musikrichtung, Komponist oder Interpret Musikstücke auswählen und mit Hilfe des Internet auf den eigenen Rechner übertragen und sich so seine eigene Musik-CD konfigurieren kann.

In einigen Fällen kann auch über Preise verhandelt werden. An die Stelle vorgegebener Festpreise treten dann z.B. Auktionsmechanismen oder bilaterale Abstimmungen, die auch zwischen Softwareagenten elektronisch geführt werden können (vgl. Abschnitt 6.2.3). So ist es z.B. vorstellbar, daß im Rahmen einer Versteigerung Kundenagenten Gebote an ein im WWW installiertes Auktionssystem abgeben. Neben der Verhandlung über Preise ist auch die Abstimmung von anderen Kaufkonditionen, wie z.B. Lieferfristen, Gewährleistungsbedingungen oder Zusatzleistungen denkbar.

In der *Abwicklungsphase* steht bei Electronic Shopping Malls die Unterstützung der Bezahlung und der Auslieferungslogistik im Vordergrund. Neue elektronische Zahlungsmittel, wie z.B. CyberCash, sind noch nicht sehr weit verbreitet.

5.9 Handelsdienstleistungen

Meist werden herkömmliche Finanztransaktionen elektronisch ausgelöst bzw. vorbereitet, wie z.B. die Verwendung einer Kreditkarte oder die Bezahlung bei Überweisung oder Nachnahme.

Die Logistik vieler virtueller Warenhäuser orientiert sich daran, daß nicht wenige Hersteller ihre Waren bereits unter Umgehung des Groß- und/oder Einzelhandels anbieten. Daraus ergeben sich immer kleinere Einzellieferungen, die „just in time" zu erfolgen haben. Die Bestellung eines Kunden bei einer Electronic Shopping Mall wird daher auch nicht zwangsläufig an einem einzigen Ort kommissioniert. Unter Umständen erhält der Kunde jede einzelne Position der Bestellung aus unterschiedlichen Auslieferungslagern, die auf der ganzen Welt verteilt sein können. Die Standortunabhängigkeit der Anbieter macht dabei ein ausgefeiltes computerunterstütztes Logistiksystem erforderlich.

6 Elektronische Märkte

6.1 Eigenschaften und Erscheinungsformen

In Kapitel 4 wird der Prozeß der Dienstleistungserbringung unter dem Blickwinkel eines bilateralen Zusammenwirkens von Anbieter und Nachfrager betrachtet. Der Anbieter setzt verschiedene IV-Systeme zur Vorbereitung und Abwicklung der Dienstleistungsproduktion ein. Der Nachfrager als Kunde wird mit Hilfe von Front-Office-Anwendungen bedient, kann eventuell im Rahmen von Self-Service-Ansätzen auf automatisierte Servicesysteme zugreifen, interaktiv mit dem Anbietersystem ein individuelles Dienstleistungsbündel konfigurieren, elektronisch bezahlen usw. Es muß jedoch nicht immer so sein, daß ein bestimmter Kunde mit genau einem konkreten Anbieter in Kontakt tritt, um eine Leistung zu konsumieren, wie das z.B. beim Homebanking der Fall ist. Nicht selten möchte sich ein Nachfrager an viele potentielle Anbieter richten und natürlich umgekehrt ein Anbieter parallel möglichst viele Kunden adressieren. Dies ist die Grundlage jeder Marktordnung. Erweitert man den 1:1-Blickwinkel der Anbieter-Nachfrager-Beziehung auf eine N:M-Betrachtung, so gelangt man zu marktorientierten Mechanismen, die in einer Dienstleistungs- und Informationsgesellschaft durch Computer- und Kommunikationstechnologie unterstützt werden. Man spricht von Elektronischen Märkten. In der Dienstleistungswirtschaft haben Elektronische Märkte zwei Facetten: Zum einen können Dienstleistungen auf diesen Märkten gehandelt und vertrieben werden. Zum anderen ist ein elektronisches Marktsystem bzw. dessen Betreiber selbst ein Dienstleister, der den Marktpartnern als Intermediär zwischen Angebot und Nachfrage eine Reihe von Services zur Verfügung stellt.

In einem Elektronischen Markt finden Anbieter und Nachfrager über den Informationsaustausch in Kommunikationsnetzen virtuell zusammen. Die potentiellen Geschäftspartner stehen sich nicht persönlich gegenüber, sondern kommunizieren elektronisch. Dazu ist die Vereinbarung einer gemeinsamen „Marktsprache" notwendig. Mit deren Hilfe können dann z.B. auch Softwareagenten kommunizieren.

Die Betrachtung von Vorgängen im Markt führt zu einer dynamischen Interpretation des Marktbegriffs. Hier wird unter einem Elektronischen Markt ein Informations- und Kommunikationssystem verstanden, das Markttransaktionen zwischen Anbietern und Nachfragern unterstützt. Marktmechanismen werden als eine Koordinationsform zur Abstimmung zwischen den Marktpartnern gesehen. Es ist üblich, Markttransaktionen in einem Phasenkonzept zu ordnen. Man unterscheidet,

6 Elektronische Märkte

ähnlich wie in Kapitel 4, zwischen Anbahnungs-, Vereinbarungs- und Abwicklungsphase.

Auch die wichtige Eigenschaft von herkömmlichen Märkten, Angebot und Nachfrage mit Hilfe von Preismechanismen zusammenzuführen, kann von Elektronischen Märkten unterstützt werden. Der Preis muß dabei nicht zwingend in Geldeinheiten ausgedrückt werden. Vielmehr sind als Preis alle Leistungen anzusehen, die zur Bewertung eines Gutes oder einer Dienstleistung dienen sowie Leistung und Gegenleistung beeinflussen.

Durch die Einrichtung Elektronischer Märkte kann man dem theoretischen Konstrukt eines „idealen Marktes" ein gutes Stück näher kommen. In der neoklassischen volkswirtschaftlichen Theorie ist der ideale Markt u. a. durch unbeschränkten Wettbewerb, völlige Transparenz, keine hierarchische Einflußnahme, keine Transaktionskosten und unendlich hohe Transaktionsgeschwindigkeit gekennzeichnet (vgl. Abbildung 6-1).

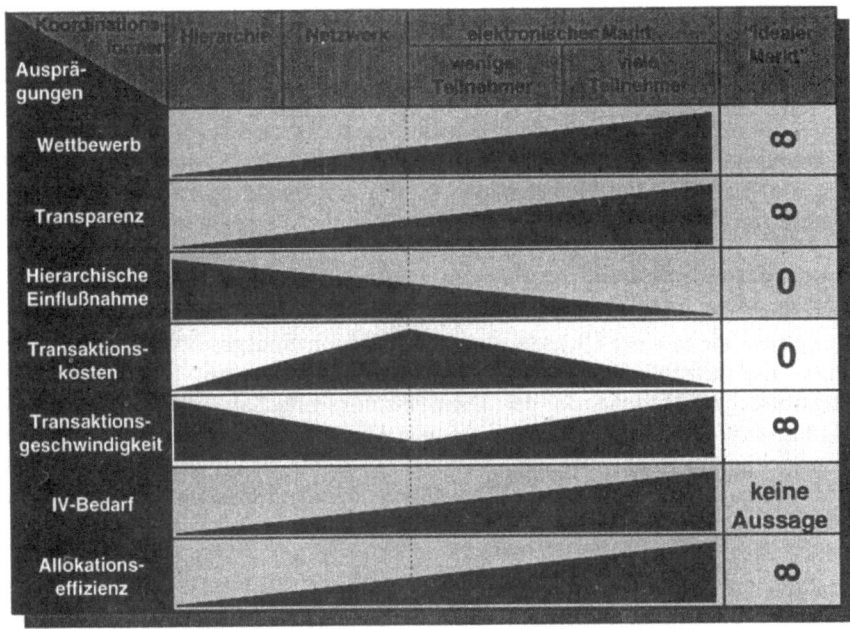

Abbildung 6-1: Elektronischer Markt und idealer Markt

Die sich aus den Forderungen ergebende Allokationseffizienz ist „optimal". Eine Konkretisierung ist z.B. das Pareto-Optimum, das aussagt, daß kein Marktpartner bessergestellt werden kann, ohne einen anderen schlechterzustellen.

Elektronische Märkte ermöglichen die Interaktion sehr vieler Teilnehmer und können eine Vielzahl von Informationen schnell und kostengünstig verteilen. Beides wirkt sich förderlich auf Wettbewerb und Transparenz aus. Durch computergestützte Kommunikation, Standardisierung des Datenaustausches und „intelligente"

6.1 Eigenschaften und Erscheinungsformen

Unterstützungssoftware ist es möglich, Transaktionen mit hoher Geschwindigkeit abzuwickeln und die Kosten für eine Transaktion, insbesondere bei der Adressierung vieler Marktteilnehmer, zu senken.

Bei einer Grobklassifikation von elektronischen Marktsystemen kann man zwischen fixierten und handelsorientierten Systemen unterscheiden (vgl. Abbildung 6-2).

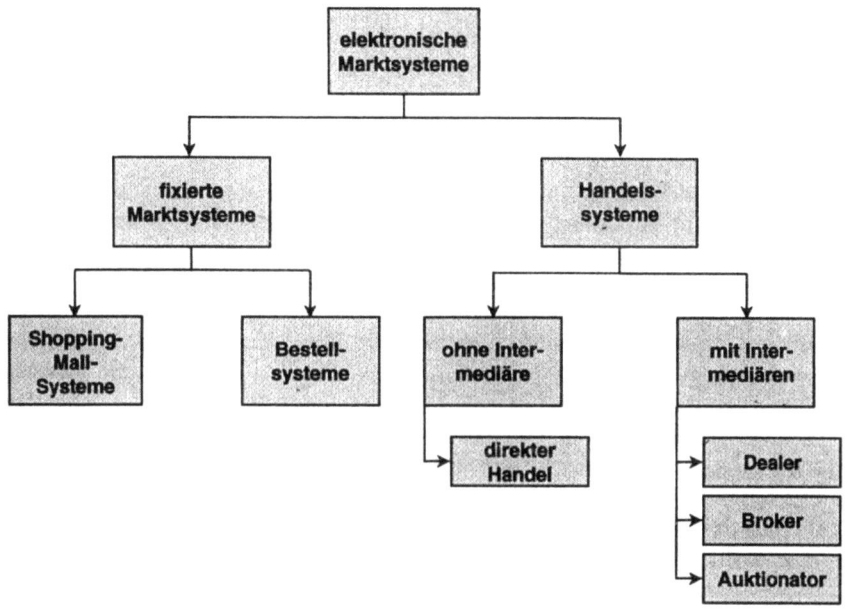

Abbildung 6-2: Grobklassifikation von Marktsystemen

Bei fixierten Marktsystemen ist der Verhandlungsspielraum zwischen Anbietern und Nachfragern sehr begrenzt, insbesondere auch was den Preis betrifft. So werden in Shopping-Mall-Systemen und Bestellsystemen (nur ein Anbieter) in der Regel Preise und sonstige Konditionen weitgehend vorgegeben. Der Käufer hat im wesentlichen nur die Möglichkeit, das fixierte Angebot anzunehmen oder nicht anzunehmen (vgl. z.B. Electronic Shopping Malls, Abschnitt 5.9.3). In Handelssystemen sind hingegen in der Regel Preisbildungs- bzw. Preisverhandlungsmechanismen integriert. Intermediäre sorgen dabei für den effizienten Abgleich von Angebot und Nachfrage. Ein Dealer kauft und verkauft auf eigenes Risiko Produkte bzw. Leistungen als Zwischenhändler. Ein Broker konzentriert sich auf die Vermittlung zwischen Anbietern und Nachfragern. Ein Auktionator stellt im Auftrag eines Anbieters einen preisflexiblen Vertriebsweg zur Verfügung. Die verschiedensten Marktmechanismen – mehr oder weniger fixiert, mit oder ohne Intermediäre – können durch Informations- und Kommunikationssysteme unterstützt oder zum Teil sogar weitgehend automatisiert werden.

Bei der Implementierung der Koordinationsmechanismen in einem Elektronischen Markt sind zwei unterschiedliche Strategien zu unterscheiden (vgl. Abbildung 6-3):

- *Zentral koordinierendes System*
  Informationen über Anbieter und Angebote werden in einem zentralen System vorgehalten. Dieses dient auch als Kommunikationsdrehscheibe zwischen den Marktpartnern. Es können multilaterale Abstimmungs- und Verhandlungsprozesse stattfinden. Z.B. führt das zentrale System ein Matching zwischen Angebot und Nachfrage durch. Eine eventuelle Marktpreisbildung erfolgt ebenfalls an dieser zentralen Stelle. Sämtliche elektronischen Börsensysteme und die meisten computergestützten Reisevertriebssysteme folgen diesem Konzept.
- *Dezentral koordinierendes System*
  Informationen über Anbieter und Angebote werden nicht in einer zentralen Datenbank zur Verfügung gestellt, sondern in den einzelnen Anbieterrechnern verwaltet. Produkt- bzw. Leistungsnachfrager, d.h. Kunden und eventuelle Intermediäre, müssen benötigte Informationen durch eigene Suchaktionen beschaffen. Anbahnungs-, Vereinbarungs- und Abwicklungsmechanismen werden auf den einzelnen Computersystemen der Anbieter unterstützt und durch Kommunikationsprozesse koordiniert, die nicht über eine zentrale Vermittlungsstelle laufen. Verhandlungen finden in bilateralen Prozessen statt. Die Kommunikationsinfrastruktur des Internet kommt diesem Ansatz entgegen. Sie erlaubt die problemlose Verbindung von heterogenen Hardware- und Software-Plattformen über die Protokollfamilie TCP/IP und stellt effiziente Umgebungen für den Informationsaustausch zur Verfügung, wie z.B. WWW-Server und WWW-Browser oder das Common Gateway Interface (CGI).

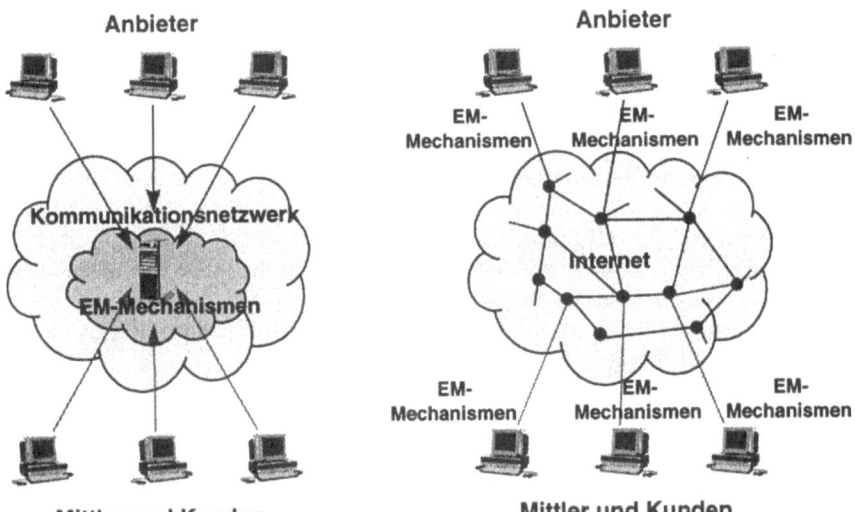

Abbildung 6-3: Zentrale und dezentrale Unterstützung von Markttransaktionen

6.2 Elektronische Unterstützung von Markttransaktionen

6.2.1 Übersicht

Ein Elektronischer Markt hat im Rahmen der Anbahnungsphase die Aufgabe, Nachfragern einen Marktüberblick über Anbieter und Angebote zu vermitteln. Anschließend ist die Zahl der potentiellen Vertragspartner schrittweise zu verringern, um in konkrete Verhandlungen zwischen Nachfragern und Anbietern eintreten zu können. In der Vereinbarungsphase wird zunächst die Entscheidung getroffen, mit welchem Marktpartner ein geplantes Geschäft abgewickelt wird. Mit diesem werden dann eventuell Konditionen, insbesondere der Preis, ausgehandelt sowie abschließend Leistungs- und Zahlungsversprechen vertragsähnlich fixiert. In vielen Fällen ist der Verhandlungsspielraum sehr begrenzt, so daß sich die Vereinbarung auf eine einfache Spezifikation von Leistung und Gegenleistung reduziert, wie z.B. bei der Auswahl aus einem Produktkatalog. In der Abwicklungsphase wird – wenn möglich – die Lieferung bzw. Leistung zu den vereinbarten Konditionen elektronisch unterstützt. Darüber hinaus findet man in dieser Phase oft elektronische Überwachungs- und Bezahlungsfunktionen (vgl. Abbildung 6-4).

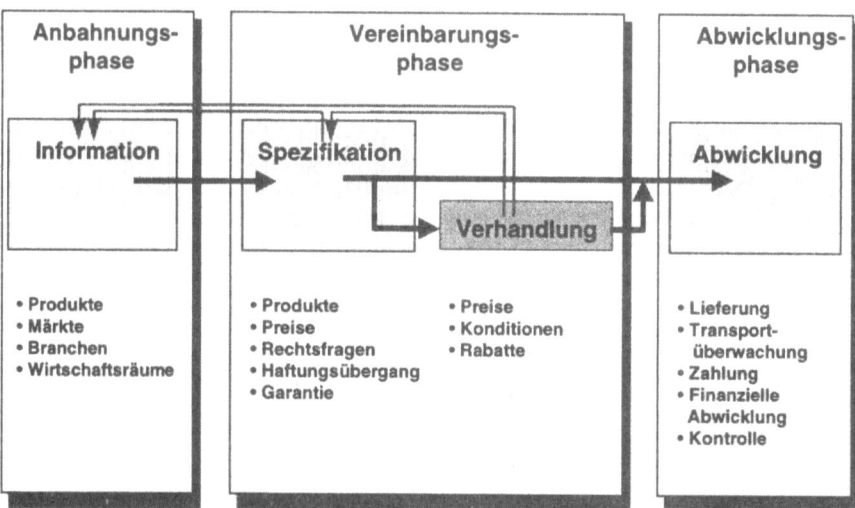

Abbildung 6-4: Transaktionsphasen im Elektronischen Markt

Sowohl herkömmliche als auch Elektronische Märkte stellen Koordinationsmechanismen zur Abstimmung zwischen Anbietern und Nachfragern sowie auch zur zwischenbetrieblichen Arbeitsteilung bei der Leistungserstellung zur Verfügung. Eine solche Koordinationssituation läßt sich durch verschiedene Kriterien charakterisieren, die für die Wahl der einzusetzenden Koordinationsmechanismen relevant sind. Diese Kriterien sind u.a.:

- die *Art des Koordinationsobjektes*, das im Elektronischen Markt gehandelt wird, wie z.B. ein physisches Gut, eine Dienstleistung, ein Nominalgut, ein Informationsprodukt,
- der *Homogenitätsgrad des Koordinationsobjektes*, z.B. inwieweit das Objekt auf der Basis eines standardisierten Datenformates beschreibbar ist,
- die *Art des Koordinationssubjektes*, z.B. ob ein menschlicher Agent oder ein Computerprogramm bzw. ein Softwareagent Koordinationsaufgaben übernimmt,
- die *Art der Koordinationsbeziehung*, ausgedrückt z.B. durch eine 1:1-Beziehung (bilaterale Koordination zwischen einem Anbieter und einem Nachfrager), eine 1:N-Beziehung (ein Anbieter interagiert mit N Nachfragern oder ein Nachfrager mit N Anbietern) oder eine N:M-Beziehung (es findet eine Abstimmung zwischen N Anbietern und M Nachfragern statt),
- das *Kommunikationsmedium zur Koordination*, z.B. papierbasierte, verbale, elektronische oder gemischt-mediale Kommunikation,
- die *Verteilung der Koordinationsmacht*, z.B. ob ein Koordinationssubjekt wie etwa ein Anbieter die Koordination dominiert und die Transaktionskonditionen bestimmt (asymmetrische Machtverteilung) oder ob die Koordinationssubjekte gleichgestellte Verhandlungspartner sind (symmetrische Machtverteilung).

Beispielsweise sind für homogene Nominalgüter, z.B. Wertpapiere, bei einer N:M-Beziehung in einer symmetrischen Koordinationssituation verschiedene Formen von Elektronischen Börsen denkbar (vgl. Abschnitt 6.3.1). Soll der Leistungsaustausch bei inhomogenen physischen Gütern im Rahmen einer symmetrischen 1:N-Koordinationssituation koordiniert werden, ist der Einsatz von verschiedenen Auktionsmechanismen möglich (vgl. Abschnitt 6.2.3).

Durch die Anwendung von Modellierungsmethoden und Modellierungssprachen können Koordinationsmechanismen, wie z.B. Börsen- oder Auktionsprozeduren, so beschrieben werden, daß eine weitgehende elektronische Unterstützung des Koordinationsvorgangs in Form von Software realisierbar ist. Eine formalisierte Beschreibung des Koordinationsvorgangs kann auch einem Softwareagenten als Vorgabe für sein Verhaltensmuster dienen. Eine Möglichkeit ist z.B., den Interaktionsprozeß zwischen Anbieter und Nachfrager zunächst auf abstrakte Sprechaktsequenzen zurückzuführen, die die sinnvollen bzw. erlaubten Interaktionsmuster darstellen. Beispielsweise dürfen in einer exemplarischen Anbahnungsphase nur die Sprechakte „Angebotsanfrage", „Informationsanfrage", „Informationslieferung", „Angebot" und „Stop" von den Beteiligten verwendet werden. In einer nächsten Detaillierungsstufe können die zulässigen Sequenzen mit Hilfe von Zustands-Übergangs-Diagrammen näher spezifiziert werden. Die Zustandsübergänge werden in der Regel durch die Sprechakt-Nachrichten angestoßen. Die beteiligten Koordinationspartner können aus diesen Diagrammen jeweils für sich die zulässigen und sinnvollen Verhaltensweisen ableiten und z.B. in Programmcode überführen (vgl. Abschnitte 6.2.2. und 6.2.3).

6.2.2 Unterstützung der Anbahnungsphase

In der Anbahnungsphase geht es hauptsächlich darum, Informationen über Anbieter und Angebote bereitzustellen und den Nachfragern leicht zugänglich sowie vergleichbar zu machen. Entsprechende Informationssysteme, die dabei helfen, einen Marktüberblick zu gewinnen und die Partnersuche unterstützen, bilden häufig die Keimzelle Elektronischer Märkte. Wenn z.B. ein Datenbankanbieter, der Informationen über Unternehmen oder Produkte sammelt, speichert und verkauft, sein System gegenüber beliebigen Interessenten öffnet und über das Internet zugänglich macht, stößt er damit einen Prozeß an, der zur Entwicklung eines Marktsystems führen kann. So haben Automobilhersteller teilweise schon vorhandene multimediale Kataloge in das WWW gestellt. Heutige globale Reisevertriebssysteme haben sich aus Anbieterdatenbanken heraus entwickelt, die zunächst nur die Flugverbindungen jeweils einer Gesellschaft umfaßten. Diese Reservierungs- und Buchungssysteme wurden nach und nach auch für andere Anbieter geöffnet, so daß nach einem Konsolidierungs- und Verschmelzungsprozeß Reisevertriebssysteme entstanden, die nicht nur Flüge einer Vielzahl von Fluggesellschaften, sondern auch ein großes Spektrum weiterer Dienstleistungsangebote, wie z.B. Hotelunterkünfte, Mietwagen oder Besichtigungsarrangements elektronisch anbieten.

Für den potentiellen Kunden sind neben dem Produktangebot auch Informationen über den Anbieter interessant, wie z.B. die Allgemeinen Geschäftsbedingungen, Referenzen oder Bonität. Derartige aufbereitete Unternehmensinformationen sind u.a. in Wirtschaftsdatenbanken zu finden. Ein Beispiel ist GENIOS, die auch ausgewertete Bilanzen und Gewinn-und-Verlust-Rechnungen enthält.

Es ist denkbar, die Interaktion zwischen Nachfrager und Anbieter in der Anbahnungsphase durch Softwareagenten zu unterstützen. Ein potentieller Kunde kann sich eines Agenten bedienen, um ein gewünschtes Produkt- bzw. Leistungsangebot über das Internet zu suchen und die entsprechenden Marktpartner zu lokalisieren. Der Agent hat dabei insoweit Handlungsspielraum, als er selbst Suchstrategien bestimmt und die gefundenen Informationen zusammenfaßt, strukturiert und übersichtlich präsentiert. In gleicher Weise kann ein Softwareagent auf der Seite des Anbieters Anfragen, die nicht zu komplex sind, automatisch beantworten. Die Abstimmung zwischen den Agenten folgt dann dem Prinzip eines dezentral koordinierenden Systems (vgl. Abbildung 6-3). Die von den Agenten ausgetauschten Sprechakte lassen sich in Form eines Zustands-Übergangs-Diagramms formalisieren, auf dessen Basis auch die Koordinationsprozesse autonom gesteuert werden (vgl. Abbildung 6-5).

Der Nachfrageagent A1 startet die Interaktion durch eine allgemeine „Informationsanfrage" oder, falls das Produkt schon näher bekannt ist, durch eine konkrete „Angebotsanfrage". Der adressierte Anbieteragent A2 kann auf diese Nachricht unterschiedlich reagieren. Entweder er lehnt die Anfrage ab (Nachricht „Abbruch") oder er stellt die gewünschte Information bzw. das gewünschte Angebot zur Verfügung (Nachricht „Information" bzw. „Angebot") oder er richtet selbst eine „Informationsanfrage" an A1, z.B. um eine Rückfrage zum Angebotswunsch zu stellen oder nähere Daten über den Kunden zu erhalten. In diesem Fall kann der Agent 1 wiederum mit dem Senden von Informationen an A2 reagieren oder auch die Interaktion abbrechen. Die Zyklen „A2 angefragt" – „A1 informiert" – „A2 angefragt" sowie „A2 angefragt" – „A1 angefragt" – „A2 angefragt" können mehrfach durchlaufen werden. Durch Erhalt des gewünschten Angebotes oder auch durch Abbruch der Interaktion ist dieser Koordinationszyklus in der Anbahnungsphase abgeschlossen.

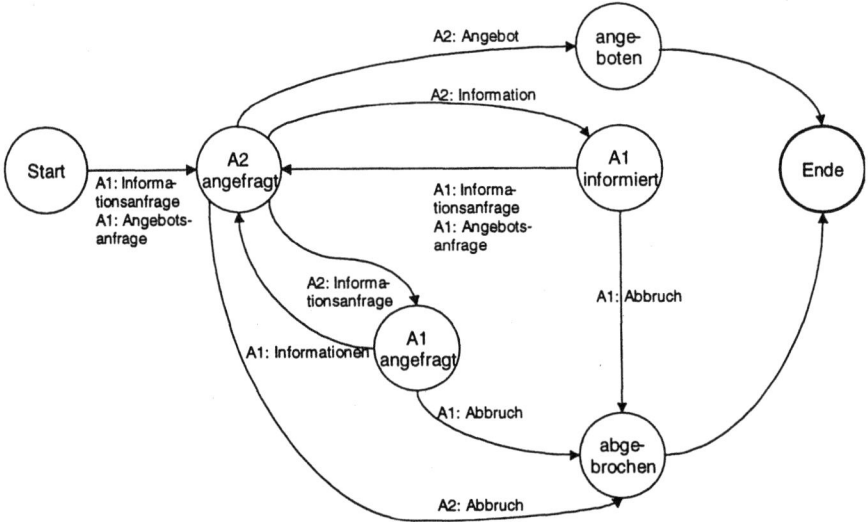

Abbildung 6-5: Elementares Zustands-Übergangs-Diagramm in der Anbahnungsphase

6.2.3 Unterstützung der Vereinbarungsphase

Der Kern der Vereinbarungsphase besteht in der Spezifikation und Verhandlung von Leistung und Gegenleistung. Bei einseitigen Machtverhältnissen (asymmetrische Koordinationsmacht, vgl. Abschnitt 6.2.1) sind keine aufwendigen Koordinationsmechanismen notwendig, um zu einem Vertragsabschluß zu kommen. Hier legt der dominierende Marktpartner Leistung und Entgelt als unverhandelbares Angebot fest, daß dann entweder anzunehmen oder abzulehnen ist. Bei neutralen Märkten, in denen bilaterale Verhandlungen mit Freiheitsgraden auf Anbieter- und Nachfragerseite möglich sind, können die Abstimmungsmechanismen sehr komplex werden. Je heterogener die angebotene Leistung und je geringer damit die Vergleichbarkeit der am Markt angebotenen Güter ist, desto schwieriger wird eine elektronische Verhandlungsunterstützung. Neben der Vereinbarung von gewünschten Leistungs- bzw. Produktmerkmalen spielen Preisbildungsmechanismen eine besondere Rolle. Wird z.B. eine Aktie in einem Elektronischen Markt zum Kauf bzw. Verkauf angeboten, handelt es sich um ein extrem homogenes Gut. Aktien lassen sich mit standardisierten Merkmalen beschreiben und unterscheiden sich nicht in ihrem Nutzen am Markt. Bei einer elektronischen Versteigerung von antikem Schmuck hingegen spielen sehr viele qualitative Kriterien eine Rolle,

6.2 Elektronische Unterstützung von Markttransaktionen

deren Gewichtung von jedem Marktteilnehmer nach subjektiven Gesichtspunkten vorgenommen werden muß. Eine Computerunterstützung der Verhandlungsmechanismen ist entsprechend schwierig.

Bei der Preisbildung auf Märkten mit bilateralen Verhandlungsspielräumen unterscheidet man grundsätzlich zwischen Auktions- und Market Maker-Verfahren, die jeweils wiederum in vielen verschiedenen Varianten eingesetzt werden (vgl. z.B. die Klassifikation von Auktionsverfahren in Abbildung 6-6).

Mit Hilfe der aufgeführten Klassifizierungskriterien gelangt man auf unterster Ebene zu bekannten Auktionsverfahren, wie z.B. der Englischen Auktion, bei welcher öffentlich aufsteigend von mehreren Nachfragern Gebote („asks") für ein Angebot („bid") abgegeben werden. Holländische Auktionen sind z.B. von Tulpenmärkten bekannt. Hier wird der Angebotspreis ständig gesenkt (z.B. mit einer rückwärts laufenden Uhr), bis einer der Nachfrager den Zuschlag erteilt. Variationen entstehen, wenn nicht ein Angebot, sondern eine Nachfrage gehandelt wird, so daß sich, wie z.B. bei Flugreisen, mehrere Reisebüros in bezug auf einen vom Kunden gewünschten Flug unterbieten.

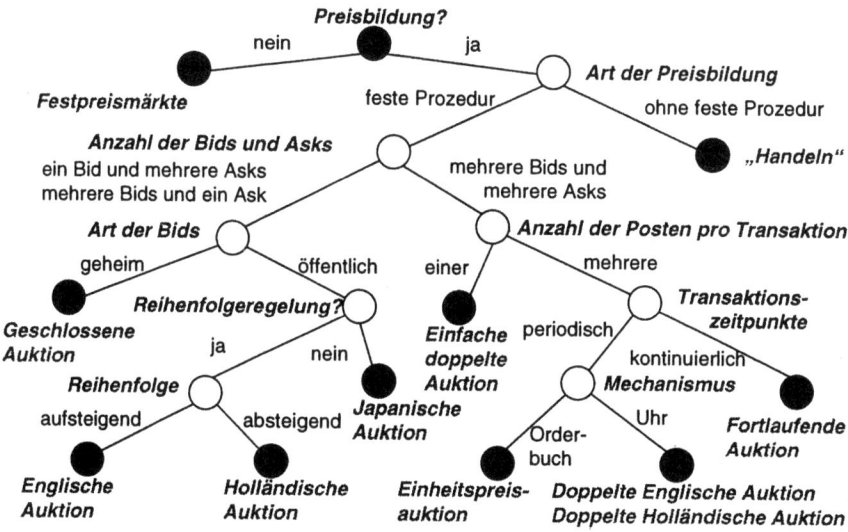

Abbildung 6-6: Arten von Auktionen

Abbildung 6-7 zeigt ein Zustands-Übergangs-Diagramm für eine Englische Auktion. Es läßt sich aus den zulässigen Sprechakten „Anfrage", „Angebot", „Annahme", „Ablehnung" und „Stop" ableiten. Der Auktionatoragent A teilt interessierten Nachfragern N die Eröffnung einer Auktion mit und fordert sie auf, Angebote abzugeben (Nachricht „Anfrage"). Dies bewirkt einen Zustandsübergang in den Zustand „erstangefragt". Nach Abgabe eines Angebots erreicht man den Zustand „geboten". Nun werden die Nachfrager aufgefordert, den bisher gebotenen Preis zu überbieten (Nachricht „Anfrage"), der Zustand „neuangefragt" ist erreicht.

Erfolgt kein neues Angebot, kann das bisherige Angebot angenommen oder abgelehnt werden (Nachricht „Annahme" bzw. „Ablehnung") und die Auktion ist beendet.

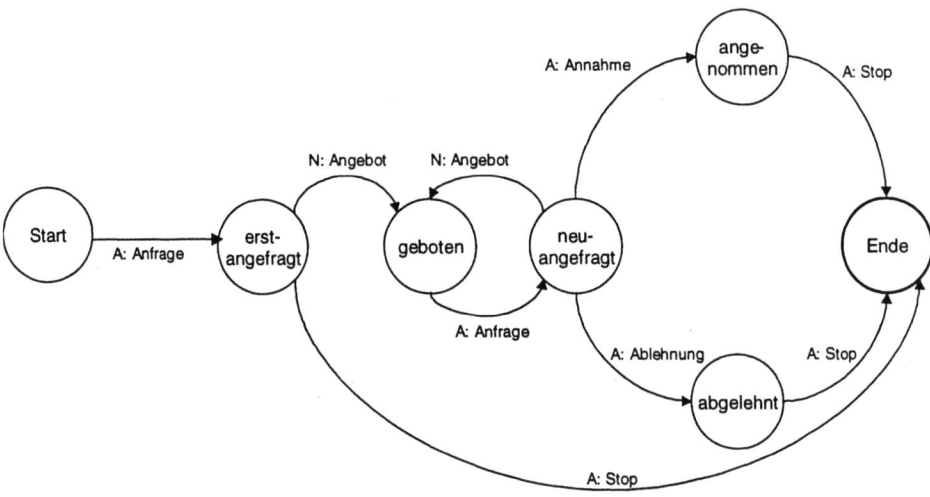

Abbildung 6-7: Elementares Zustands-Übergangs-Diagramm einer Englischen Auktion

Bei *bilateralen Auktionsverfahren* (mehrere Bids und mehrere Asks, vgl. Abbildung 6-6) haben sowohl Anbieter wie Nachfrager Spielräume bei der Preisvereinbarung. Neben der Doppelten Englischen und der Doppelten Holländischen Auktion, bei welchen die Gebote mit Hilfe von gegenläufigen Uhren bei Anbieter und Nachfrager ausgedrückt werden, unterscheidet man:

- *Fortlaufende Auktion (Fortlaufender Handel)*
  Das System erkennt bei Angebot und Nachfrage komplementäre Preisvorstellungen, bringt sie jeweils umgehend einzeln zur Deckung und führt die Verkauf-Kauf-Transaktion automatisch durch. Man nennt diese Vorgehensweise auch *One-By-One-Matching*. Ein Beispiel ist der sogenannte variable Handel an einer elektronischen Wertpapierbörse. Der Verkäufer legt beispielsweise für 50 Aktien ein Verkaufslimit (Minimalpreis, den er erzielen möchte) von € 371,- fest. Ein Nachfrager hat sein Kauflimit für 50 Aktien (Maximalpreis, den er bereit ist zu zahlen) mit ebenfalls € 371,- angegeben. Das elektronische Börsensystem erkennt die komplementären Marktinteressen und führt diese beiden Orders gegeneinander aus.

- *Einheitspreisauktion (Einheitskursfeststellung)*
  Das Börsensystem sammelt über einen bestimmten Zeitraum Kauf- und Verkaufsangebote. Anschließend berechnet es den Kurs, bei dem der mengenmäßig größtmögliche Umsatz stattfinden kann. Die zu diesem Kurs realisierbaren Verkauf-Kauf-Transaktionen werden automatisch abgewickelt. Nach diesem

Verfahren erfolgen die sogenannten Kassakursfeststellungen an Wertpapierbörsen. Beispielsweise ergibt sich bei der in Abbildung 6-8 dargestellten Situation ein Einheitskurs von € 148.-. Zu diesem Kurs können 73 Wertpapiere den Besitzer wechseln. Dies ergibt sich daraus, daß die Anzahl der kumulierten Verkaufsaufträge (Bids) mit einem Mindestlimit von € 148,- = 73 ist und sich die kumulierte Anzahl der Kaufaufträge (Asks) mit einem Höchstlimit von € 148,- ebenfalls auf 73 beläuft. Bei jedem anderen Kurs könnten nicht so viele Wertpapiere gekauft bzw. verkauft werden. Diese Einheitskursfeststellung wird *Single-Price-Auction* genannt.

Mindestlimit (Bids) bzw. Höchstlimit (Asks)	Anzahl Bids	Anzahl Asks	kumulierte Bids	kumulierte Asks
billigst	-	5		5
152	32	10	130	15
151	-	15	98	30
150	20	18	98	48
149	5	20	78	68
148	15	5	73	73
147	13	17	58	90
146	25	20	45	110
bestens	20	-	20	

Abbildung 6-8: Beispiel einer Einheitspreisauktion

Ein anderes bilaterales Auktionsverfahren ist das *Market-Maker-Verfahren*. Im elektronischen Wertpapierhandel stellen z.B. ausgewählte und autorisierte Vermittler ständig Preise fest, zu denen sie ein bestimmtes Wertpapier kaufen bzw. verkaufen. Dadurch wird gewährleistet, daß Anbieter und Nachfrager zu diesen Konditionen Transaktionen ohne Zeitverzögerung und Warten auf ein passendes Gegenangebot durchführen können. Die Market Maker erhalten dafür eine Risikoprämie, die sich aus dem Unterschied zwischen dem Kurs, zu dem sie bereit sind zu kaufen (Geldkurs) und dem, zu dem sie bereit sind zu verkaufen (Briefkurs), ergibt. Diesen Unterschied nennt man Geld-Brief-Spanne („bid ask spread"). Spezielle Informations- und Kommunikationssysteme unterstützen die Market Maker bei der Geld- und Briefkursentscheidung und liefern hierzu minutenaktuelle Marktinformationen.

6.2.4 Unterstützung der Abwicklungsphase

In der Abwicklungsphase geht es um die Umsetzung der in der Vereinbarungsphase getroffenen Abmachungen bzw. geschlossenen Verträge. Hierzu gehört von seiten des Verkäufers die Erbringung der zugesagten Leistungen oder die Lieferung der gekauften Produkte. Auf der Seite des Käufers ist die gegebene Zahlungszusage einzulösen. Die Abwicklungsphase kann somit einerseits durch Informationssysteme zur Dienstleistungsdurchführung unterstützt werden. Dies ist inbesondere dann gut möglich, wenn das Leistungsobjekt Information oder ein nominelles Gut ist (vgl. Abschnitt 4.5.4). Hier ist eine Automatisierung bis hin zu Self-Service-Systemen denkbar. Andererseits stehen zur Abwicklung von finanziellen Transaktionen elektronische Bezahlungsverfahren zur Verfügung (vgl. Abschnitt 4.7).

Handelsdienstleistungen erstrecken sich im wesentlichen auf die Vermittlung von Sachgütern. Die physische Auslieferung kann hierbei natürlich nicht auf elektronischem Wege erfolgen. Eine wesentliche Komponente der Logistikdienstleistung bei der Warenverteilung bzw. -auslieferung ist jedoch für Sender und Empfänger die Möglichkeit, den Lieferprozeß elektronisch zu verfolgen. Hierzu werden Tracking- und Tracingsysteme eingesetzt, die Auskunft über den Status des Lieferprozesses geben. Dadurch wird z.B. verhindert, daß Sender und Empfänger nicht erst dann von einer Verspätung der Lieferung erfahren, wenn die Ladung am Ziel bereits überfällig ist, sondern bereits zu dem Zeitpunkt der Verzögerung innerhalb der Logistikkette. Eine technische Unterstützung der Tracking- und Tracingkonzepte besteht z.B. darin, Barcodes an der Fracht anzubringen, die die schnelle und zum Teil auch automatische Erfassung des Frachtstandortes über Scanner erlauben. Inzwischen ist es möglich, diese Barcodes durch aktive Mikrochips zu ersetzen, die ihre Ankunft selbständig einem Empfängersystem melden.

Verschiedene Gütertransportdienstleister bieten ihren Kunden die Möglichkeit, jederzeit z.B. anhand der Frachtbriefnummer den Status einer aufgegebenen Sendung über das Internet abzurufen. Dadurch sind die Versender auch in der Lage, im Falle von erkannten Verzögerungen sofort Gegenmaßnahmen einzuleiten oder die weitere Logistikkette an die Veränderungen anzupassen.

Abbildung 6-9 skizziert beispielhaft ein sehr einfaches Zustands-Übergangs-Diagramm zur Informationsgewinnung beim Tracking und Tracing. Dabei möchte ein Softwareagent A1 den Auslieferungsstatus seiner bestellten Ware in der Logistikkette abfragen. Zulässige Sprechakte sind in diesem Zusammenhang „Informationsanfrage", „Information" und „Abbruch". Zur Informationsgewinnung nimmt der Agent A1 elektronischen Kontakt mit den verschiedenen Logistikpartnern auf. Ein Logistikpartner kann dabei durch einen eigenen Softwareagenten A2 vertreten sein. Bei mehreren parallelen Anfragen ist das Diagramm entsprechend zu vervielfältigen.

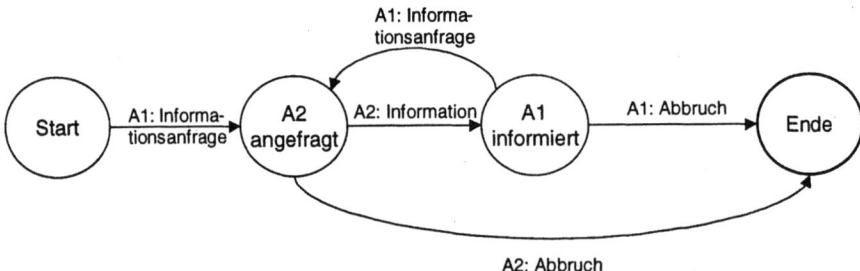

Abbildung 6-9: Elementares Zustands-Übergangs-Diagramm für den Tracking- und Tracing-Prozeß

6.3 Beispiele Elektronischer Märkte

6.3.1 Elektronische Wertpapierbörsen

An der Deutschen Terminbörse (DTB) werden Optionen und Futures vollelektronisch gehandelt. Der Kunde, z.B. Käufer oder Verkäufer einer Kauf- oder Verkaufsoption, wendet sich mit seinem Auftrag an eine Bank (vgl. Abbildung 6-10).

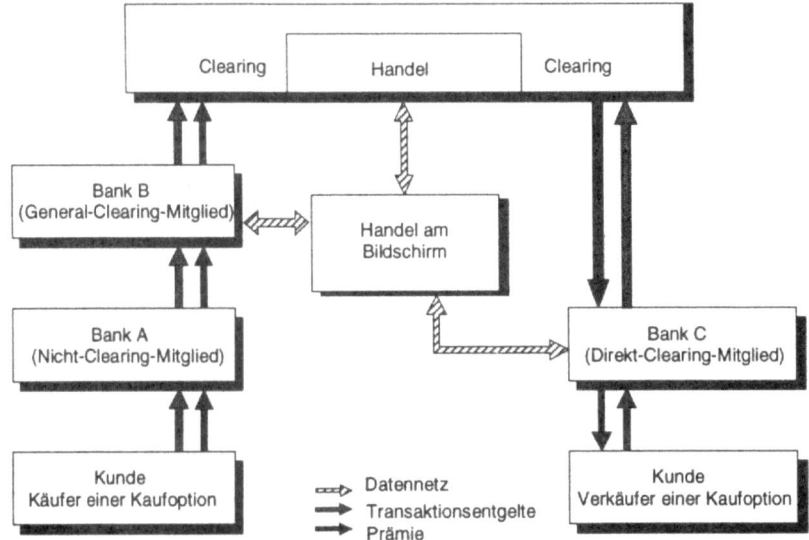

Abbildung 6-10: Struktur des elektronischen Handels der Deutschen Terminbörse

Ist die Bank Direkt-Clearing-Mitglied (Bank C), so kann der Auftrag direkt über den Bildschirm in das elektronische Handelssystem der DTB eingegeben werden. Ist die Bank kein Clearing-Mitglied (Bank A), so gibt sie den Auftrag zur Ausführung an ein General-Clearing-Mitglied (Bank B) weiter. Das Börsensystem sammelt Kauf- und Verkaufsaufträge und wickelt in einem Clearing-Verfahren die Finanztransaktionen ab. Das Entgelt für den Kaufpreis (Prämie) fließt entsprechend vom Käufer zum Verkäufer. Transaktionsentgelte werden sowohl vom Käufer als auch vom Verkäufer an die DTB entrichtet. Der Ablauf der gesamten Transaktion läßt sich in verschiedene Phasen einteilen (vgl. Abbildung 6-11).

In der *Anbahnungsphase* werden den Marktteilnehmern Kurse von abgeschlossenen Kontrakten sowie Quotes (Kurse für Kauf- und Verkaufsangebote) der Market Maker elektronisch zur Verfügung gestellt. Dadurch können potentielle Käufer und Verkäufer einen Marktüberblick gewinnen und die aktuellen Angebote mit ihren eigenen Preisvorstellungen vergleichen.

Im Rahmen der *Vereinbarungsphase* werden alle in das System eingegebenen Transaktionswünsche in einem offenen Orderbuch vorgemerkt. Über automati-

184 6 Elektronische Märkte

sierte Matching-Regeln prüft das System die erfaßten Kauf- und Verkaufsaufträge auf komplementäre Orders. Ist ein Match gefunden, wird diese Transaktion sofort ausgeführt. Dabei wird der Markt ständig überwacht und analysiert, so daß z.B. Verstöße gegen Börsenregeln unmittelbar feststellbar sind.

In der *Abwicklungsphase* erfolgt das sogenannte Clearing und Settlement. Hierzu gehört die Umbuchung der Wertpapiere aus dem Depot der verkaufenden Bank in das Depot der kaufenden Bank und der Transfer des Kaufpreises in umgekehrter Richtung. Die Gutschrift der Wertpapiere auf das Kundendepot sowie die Belastung des Kundenkontos erfolgen bankintern und damit unabhängig von der DTB.

Das elektronische Handelssystem Xetra (Exchange Electronic Trading) unterstützt in der vollen Ausbaustufe den Handel mit allen an der Frankfurter Wertpapierbörse notierten Papieren (ca. 40.000) vollelektronisch. Daneben stehen Systeme für die am Präsenzhandel beteiligten Institute und Makler zur Verfügung. Das Börsen-Order-Service-System (BOSS) übernimmt z. B. das Orderrouting. Damit haben die Marktteilnehmer dezentral Zugriff auf jedes Wertpapier, das an der Präsenzbörse „auf dem Parkett" gehandelt wird.

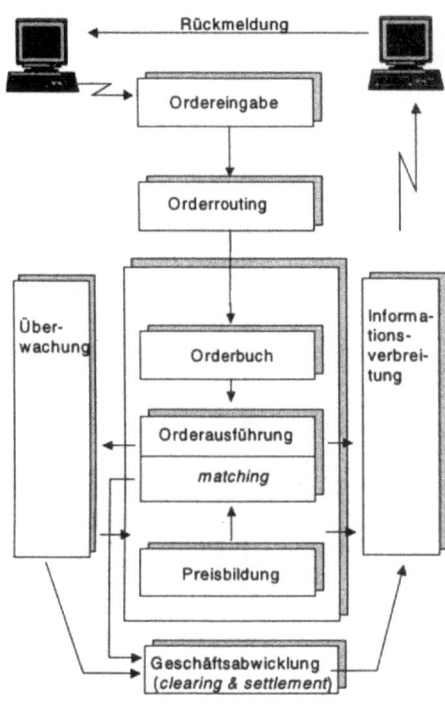

Abbildung 6-11: Transaktionsablauf bei der DTB

Das computerunterstützte Börsenhandels- und Entscheidungssystem (Cube) unterstützt insbesondere die Kursmaklerfunktionen, indem es das elektronische Orderbuch für alle Makler führt und diese bei der Orderbestandsführung und der Preisfeststellung unterstützt.

Das in Xetra implementierte Marktmodell umfaßt Regeln für die Preisermittlung, für die Priorisierung von Orders und für die Bereitstellung von Informationen. Es unterstützt sowohl die Einheitskursfeststellung als auch den fortlaufenden Handel (vgl. Abschnitt 6.2.3). Bei der *Single-Price-Auction* werden die Preise unter Berücksichtigung der gesamten Orderlage ermittelt. Für den fortlaufenden Handel führt das System ein offenes Orderbuch, in dem die Kauf- und Verkaufsaufträge sofort gegeneinander abgeglichen und ausgeführt werden. Das Orderbuch ist für alle Teilnehmer offen, so daß die Markttransparenz gewährleistet ist.

Xetra basiert auf einer Client-Server-Architektur, wobei die Teilnehmerinstallation (Xetra Frontend) aus einem oder mehreren Teilnehmer-Servern und aus

Workstations für die Händlerplätze besteht. Das Xetra Backend ist der Server für das integrierte Börsensystem, in dem die zentralen Börsenfunktionen ausgeführt werden (vgl. Abbildung 6-12).

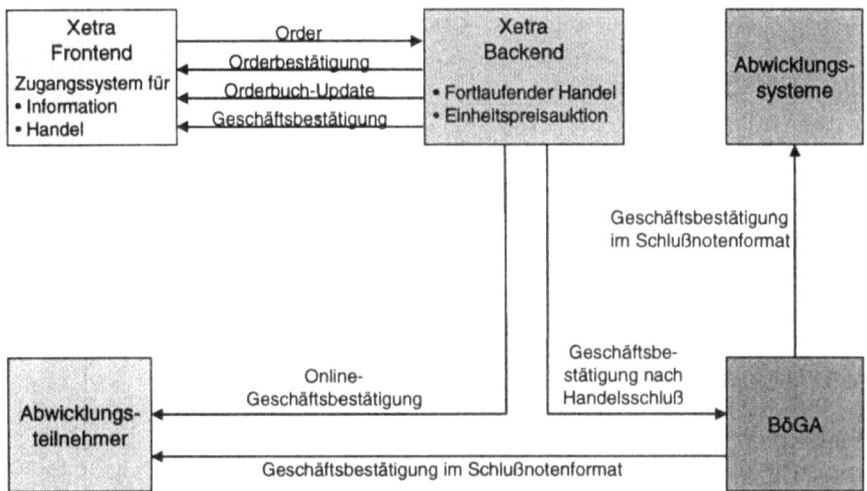

Abbildung 6-12: Ablauf des Börsenhandels mit Hilfe von Xetra

Für die Abwicklung der in Xetra erzeugten Geschäftsabschlüsse stehen Ausführungssysteme bei der Deutschen Börse Clearing AG zur Verfügung. Die Schnittstelle zu Xetra ist das Abrechnungssystem BöGA (Börsengeschäftsabwicklung), das die Daten der Xetra-Geschäfte automatisch an das Wertabwicklungssystem weiterleitet.

Die Xetra-Handelsteilnehmer werden während des gesamten Transaktionsprozesses mit elektronischen Bestätigungen versorgt. Alle Xetra-Transaktionen sind mit einer eindeutigen Geschäftsnummer versehen. Damit ist der Status einer Order jederzeit nachvollziehbar.

6.3.2 Computergestützte Reisevertriebssysteme

AMADEUS ist eines der wenigen globalen computergestützen Reisevertriebssysteme (CRS: Computerized Reservation System) und in Europa am weitesten verbreitet. Es bietet neben Flug-, Bahn-, Schiffs- und Mietwagenbuchungen auch den Zugriff auf viele andere Touristikleistungen außerhalb des Verkehrssektors, wie z.B. Reservierungen für Hotels, Theater-, Messe- und Sportveranstaltungen oder Reise- und Wetterinformationen.

Im Rahmen der *Anbahnungsphase* können Nachfrager Flugverbindungen in einer zentralen AMADEUS-Datenbank, dem sogenannten Inventory-System, suchen und vergleichen (vgl. Abbildung 6-13).

6 Elektronische Märkte

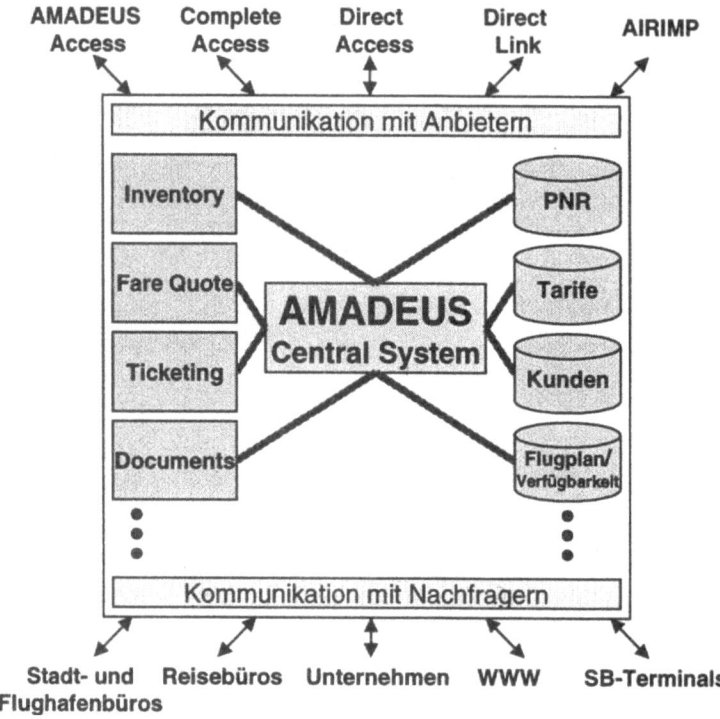

Abbildung 6-13: Ausgewählte Komponenten von AMADEUS

Die Angebotsdarstellung unterliegt dabei internationalen Wettbewerbsregeln. So dürfen einzelne Leistungsanbieter nicht durch günstige Bildschirmpositionen bevorzugt werden. Angebote müssen nach neutralen Kriterien, wie z.B. Abflugzeitpunkt oder Flugdauer, aufgelistet werden und nicht alphabetisch oder willkürlich. Der Zugriff auf Informationen von anderen Anbietern von Touristikleistungen geschieht über spezielle Schnittstellen des zentralen AMADEUS-Systems. Über „Direct Link" stellt AMADEUS eine unmittelbare technische Verbindung zum jeweiligen Anbietersystem her. Dies geschieht auch bei „Direct Access", jedoch muß sich hier der Nachfrager nicht um die Befehlssprache des angefragten Systems kümmern. Die Transaktionen werden unter einer einheitlichen Benutzungsoberfläche eingegeben und an den jeweiligen Zielrechner weitergeleitet. „Complete Access" wird benutzt, um eine Verbindung zu Leistungsanbietern im Hotel- und Autovermietungssektor herzustellen. AIRIMP (Air Traffic Conference and IATA Reservations Interline Message Procedure) ist ein standardisiertes Protokoll für die Datenübermittlung zwischen Luftverkehrsgesellschaften untereinander und mit den einzelnen Reservierungssystemen. Die Kommunikation erfolgt mit Hilfe automatisierter Telex-Nachrichten, die über ein weltweites Kommunikationsnetz für den gewerblichen Luftverkehr ausgetauscht werden. Das Protokoll ist von der IATA (International Air Transport Association) vorgegeben und wird immer dann

6.3 Beispiele Elektronischer Märkte

angewendet, wenn zu den Leistungsanbietern keine höherwertige Verbindung besteht.

In der *Vereinbarungsphase* sind bei AMADEUS keine bilateralen Preisverhandlungen möglich. Die Verhandlungsposition des Nachfragers erstreckt sich ausschließlich auf die Zustimmung oder Ablehnung eines Angebots. Dadurch ergibt sich der Marktpreis nur indirekt. Stellt z.b. eine Fluggesellschaft fest, daß eine bestimmte Verbindung nur sehr schlecht verkauft wird, kann es daran liegen, daß entweder kein Bedarf am Markt besteht oder der Preis nicht konkurrenzfähig ist. Die Airline wird daher entweder diese Flugverbindung einstellen oder den Preis herabsetzen. Die Nutzer von AMADEUS auf der Nachfragerseite sind im wesentlichen Reisebüros sowie Stadt- und Flughafenniederlassungen der Airlines. Zunehmend ergeben sich Möglichkeiten, über das Internet direkt auf die Informationssysteme der Anbieter zuzugreifen, die auch den Endkunden, d.h. den Reisenden zur Verfügung stehen (vgl. Abschnitt 5.4). Das globale Reisevertriebssystem SABRE, das in Amerika am weitesten verbreitet ist, bietet für diese Endkunden zugeschnittene Funktionalitäten über das Internet an (Eaasy SABRE). Hierzu gehören auch besondere Verhandlungs- und Preisbildungsmöglichkeiten. So finden z.B. in Last-Minute-Auktionen Versteigerungen von Restplätzen einzelner Flüge statt. Kunden können Kaufangebote nach ihren Preisvorstellungen abgeben. Beispielsweise gibt man vor, für einen Flug von New York nach Los Angeles maximal 200 $ zahlen zu wollen. Die Anbietersysteme der Fluggesellschaften prüfen, ob dieser Preis bei der aktuellen Auslastungssituation akzeptabel ist und gehen entsprechend auf die Offerte des Kunden ein. Die Prüfung kann dabei z.B. durch eine Sonderfunktion des Yield-Management-Systems erfolgen (vgl. Abschnitt 4.2.2).

In der *Anbahnungsphase* sind bei komplexeren Leistungen, wie z.B. Mehrsegment-Flügen, komplizierte Preisberechnungen erforderlich. In AMADEUS steht hierzu das Tarifkalkulationssystem Fare Quote bereit. In der zugehörigen Datenbank werden Einzeltarife und vielfältige Tarifkombinationen gespeichert und ständig aktualisiert. Dem anfragenden Reisebüro bietet Fare Quote u.a. die Möglichkeit, den günstigsten Tarif für eine Flugstrecke (best buy) oder Routeninformationen für einen ausgewählten Tarif darzustellen. Daneben können zu erfolgten Reservierungen verschiedenster Touristikdienstleistungen die entsprechenden Preise automatisch berechnet und dargestellt werden (automatic pricing). Nach der Buchung werden über AMADEUS Ticketing die Tickets oder Vouchers erzeugt und evtl. vom Zentralsystem gesteuert im Reisebüro ausgedruckt.

Im Rahmen der *Abwicklungsphase* werden z.B. bei Flügen zunehmend maschinenlesbare Tickets eingesetzt. Selbstbedienungsautomaten können dann nach Einlesen eines Tickets vollautomatisch Bordkarten generieren und dabei in einem Bildschirmdialog mit dem Reisenden dessen Sonderwünsche, wie z.B. einen besonderen Sitzplatz oder spezielles Essen, berücksichtigen bzw. vormerken. Die Bordkarten können ihrerseits wieder elektronisch lesbar gestaltet werden, z.B. durch einen aufgebrachten Magnetstreifen. Die darauf gespeicherten individuellen Buchungsdaten gehen in automatisierte Check-In- und Boarding-Systeme ein, die u.a. elektronische Passagierlisten erstellen und kontrollieren.

Teilweise ist es möglich, Flugtickets am Automaten, analog zu Fahrkartenautomaten im öffentlichen Personennahverkehr, zu kaufen. Damit ist gleichzeitig die elektronische Bezahlung über die Eingabe von Kredit- oder speziellen Airline-Kundenkarten und Berechtigungscodes verbunden.

Die Abwicklungsphase wird in AMADEUS auch durch das Modul Documents unterstützt. Dieses druckt für den Kunden neben Rechnungen und Eingangsbelegen auch einen Reiseplan aus, auf dem wichtige Informationen, wie z.B. Reiseverlauf mit Flugnummern und Flugterminen, Übernachtungsangaben und Sehenswürdigkeiten auf der Reiseroute, vermerkt sind.

6.3.3 Elektronischer Luftfrachtmarkt

Anbieter von Luftfrachtdienstleistungen sind Fluggesellschaften und auf weltweite Kurierdienste spezialisierte Transportunternehmen. Nachfrager sind im wesentlichen Speditionen und Industriebetriebe als Versender von Gütern und Speditionen. Die Transaktionen zwischen diesen Anbietern und Nachfragern sind meist durch bilaterale Beziehungen gekennzeichnet. Die Kommunikation wird bislang fast ausschließlich per Telefon und Telefax abgewickelt. Es ist daher aus zeitlichen und wirtschaftlichen Gründen unmöglich, alle potentiellen Marktpartner zu adressieren. Spediteure neigen deshalb dazu, die Auswahl der Marktpartner auf eine kleine Gruppe von Anbietern zu beschränken, mit denen schon länger Geschäftsbeziehungen bestehen.

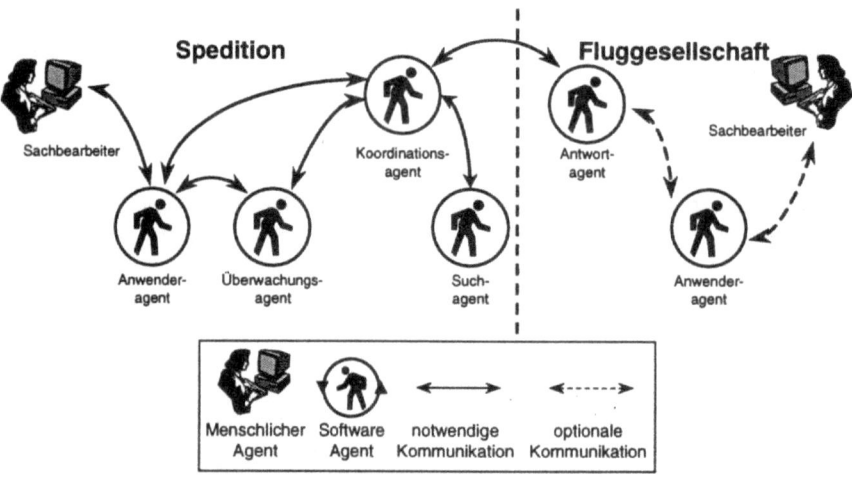

Abbildung 6-14: Softwareagenten in einem elektronischen Luftfrachtmarkt

Eine Transaktionsunterstützung mit elektronischen Kommunikations- und Koordinationssystemen kann den erheblichen Zeitaufwand für die Abstimmung und den Datenaustausch zwischen Anbietern und Nachfragern drastisch reduzieren. Damit wird es auch möglich, ohne spürbaren zeitlichen und kostenmäßigen Mehraufwand eine weitaus größere Zahl von Marktpartnern zu kontaktieren, als dies bisher der Fall ist. Beispielsweise können Spediteure durch automatisierte Anfragen Angebote von vielen Luftfrachtanbietern einholen. Ein Ansatz zur Unterstützung derartiger elektronischer Kommunikations- und Koordinationsmechanismen ist die Verwendung von Softwareagenten. Diese können z.B. als elektronische Sachbearbeiter mit klar definierten Aufgaben und Zielen vorplanbare Interaktions- und Abstimmungsprozesse auf der Seite der Speditionen, aber auch auf der Seite der Luftfrachtdienstleister, autonom abwickeln. Je nach Aufgabentyp lassen sich unterschiedliche Softwareagenten unterscheiden, die an unterschiedlicher Stelle in den Transaktionsphasen aktiv werden (vgl. Abbildung 6-14 und Tabelle 6-1).

Tabelle 6-1: Einsatzfelder von Softwareagenten bei der Luftfrachtabwicklung

	Anbahnung			Vereinbarung		Abwicklung	
	Dateneingabe	Marktüberblick	Angebotseinholung	Angebotsbewertung	Auktion	Dokumentenversand	Statuserfassung
Spedition							
Mitarbeiter	●				○	○	○
Anwenderagent	●				○	○	○
Überwachungsagent		●	●		●	●	●
Koordinationsagent		●	●	●	●	●	●
Suchagent		●					
Fluggesellschaft							
Antwortagent			●		●	●	●
Anwenderagent					○	○	○
Sachbearbeiter					○	○	○

● = Beteiligung notwendig   ○ = Beteiligung möglich

Im folgenden wird skizziert, wie agentenbasierte Koordinationsmechanismen in einem zukünftigen elektronischen Luftfrachtmarkt die Abstimmung zwischen Speditionen und Fluggesellschaften weitgehend automatisieren können.

190   6 Elektronische Märkte

In der *Anbahnungsphase* ist zunächst im Schritt „Dateneingabe" der Frachtauftrag zu spezifizieren. Im Schritt „Marktüberblick" ist nach passenden Flugrouten und entsprechenden Anbietern zu suchen. Die „Angebotseinholung" stellt die Schnittstelle zur *Vereinbarungsphase* dar. Nach der „Angebotsbewertung" ist es z.B. denkbar, daß den Anbietern die Möglichkeit eingeräumt wird, ihre Angebote zu verbessern, d.h. eventuell Zusatzleistungen zu integrieren oder den Preis zu verringern. Wird dies über mehrere Runden unter Bekanntgabe der Konkurrenzangebote durchgeführt, so entsteht ein spezieller Auktionsmechanismus, der von Softwareagenten gesteuert werden kann. Am Ende der Vereinbarungsphase ist der sogenannte Luftfrachtbrief (AWB: Airway Bill), ein Frachtvertrag zwischen Spedition und Luftfrachtgesellschaft, zu erstellen. Im Schritt „Dokumentenversand" der *Abwicklungsphase* wird dieser Luftfrachtbrief zusammen mit weiteren Dokumenten, wie z.B. Zollpapieren, Herkunftszeugnis, Packliste und Handelsrechnung, der Sendung beigefügt bzw. an die nächste Stelle in der Logistikkette weitergegeben. Bei einer fortgeschrittenen Lösung werden die Dokumente nicht mehr in Papierform generiert, sondern in elektronischer Form von Softwareagenten z.B. über das Internet an die am Frachtprozeß Beteiligten übermittelt.

Setzt man ein Multiagentensystem zur Kommunikations- und Koordinationsunterstützung bei der Abwicklung einer Luftfrachttransaktion ein, so könnte sich der nachfolgende Ablauf ergeben.

Datenerfassung

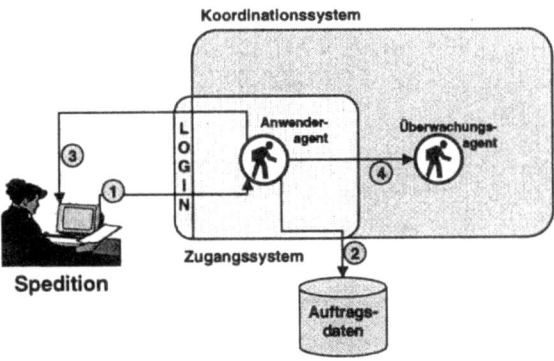

Abbildung 6-15: Ablaufschema Datenerfassung

(1) Nachdem der *Spediteur* einen Versandauftrag erhalten hat, ruft er seinen Anwenderagenten auf, um in einem Erfassungsdialog den Transaktionswunsch zu konkretisieren.

(2) Der *Anwenderagent* speichert die Auftragsdaten, u.a. Art der Fracht, Maße und Gewicht. Zu den Daten gehören ebenfalls spezielle Kennzeichen, die von der IATA vorgeschrieben sind, z.B. wenn es sich um Gefahrgüter oder lebende Tiere handelt.

(3) Der *Anwenderagent* fragt den *Mitarbeiter* nach seinen Präferenzen bezüglich der möglichen Flugrouten. Beispielsweise sollen bestimmte Fluggesellschaf-

ten ausgeschlossen oder bestimmte Flughäfen nicht angeflogen werden. Zusätzlich spielen qualitative Kriterien eine Rolle, wie z.B. die Zuverlässigkeit einer Airline in bezug auf Pünktlichkeit und Beschädigungshäufigkeit der Sendungen. Der *Mitarbeiter* gibt ein Zeitlimit für die Angebotseinholung vor.

(4) Der *Anwenderagent* initialisiert den *Überwachungsagenten* und gibt ihm die zeitlichen Rahmendaten für die Gesamttransaktion bekannt.

Marktüberblick

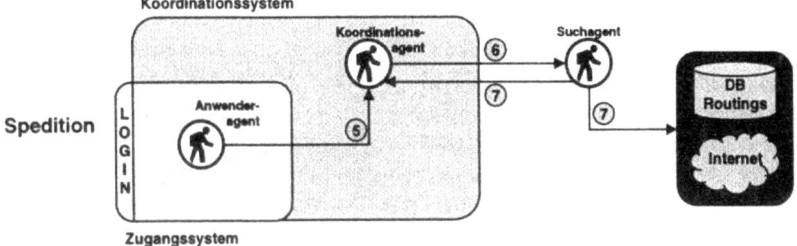

Abbildung 6-16: Ablaufschema Marktüberblick

(5) Der *Anwenderagent* beauftragt den *Koordinationsagenten*, Informationen über alle Routingmöglichkeiten und die involvierten Fluggesellschaften unter Beachtung der in (2) und (3) spezifizierten Einschränkungen zu besorgen.

(6) Der *Koordinationsagent* übergibt die Anfragen an einen z.B. auf die Suche im Internet oder in einer öffentlichen Datenbank spezialisierten *Suchagenten*.

(7) Der *Suchagent* trägt mögliche Routings zusammen, sortiert sie und übergibt sie dem *Koordinationsagenten*.

Angebotseinholung

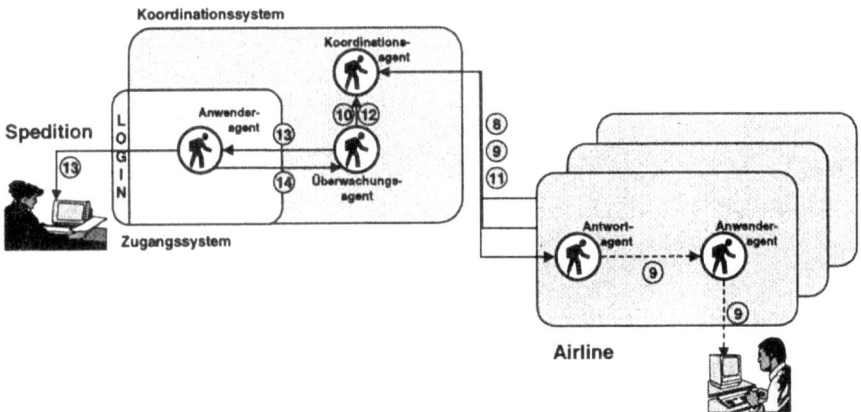

Abbildung 6-17: Ablaufschema Angebotseinholung

(8) Der *Koordinationsagent* sendet Nachrichten an die *Antwortagenten* der Airlines, die passende Routings anbieten, und fordert sie zur Abgabe eines Angebots auf.
(9) Der *Antwortagent* reagiert auf Standardanfragen völlig autonom und generiert nach Regeln, welche die Airline vorgibt, ein Angebot. Bei komplizierten Anfragen oder in Sonderfällen kontaktiert er den zuständigen *Mitarbeiter* über den *Anwenderagenten* der Airline.
(10) Der *Überwachungsagent* beobachtet die Angebotsaufforderungen und Rückmeldungen. Falls von einer Airline nach einer parametrierbaren Zeitspanne kein Angebot ankommt, veranlaßt er das Versenden einer Erinnerung. Daneben kontrolliert er die Einhaltung des vorgegebenen Zeitrahmens und weist auf Zeitüberschreitungen hin bzw. stößt die Beendigung von Prozessen bei Zeitüberschreitung an.
(11) Der *Koordinationsagent* versendet die Erinnerungen.
(12) Der *Überwachungsagent* beendet die Einholung von Angeboten, sobald alle Airlines geantwortet haben bzw. wenn der vorgesehene Zeitrahmen erschöpft ist. Er teilt dies dem *Koordinationsagenten* mit.
(13) Der *Anwenderagent* erhält vom *Überwachungsagent* Angaben über den Stand des Verfahrens und übergibt die Information an den *Mitarbeiter*. Er erfragt den Zeitrahmen für die folgende Angebotsverhandlung.
(14) Der *Anwenderagent* gibt diese Zeitvorgabe an den *Überwachungsagenten* weiter.

Angebotsbewertung

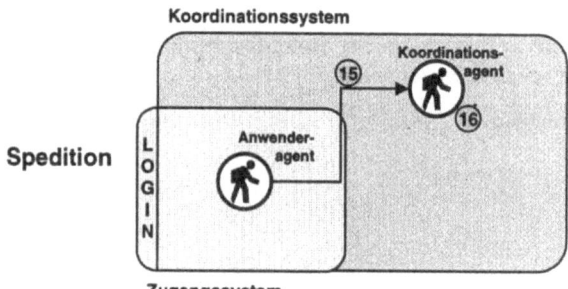

Abbildung 6-18: Ablaufschema Angebotsbewertung

(15) Der *Anwenderagent* stößt den *Koordinationsagenten* an, der die einzelnen Angebote zu bewerten und dabei quantitative (z.B. Preis) und qualitative (z.B. Pünktlichkeit) Faktoren zu berücksichtigen hat.
(16) Der *Koordinationsagent* führt die Multikriterienbewertung der Angebote z.B. unter Verwendung einer Scoring-Methode oder Nutzwertanalyse durch und erstellt eine Rangfolge der Angebote. Diese Rangreihung beinhaltet auch Informationen über die relativen Unterschiede zwischen den Angeboten, z.B. hinsichtlich der Scoring-Werte oder der Erfüllung einzelner Kriterien.

6.3 Beispiele Elektronischer Märkte

Auktion

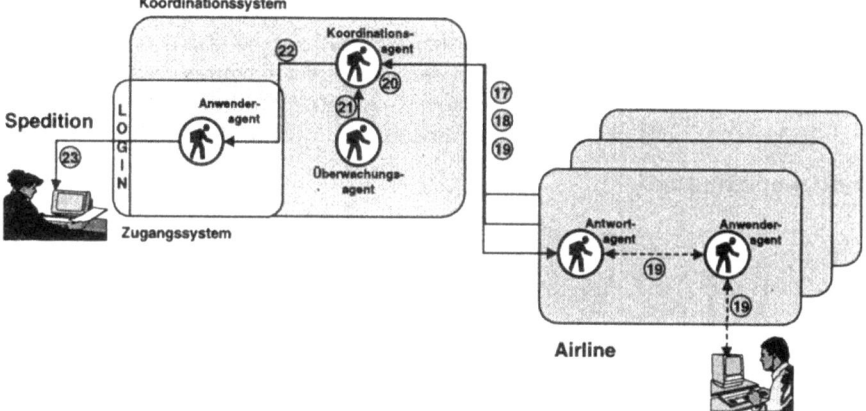

Abbildung 6-19: Ablaufschema Auktion

(17) Der *Koordinationsagent* gibt diese Rangfolge mit Informationen über die Angebotsdifferenzen an die Airlines weiter, deren Angebot in der Rangfolge enthalten ist. In der Regel wird dies in anonymisierter Form geschehen, d.h. die betreffende Airline erkennt die Position ihres Angebots, erhält aber nicht die den besseren bzw. schlechteren Angeboten zugeordneten Namen der Konkurrenzgesellschaften.

(18) Der *Antwortagent* der Airline nimmt die Rangfolge entgegen und kann im Rahmen vorgegebener Spielräume autonom reagieren und z.B. den Angebotspreis etwas reduzieren. Anschließend sendet er das neue Angebot an den *Koordinationsagenten*.

(19) Ist der eingeräumte Spielraum ausgeschöpft, wendet sich der *Antwortagent* über den *Anwenderagenten* an den *Mitarbeiter*, der dann zu entscheiden hat, ob bzw. inwieweit das Angebot an die aktuelle Marktsituation angepaßt werden soll. Das Ergebnis wird an den *Antwortagenten* übermittelt, der es an den *Koordinationsagenten* weiterleitet.

(20) Der *Koordinationsagent* sammelt die neuen Angebote der Antwortagenten und bewertet die Angebote von neuem, d.h., der Prozeß wird ab dem Schritt (16) weitergeführt. Die Schritte (16) bis (20) werden unter Umständen mehrfach zyklisch durchlaufen.

(21) Der *Überwachungsagent* erkennt, wenn keine neuen Angebote mehr eingehen oder das vorgegebene Zeitlimit überschritten ist und beendet dann den Verhandlungsprozeß. Er instruiert den *Koordinationsagenten*, keine weiteren Angebote anzunehmen.

(22) Der *Koordinationsagent* übergibt dem *Anwenderagenten* die abschließende Rangliste der Angebote mit den zugehörigen Angebotsinformationen.

(23) Der *Anwenderagent* bereitet das Ergebnis für den *Mitarbeiter* auf und überläßt ihm die abschließende Entscheidung über die Vergabe des Auftrags. Es

ist z.B. denkbar, daß bei relativ geringen Unterschieden in der ersten und zweiten Position der Rangfolge aufgrund von Informationen, die nicht automatisch verarbeitet werden konnten, der zweitbeste Anbieter den Zuschlag erhält. Bei Standardaufträgen ist es auch vorstellbar, daß der *Anwenderagent* ohne Einschaltung des Mitarbeiters den Auftrag automatisch an den erstplazierten Anbieter vergeben und die entsprechende Auftragsbestätigung ausdrucken bzw. elektronisch übermitteln darf.

Dokumentenversand

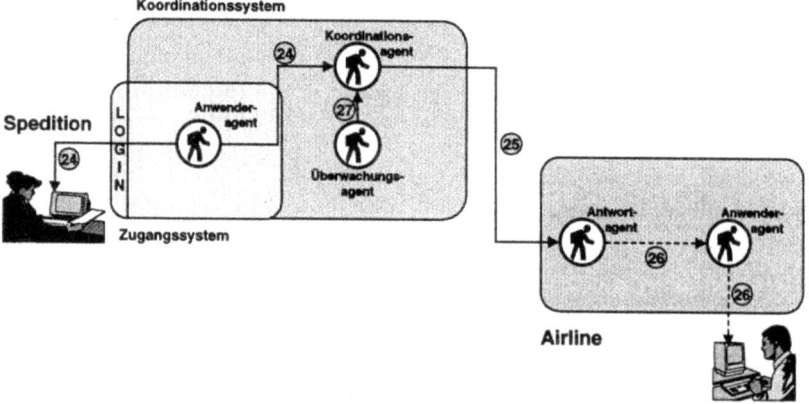

Abbildung 6-20: Ablaufschema Dokumentenversand

(24) Der *Anwenderagent* generiert die notwendigen Dokumente, die dann für den *Mitarbeiter* ausgedruckt oder in elektronischer Form dem *Koordinationsagenten* übergeben werden.
(25) Der *Koordinationsagent* übermittelt die elektronischen Dokumente an den designierten Empfänger, z.B. die Airline oder die Zollbehörde.
(26) Der *Antwortagent* des jeweiligen Marktpartners nimmt die ihm zugestellten Dokumente entgegen und übermittelt sie gegebenenfalls an den *Mitarbeiter* mit Hilfe des *Anwenderagenten*.
(27) Der *Überwachungsagent* kontrolliert den gesamten Versandvorgang, d.h., er überprüft, ob die Dokumente in der richtigen Reihenfolge an die richtigen Partner verschickt werden.

Statuserfassung

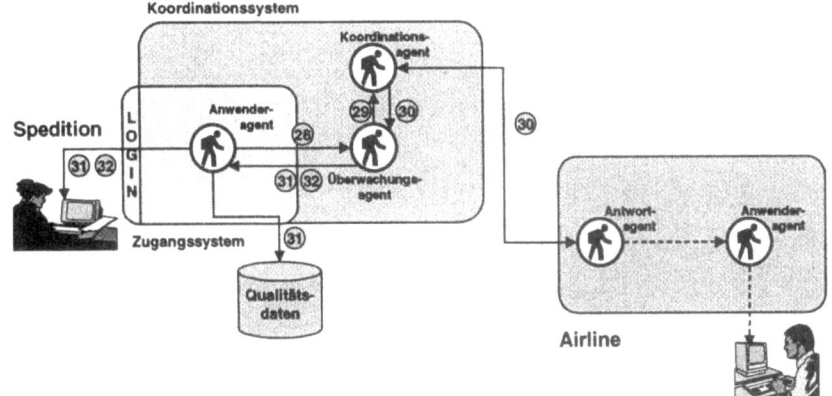

Abbildung 6-21: Ablaufschema Statuserfassung

(28) Der *Anwenderagent* gibt dem *Überwachungsagenten* Meilensteine für den physischen Transportprozeß vor, z.B. Umladungspunkte und -zeiten. Diese Informationen resultieren aus der abschließenden Auftragsvergabe in Schritt (23), bei der auch das Routing festgelegt wird.

(29) Der *Überwachungsagent* veranlaßt an den zeitlichen Meilensteinen den *Koordinationsagenten*, Statusanfragen durchzuführen.

(30) Der *Koordinationsagent* fordert diese Statusberichte bei den *Antwortagenten* der Fluggesellschaften an, die in die Logistikkette des Luftfrachtprozesses einbezogen sind, und übergibt sie zur Überprüfung an den *Überwachungsagenten*.

(31) Der *Überwachungsagent* informiert den *Anwenderagenten*, wenn Soll- und Ist-Statusinformationen nicht übereinstimmen. Der *Anwenderagent* kann diese Informationen in einer lokalen Qualitätsdatenbank ablegen sowie an einen *Mitarbeiter* weitergeben, der Entscheidungen über entsprechende Maßnahmen treffen kann.

(32) Der *Anwenderagent* erhält vom *Überwachungsagent* Nachricht, sobald der letzte Meilenstein erreicht ist, und informiert anschließend den *Mitarbeiter* vom Abschluß der Luftfrachttransaktion.

Literaturhinweise

Becker, J., Schütte, R.: Handelsinformationssysteme. Landsberg/Lech 1996

Belobaba, P.: Application of a Probabilistic Decision Model to The Airline Seat Inventory Control Problem. Operations Research 37 (1989) 2, S. 23-37

Belobaba, P.: Airline Yield Management. An Overview of Seat Inventory Control. Transportation Science 21 (1987) 2, S. 63-73

Benkenstein, M., Güthoff, J.: Typologisierung von Dienstleistungen. ZfB 66 (1996), S. 1493-1510

Benkenstein, M.: Dienstleistungsqualität. ZfB 63 (1993), S. 1095-1116

Berekoven, L.: Der Begriff der Dienstleistung und seine Bedeutung für eine Analyse der Dienstleistungsbetriebe. In: Jahrbuch der Absatz- und Verbrauchsforschung (1966) 4, S. 314-326

Beutelspacher, A., Kersten, A., Pfau, A.: Chipkarten als Sicherheitswerkzeug. Berlin, Heidelberg, New York 1992

Beutelspacher, A., Schwenk, J., Wolfenstetter, K.-D.: Moderne Verfahren der Kryptographie: Von RSA zu Zero-Knowledge. Braunschweig, Wiesbaden 1998

Bieser, W., Kersten, H.: Chipkarte statt Füllfederhalter: Daten beweissicher „elektronisch unterschreiben" und zuverlässig schützen. Heidelberg 1998

Bode, J., Zelewski, S.: Die Produktion von Dienstleistungen - Ansätze zu einer Produktionswirtschaftslehre der DLU?. Betriebswirtschaftliche Forschung und Praxis (1992), S. 594-607

Bode, J.: Informationsproduktion. Wiesbaden 1992

Bodendorf, F.: Auf dem Weg in die computergestützte Dienstleistungsgesellschaft. In: Schachtschneider, K.A. (Hrsg.): Wirtschaft, Gesellschaft und Staat im Umbruch. Berlin 1995, S. 17-30

Bodendorf, F.: Computer in der fachlichen und universitären Ausbildung. München 1990

Brenner, W., Zarnekow, R., Wittig, H.: Intelligente Softwareagenten. Berlin u.a. 1998

Buhalis, D.: Information and Communication Technologies in Tourism. Istanbul 1998

Burghard, P., Mußhoff, H.J.: Expertensysteme (XPS) in der Versicherungswirtschaft. HMD 153 (1990), S.83-102

Chaum, D.: Achieving Electronic Privacy. Scientific American (1992) 8, S. 96-101

Chaum, D.: Security without Identification. Communications of the ACM (1985) 11, S. 1030-1044

Corsten, H.: Dienstleistungsproduktion. München 1994

Corsten, H.: Integratives Dienstleistungsmanagement. Wiesbaden 1997

Daduna, J., Voß, S.: Effiziente Leistungserstellung in Verkehrsbetrieben als Wettbewerbsinstrument. Zeitschrift für Planung (1994) 5, S. 227-252

Daudel, S., Vialle, G.: Yield-Management. Frankfurt, New York 1992

Derungs, M.: Vom Geschäftsprozeß zum Workflow. Braunschweig, Wiesbaden 1996

Dimitz, E.: Das computerisierte Krankenhaus. Frankfurt, New York 1991

Eszler, E.: Versicherbarkeit und Fuzzy-Konzepte. Versicherungswirtschaft (1994) 3, S.176-183

Faßnacht, M.: Preisdifferenzierung bei Dienstleistungen. Implementationsformen und Determinanten. Wiesbaden 1996

Fietta, K.: Chipkarten: Technik, Sicherheit, Anwendungen. Heidelberg 1989

Fischer, K., Kuhn, N., Müller, H.-J., Pischel, M., Schroth, A.: Verteiltes Problemlösen im Transportwesen. Information Management (1993) 2, S. 32-40

Fricke, W., Zimmer, H.H.: Zukunftstechnologien und gesellschaftliche Verantwortung. Forum für Humane Technikgestaltung, Heft 10, Friedrich-Ebert-Stiftung, Bonn 1994

Furche, A., Wrightson, G.: Computer Money: Zahlungssysteme im Internet. Heidelberg 1997

Gulbins, J., Seyfried, M., Strack-Zimmermann, H.: Elektronische Archivierungssysteme. Berlin, Heidelberg 1993

Halak, G.: Selbstbedienung in Kreditinstituten: Situationsanalyse und künftige Strategien. Wien 1990

Hasenkamp, U., Kirn, S., Syring, M. (Hrsg.): CSCW – Computer Supported Cooperative Work: Informationssysteme für dezentralisierte Unternehmensstrukturen. Bonn, Paris 1994

Hermanns, A., Flegel, V. (Hrsg.): Handbuch des Electronic Marketing: Funktionen und Anwendungen der Informations- und Kommunikationstechnik im Marketing. München 1992

Hippner, H., Meyer M., Wilde, K. (Hrsg.): Computer Based Marketing: Das Handbuch zur Marketinginformatik. Braunschweig, Wiesbaden 1998

Holfelder, W.: Multimediale Kiosksysteme. Braunschweig 1995

Ingerling, R.: Das Credit-Scoring-System im Konsumentenkreditgeschäft. Konzeption eines Rationalisierungsmittels in der Kreditwürdigkeitsprüfung. Berlin 1980

Jamin, K., Schaetzing, E., Spitschka, H.: Organisation und Datenverarbeitung in Hotellerie und Gastronomie. München 1982

Jänsch, N.: Mikrogeographische Marktsegmentierung in der Versicherungswirtschaft. Wiesbaden 1995

Klein, S.: Interorganisationssysteme und Unternehmensnetzwerke. Wiesbaden 1996

Knorz, G.: Information Retrieval-Anwendungen. In: Zilahi-Szabo, M.G. (Hrsg.): Kleines Lexikon der Wirtschaftsinformatik. München, Wien 1995, S. 244-248

Kraemer, W., Scheer, A.: Cash-Management-Systeme – Konzeption und beispielhafte Anwendungen. Information Management (1993) 1, S. 50-56

Kraus, M., Krämer, W.: Zum Stand der papierlosen Beratung. Information Management (1993) 1, S. 6-11

Kristoferitsch, G.: Digital Money – Electronic Cash – Smart Cards: Chancen und Risiken des Zahlungsverkehrs via Internet. Wien 1998

Liebowitz, J., Wilcox, L.: Knowledge Management and its Integrative Elements. Boca Raton 1997

Maleri, R.: Grundlagen der Dienstleistungsproduktion. Berlin u.a. 1997

Malone, T., Yates, J., Benjamin, R.: Electronic Markets and Electronic Hierarchies. Communications of the ACM 30 (1987) 6, S. 485-497

Malone, T., Yates, J., Benjamin, R.: The Logic of Electronic Markets. Harvard Business Review (1989) 3, S. 166-172

Maly, W.: Darstellung einzelner Technologiebereiche in der Medizintechnik. In: Fricke, W., Zimmer, H.H.: Zukunftstechnologien und gesellschaftliche Verantwortung. Forum für Humane Technikgestaltung, Heft 10, Friedrich Ebert Stiftung, Bonn 1994

Mertens, P., Borkowski, V., Geis, W.: Betriebliche Expertensystemanwendungen. Berlin u.a. 1993

Meyer-Wegener, K.: Transaktionssysteme. Stuttgart 1988

Nießen, H., Zwickler, P.: Datenmodellierung im Versicherungsunternehmen. HMD 153 (1990), S. 63-72

Österle, H., Vogler, P.: Praxis des Workflow-Managements. Braunschweig 1996

Pernul, G., Röhm, A. W.: Neuer Markt – Neues Geld?. Wirtschaftsinformatik 39 (1997) 4, S. 345-355

Raepple, M.: Sicherheitskonzepte für das Internet: Grundlagen, Technologien und Lösungskonzepte für die kommerzielle Nutzung. Heidelberg 1998

Rankl, W., Effing, W.: Handbuch der Chipkarten. München, Wien 1996

Reinheimer, S.: Marktorientierte Koordination zwischenbetrieblicher Geschäftsprozesse in der Luftfracht. Dissertation Berlin 1998

Rivest, R. L., Shamir, A., Adleman, L.: A Method for Obtaining Digital Signatures and Public-Key Cryptosystems. Communications of the ACM 21 (1978) 2, S. 120-126

Schäfer, M., Niemeier, J.: Kiosk-Systeme: Unterstützung der Dienstleistungslogistik. Office Management (1996) 5, S. 28-31

Schertler, W., Schmid, B., Tjoa, A.M., Werthner, H. (Hrsg.): Information and Communications Technologies in Tourism. Wien, New York 1994

Scheuch, F.: Dienstleistungsmanagement. München 1982

Schmid, B., Liebermann, M.: Elemente eines Referenzmodells Elektronischer Märkte. St. Gallen 1997

Schmid, B.: Elektronische Märkte. Wirtschaftsinformatik 35 (1993), S. 465-480

Schmidt, H.: Die automatisierte Datenverarbeitung im Versicherungsbetrieb. Wiesbaden 1992

Schulte, H. (Hrsg.): Telekommunikation. Heidelberg 1997

Selbmann, H.-K. (Hrsg.): Medizinische Informationsverarbeitung und Epidemiologie im Dienste der Gesundheit. Berlin u.a. 1988

Statistisches Bundesamt: Statistisches Jahrbuch 1998. Wiesbaden 1998

Statistisches Bundesamt: Statistisches Jahrbuch für das Ausland 1998. Wiesbaden 1998

Steinbrech, T.: Electronic Cash und GeldKarte – Ergänzungen und Überschneidungen. In: Datow, M., Kissinger, S., Lange, U.Th. (Hrsg.): Die Chipkarte im Alltag. Kongreßdokumentation MULTICARD '96, Berlin 1996, S. 137-146

Volpe, F. P., Volpe, S.: Chipkarten. Hannover 1996

Wacker, S., Laut, A.: Dienstplanoptimierung mit evolutionären Algorithmen. In: Operations Research Proceedings 1994 – Selected Papers of the International Conference on Operations Research. Berlin 1994, S. 203-209

Weinhardt, C. (Hrsg.): Informationssysteme in der Finanzwirtschaft. Berlin 1998

Wirtschaftsinformatik 34 (1992) 2: Schwerpunktthema: Kommunalverwaltung

Wirtschaftsinformatik 36 (1994) 4: Schwerpunktthema: Informationssysteme im Gesundheitswesen

Wirtschaftsinformatik 38 (1996) 3: Schwerpunktthema: Informationssysteme der in Finanzwirtschaft

Wirtschaftsinformatik 39 (1997) 2: Schwerpunktthema: IV in der Logistik: Effiziente Koordination der Transportkette

Wooldridge, M., Jennings, N. (Hrsg.): Intelligent Agents – Theories, Architectures and Languages, Lecture Notes in Artificial Intelligence Vol. 890. Berlin, Heidelberg 1995

Wooldridge, M., Müller, J.P., Tambe, M.: Intelligent Agents II, Lecture Notes in Artificial Intelligence Vol. 1037. Berlin, Heidelberg 1996

Zbornik, S.: Elektronische Märkte, elektronische Hierarchien und elektronische Netzwerke. Konstanz 1996

Stichwortverzeichnis

A

Abrechnungssystem 88, 93, 106, 117, 147, 185
Abwicklungsphase 15, 16, 22, 25, 31, 94, 168, 172, 175, 181, 184, 187, 188, 190
ACL *Siehe* Agent Communication Language
Administrationssystem 88
Agent Communication Language (ACL) 42
Agentensystem 23, 41, 50, 54, 87, 168, 171, 176, 182, 188, 189
   Agententypen 43
   Aufbau eines Agenten 43
   Multiagentensystem 128
Air Traffic Conference and IATA Reservations Interline Message Procedure (AIRIMP) 186
Aktivgeschäft 105
AMADEUS 86, 135, 185
Anbahnungsphase 15, 16, 135, 168, 175, 176, 177, 178, 183, 185, 187, 190
Anerkennungsparameter 36, 37
Anwendungsbaustein 120
Audio-Conferencing-Systeme 59
Auktion 193
   Einheitspreisauktion 180
   Englische 179, 180
   fortlaufende 180
   Holländische 179
Auktionator 173
Auktionssystem 83, 168
Auktionsverfahren 179
   bilaterale 180, 181
   Klassifikation 179
Auskunftssystem 25, 45, 46, 49, 129, 146
Ausscheidungsfaktor 113

Authentizität 32, 96, 98
Autorisierungszentrale 96, 99

B

Back Office 21, 22, 41, 42, 50, 91, 93, 106, 118, 123, 124, 125
Bankleitzahl (BLZ) 110
Barcodetable-System 126
Bedarfsdeckung durch Leistung 3, 4, 65
Benutzerauthentizität 32, 35
Beratungsdienstleistungen 145, 149
Beratungssystem 22, 25, 44, 45, 49, 50, 71, 80, 82, 133, 155
Bestellsystem 173
Betriebsleitsystem 130
Bettenbedarfsplanung 139, 143, 144, 145
Bid-ask-spread 181
BLZ *Siehe* Bankleitzahl
Bordinformationssystem 131
Börsenhandelssystem 106
Börsen-Order-Service-System (BOSS) 184
Briefkurs 181
Broker 173
Bürgeramt 158, 159
   computerunterstütztes 158
Büroumgebung 16, 21, 22, 87, 106

C

Cardiac Catheterization Record (CCR) 141
Case Based Reasoning (CBR) 50, 133
Cash-Management-System (CMS) 106, 109, 110
CGI *Siehe* Common Gateway Interface
Challenge-and-Response-Verfahren 36, 37, 38
Chipkarte 29, 93, 96, 141, 146, 151, 162
   Betriebssystem 28

kontaktlose 29
Prozessorchipkarte 28
Speicherchipkarte 28
Clearing 184
Clearinggebiet 110
CMS *Siehe* Cash-Management-System
Co-Autoren-System 59
Common Gateway Interface (CGI) 31, 174
Computergestütztes Reisevertriebssystem (CRS) 134, 135, 185
Computerized Patient Record (CPR) 140, 141
Cone-tree 47
Consulting-Software 149
Consumer services 5
Corporate Behaviour 69
Corporate Communication 69
Corporate Design 69, 70
Corporate Network 151
CPR *Siehe* Computerized Patient Record
Credit Scoring 106, 112, 113, 114
Cross-Selling 64
CyberCash 98, 99, 126, 139, 164, 168

D

Data Encryption Standard (DES) 33
Data Mining 55
Data Warehouse 54, 55
Datenauthentizität 32, 35, 39
Datenintegrität 32, 38, 39, 98, 99
Datenmustererkennung 55
Datenträgeraustauschformat 108
DATEV 150
Dealer 173
DES 33 *Siehe* Data Encryption Standard
Destination Marketing System 133
Deutsche Terminbörse (DTB) 183, 184
DICOM-Standard 141
Dienstleistung
   abgeleitete Merkmale 3
   Basismerkmale 1, 2

Begriff 1
direkte 5
Immaterialität 2
indirekte 5
Klassifizierung 6
Mehrstufigkeit der Produktion 3, 4
Produktion 7, 72, 86, 171
Qualität 18, 19, 72
Typologie 5, 8, 10
Verderblichkeit 4, 10, 72
Dienstleistungsgesellschaft 1, 13
Dienstleistungsprozeß 3, 10, 17, 21, 24, 26, 40, 44, 61, 70, 72, 86, 146, 159
   als Qualitätsmerkmal 17
   Phasenmodell 15, 61, 70
Digitale Signatur 30, 39, 99, 101, 108, 157
Direct Mailing 61, 164
Direktmarketing 63, 70
Diskettenclearing 108
Diskriminanzanalyse 113
DMS *Siehe* Dokumenten-Management-System
Document Warehouse 54
Dokumenten-Management 23
Dokumenten-Management-System (DMS) 19, 50, 52, 91, 125, 156, 157
Door-to-Door-Konzept 126
Drei-Sektoren-Modell 10, 12
Duale Signatur 99, 101

E

Ecash 101, 102, 103, 126
EC-Karte 27, 96
EDIFACT 166
EFTS *Siehe* Electronic Funds Transfer System
Einheitskursfeststellung 180, 184
Einheitspreisauktion 181
Einwohnerauskunft 161
Einzelhandel 80, 164, 165
EIS *Siehe* Executive Information System
Electronic Cash 96, 97, 106, 164, 167
Electronic debit card 96

Electronic Funds Transfer System (EFTS) 108, 109
Electronic Mail 35, 58, 59, 67, 71, 85, 158, 159
Electronic Shopping Mall 67, 164, 168, 173
Elektronische Geldbörse 95, 127
Elektronische Unterschrift 30, 35, 39, 58
Elektronischer Interbanken-Zahlungsverkehr 106
Elektronischer Luftfrachtmarkt 188
Elektronisches Grundbuch 157
Elementarfunktion 120
Endkombination 3, 4
Ergebnisqualität 17, 18
Executive-Information-System (EIS) 55
Expected Marginal Seat Revenue (EMSR) 76
Expertensystem 82, 84, 92, 114, 124, 139
Expertisesystem 25, 82

F

Fish-eye-view 47
Flottenkartensystem 94
Fluggesellschaft 64, 73, 75, 86, 126, 133, 135, 177, 187, 188, 189, 191, 195
Fortlaufender Handel 180, 184
Fourastier 12
Front Office 21, 22, 23, 26, 30, 40, 41, 42, 44, 80, 93, 137
Fuzzy Logic 84, 117, 129

G

Gastronomie 79, 88, 133, 137
Geld-Brief-Spanne 181
GeldKarte 95, 96, 108, 164
Geldkurs 181
Genetische Algorithmen 129
GENIOS 177
Geographisches Stadt-Informationssystem 162
Geotypisierungssystem 63

Gesellschaft der Deutschen Versicherungswirtschaft 118
Gesetz zur digitalen Signatur (SigG) 39, 157
Gesundheitsinformationssystem 139
Global Positioning System (GPS) 126, 128, 131
GNR *Siehe* Guest Name Record
GPS *Siehe* Global Positioning System
Group-Decision-Support-System (GDSS) 60
Guest Name Record (GNR) 137
Güterverkehrsdienstleistungen 126

H

Handelssystem 87, 173
Hashfunktion 38, 39
HBCI *Siehe* Homebanking Computer Interface
Homebanking 25, 68, 106, 108, 109, 115, 171
Homebanking Computer Interface (HBCI) 108
Hotellerie 133, 137, 138
Hotelmanagement-System 133
HTTP *Siehe* Hypertext Transfer Protocol
Hypertext Transport Protocol (HTTP) 31

I

IATA 186, 190
ICD-Schlüssel 141
ICR *Siehe* Intelligent Character Recognition
IDEA 33 *Siehe* International Data Encryption Algorithm
Imagefilter 18
Imagemap 47
Imaging 51, 91, 156
Individualverkehr 128
Indizierung 51, 52
Information Retrieval 45, 47, 48
Informationsdienstleister 145
Informationslogistik 7, 57, 89, 156

Informationsverarbeitungs-Dienstleister 145
INMARSAT 130
Integrator 126
Integriertes-Datev-Verbund-System 146
Intelligent Character Recognition (ICR) 51
International Data Encryption Algorithm (IDEA) 33
International Standardization Organisation (ISO) 31
Iridium 130
ISDN 30, 95
ISO *Siehe* International Standardization Organization
ISO-Sicherheitsarchitekturmodell 31

J

Jukebox 52

K

Kapazitätssteuerungsmethoden 74
Kartenauthentizität 32, 35
Katasterkarte 162
Kiosksystem 23, 46
Klinikadministration 140
Knowledge and Query Manipulation Language (KQML) 42
Knowledge Management 53, 54
Knowledge-Management-System 52, 54, 158
Kommunikations-Infrastruktur 90
Konfigurationssystem 18, 68, 84, 106, 117, 126, 133, 164
Koordinationsmechanismen 174, 175, 176, 178, 189
KQML *Siehe* Knowledge and Query Manipulation Language
Kraftfahrzeugzulassung 155
Krankenhaus 61, 138, 139, 141, 143, 144
Krankenhausinformationssystem 142
Krankenkasse 139, 150
Kreditprüfungssystem 112
Kreditwürdigkeitsprüfung 114

Kundenkarte 94, 97, 127, 164, 167, 188
Kundenprofil 61, 65, 124, 147
Künstliche Intelligenz 43, 54, 56
Künstliches neuronales Netz 82, 92, 106, 114, 117, 126, 129

L

LAN *Siehe* Local Area Network
Landeszentralbank 110
Leerkosten 4, 10, 68, 73
Leistungerstellungsprozeß 9
Leistungsbereitschaft 3, 4, 9, 10, 16, 17, 61, 68, 69, 72, 73, 79
Leistungsdaten, medizinische 140
Leistungsdaten, pflegerische 140
Leistungserbringung 4, 15, 16, 18, 21, 66, 67, 86, 92
Leistungsergebnis 3, 4, 16, 69
Leistungserstellung, effiziente 17, 18
Leistungsvereinbarung 3, 8, 9, 10, 15, 84, 85, 92, 134, 135
Leitstand, elektronischer 131

M

MAC *Siehe* Message Authentication Code
Magnetbandclearing 108
Magnetstreifenkarte 36
Marketing 46, 61, 70, 72, 89, 106, 117, 126, 127, 133, 139, 146, 147, 151, 155, 164, 166
Market-Maker-Verfahren 179, 181
Markt, idealer 172
Marktforschung 45, 61, 62, 65, 71, 146, 164
Marktsegmentierung 62, 73
Matching-Algorithmus 83
Materialeinsatzplanung 79
Medienbruch 158
Mehrwertdienste 153
Memory card 28
Message Authentication Code (MAC) 38, 39
Mikrogeographische Systeme 62, 117, 164

Stichwortverzeichnis

MM-Code 35
Mobile Patientenüberwachung 143
Multiagentensystem 126
Multibankfähigkeit 109
Mutual Authentification 36, 37

N

Nachweisbarkeit 32, 35, 39, 98, 99
Navigationssystem 127, 128
Neighbourhood-Effekt 62
Netting 106, 110
Netzkonfigurationssystem 151
Netzwerkmanagement 111, 152
Notice-Board-System 59

O

Object Scheme Definition Language 44
OCR *Siehe* Optical Character Recognition
One-By-One-Matching 180
One-Stop-Service 158, 162
Online Analytical Processing 55
Optical Character Recognition (OCR) 51, 107
Outsourcing 13

Ö

Öffentliche Verwaltung 1, 138, 154

P

Passenger Name Record (PNR) 135
Passivgeschäft 105
Patientenstammdaten 140
Pay-Before-Karte 95
Pay-Later-Karte 97
Personal Journal 64, 65
Personaleinsatz- und Betriebsmittelplanung 78
Personenverkehrsdienstleistungen 127
Persönliche Identifikationsnummer (PIN) 29, 30, 35, 96, 108
PGP *Siehe* Pretty Good Privacy
PIN *Siehe* Persönliche Identifikationsnummer

PNR *Siehe* Passenger Name Record
POA *Siehe* Point Of Access
Point Of Access (POA) 30
Point Of Information (POI) 80
Point Of Sale (POS) 30, 96, 165
Point Of Service (POS) 30, 96
Pooling 110
POS *Siehe* Point Of Sale / Point Of Service
Potentialqualität 17
Präsentationssystem 45, 46, 80, 81, 84, 115
Preisdifferenzierung
  qualitativ 73
  quantitativ 73
  zeitlich 73
  zielgruppenorientiert 73
Preisverhandlungsmechanismus 173
Pretty Good Privacy (PGP) 35
Producer services 5
Produktdifferenzierung 63, 71, 72
Produktionsfaktor 3, 5, 8, 9, 13, 18, 66, 72, 73, 88
  externer 3, 5, 6, 9, 10, 16, 18, 65, 66, 72, 80
Produktivitätsschwäche 18
Produktpolitik 63, 71
Projektsteuerung 149

Q

Qualitätsdimensionen 17

R

Random Access Memory (RAM) 28
Read Only Memory (ROM) 28
Registratur 156
Reiseveranstalter 64, 134, 135
Relevance-Feedback-Verfahren 48
Risikoprüfer 124
RSA-Verfahren 35, 39, 98

S

S.W.I.F.T. 106, 111
SABRE 135, 187

Sachgut 1, 2, 3, 5, 8, 11, 13, 64, 87, 90, 92, 126, 182
Schadensfallabwicklung 124
Schattenkonto 95
Screen-Sharing-System 59
Secure Electronic Transactions (SET) 99, 100
Self-Service 25
 Potential 24
 System 24, 25, 26, 67, 159, 162
 Terminal 22, 27, 105, 106, 117, 126, 127, 133, 139, 146, 147, 151, 155, 164
SET *Siehe* Secure Electronic Transactions
Single-Price-Auction 181, 184
Slotmanagementsystem 126
Soft Computing 56, 129
Spedition 126, 129, 188, 189
Spracherkennung 49
START 86, 134
Systemauthentizität 32, 36

T

TAC *Siehe* Transaktionscode
Telefonkarte 28, 95
Telekommunikationsdienstleistungen 151
Telekonsultation 142
Telelearning 25
Telemedizin 139, 142
Teleshopping 25
Termin-Management-System 59
Tertiärer Sektor 1, 11, 12
Ticketing 136, 187
T-Online 108, 109, 127, 168
Tourenoptimierung 126
Tracking und Tracing 87, 89, 126, 127, 129, 182
Tracking- und Tracingsysteme 182
Transaktionscode (TAC) 41, 136
Transaktionssystem 22, 41, 109
Travelling-Salesman-Problem 129
Treasury Work Station 109
Trust-Center 39, 40, 99

U

Umweltinformationssystem 147
Uno-Actu-Prinzip 3, 4
Unternehmensanalyse 114
Unternehmensgedächtnis 54

Ü

Überbuchungstechnik 74

V

Vereinbarungsphase 15, 16, 25, 82, 83, 88, 92, 135, 136, 168, 175, 178, 181, 183, 187, 190
Verkehrsinformationssystem 128
Verkehrsleitsysteme 128
VERNAM-Algorithmus 33
Verrichtungsqualität 17
Verschlüsselung 29, 34, 39, 141
Verschlüsselungsalgorithmen 30, 34, 39, 109
 asymmetrische 35
 Blockalgorithmen 33
 Stromverschlüsselung 33
 symmetrische 35
Versicherungs-Anwendungs-Architektur 117, 118
Vertraulichkeit 28, 32, 33, 98, 101
Videokonferenzsystem 50
Vier-Sektoren-Modell 14
Virtual Reality Modelling Language 168
Virtual-Reality-System 46, 85
Virtuelles Meeting 59
Vorkombination 3, 4
VRML *Siehe* Virtual Reality Modelling Language

W

Wallet 98, 99, 101, 102
WAN *Siehe* Wide Area Network
Want appeal 4, 69
Warenwirtschaftssystem 79, 80, 137, 166, 167
Wasserfallmodell 15

Wide Area Network (WAN) 30
Workflow-Management-System 19, 26, 56, 57, 91, 93, 106, 125, 146, 155, 156
Workgroup-Support-System 50, 54, 58, 59, 60, 87

X

Xetra 106, 184

Y

Yield-Management-System 68, 73, 133, 135, 187

Z

Zahlungsverkehrsdatei 108
Zahlungsverkehrssystem 107
Zeitstempel 40
Zugangssystem 22, 23, 26, 27, 30, 31, 36, 40, 44, 86, 135, 160, 162
Zustands-Übergangs-Diagramm 178, 179, 180, 182

MIX
Papier aus verantwortungsvollen Quellen
Paper from responsible sources
FSC® C105338

If you have any concerns about our products,
you can contact us on
ProductSafety@springernature.com

In case Publisher is established outside the EU,
the EU authorized representative is:
Springer Nature Customer Service Center GmbH
Europaplatz 3, 69115 Heidelberg, Germany

Printed by Libri Plureos GmbH
in Hamburg, Germany